Das konfessionelle Zeitalter

Akademie Studienbücher
Geschichte

Franz Brendle

Das konfessionelle Zeitalter

Akademie Verlag

Der Autor
Prof. Dr. Franz Brendle, Jg. 1964, Akademischer Oberrat am Historischen Seminar der Eberhard Karls Universität Tübingen, Abteilung für Neuere Geschichte

Bibliografische Information der Deutschen Nationalbibliothek
Die Deutsche Nationalbibliothek verzeichnet diese Publikation in der Deutschen Nationalbibliografie; detaillierte bibliografische Daten sind im Internet über http://dnb.d-nb.de abrufbar.

ISBN 978-3-05-004554-2
© Akademie Verlag GmbH, Berlin 2010

www.akademie-studienbuch.de
www.akademie-verlag.de

Das eingesetzte Papier ist alterungsbeständig nach DIN/ISO 9706.
Alle Rechte, insbesondere die der Übersetzung in andere Sprachen, vorbehalten. Kein Teil dieses Buches darf ohne schriftliche Genehmigung des Verlages in irgendeiner Form – durch Fotokopie, Mikroverfilmung oder irgendein anderes Verfahren – reproduziert oder in eine von Maschinen, insbesondere von Datenverarbeitungsmaschinen, verwendbare Sprache übertragen oder übersetzt werden.

Einband- und Innenlayout: milchhof : atelier, Hans Baltzer Berlin
Einbandgestaltung: Kerstin Protz, Berlin, unter Verwendung des Gemäldes *Überreichung der Augsburger Konfession* von Amalie Prätorius nach Georg Balthasar von Sand (1839). Kunstsammlungen der Veste Coburg.
Satz: Druckhaus »Thomas Müntzer« GmbH, Bad Langensalza
Druck und Bindung: CS-Druck CornelsenStürtz GmbH, Berlin

Printed in Germany

Das konfessionelle Zeitalter

1	**Die neue Zeit**	9
1.1	Die Epoche der Frühen Neuzeit	11
1.2	Aufbruch und Veränderung Europas	15
1.3	Renaissance, Humanismus, Historiografie	20
2	**Herrschaftsformen in Europa**	25
2.1	Strukturen des frühneuzeitlichen Europa	27
2.2	Erb- und Wahlmonarchien	30
2.3	Republikanismus	32
2.4	Politische Ideen und Staatslehre	34
3	**Europäische Konflikte**	39
3.1	Gerechter Krieg und Naturrechtslehre	41
3.2	Der Antagonismus Habsburg – Frankreich	43
3.3	Die Türkenkriege	46
3.4	Spanien und der Freiheitskampf der Niederlande	50
4	**Verfassung und frühmoderne Staatlichkeit**	55
4.1	Altes Reich und Reichsreform	57
4.2	Reichstag und Reichsinstitutionen	62
4.3	Geistliche und weltliche Territorien	67
5	**Reich und Reformation**	71
5.1	Martin Luther und die alte Kirche	73
5.2	Reichstag und Reformation	76
5.3	Reformation der Fürsten, Städte und Gemeinden	80
5.4	Reformationskriege und Religionsfriede	82
6	**Kirche und Staat in Europa**	87
6.1	Europäische Reformationen und Trienter Konzil	89
6.2	Monokonfessionalität in West- und Nordeuropa	93
6.3	Mehrkonfessionalität in Ostmitteleuropa	96
7	**Stand und Ordnung**	103
7.1	Adel	105
7.2	Stadt und Gewerbe	107
7.3	Bauern	110
7.4	Gesellschaftliche Randgruppen	112

8	**Mentalität und Gesellschaft**	117
8.1	Natur und Welt	119
8.2	Individuum und Familie	122
8.3	Körper und Geschlecht	124
8.4	Magisches Weltbild und Hexenglauben	128
9	**Bildung und Erkenntnis**	133
9.1	Humanismus	135
9.2	Universitäten	138
9.3	Schulen	141
9.4	Bildungslandschaften	143
10	**Konfession und Konfessionalisierung**	147
10.1	Protestantische Konfessionalisierung	149
10.2	Katholische Konfessionalisierung	152
10.3	Die konfessionelle Konfrontation im Reich	156
10.4	Grenzen der Konfessionalisierung	159
11	**Der Dreißigjährige Krieg**	163
11.1	Die Krise des Reiches	165
11.2	Der deutsche Krieg	167
11.3	Der schwedische Krieg	171
11.4	Der europäische Krieg	175
12	**Der Krieg und die Untertanen**	179
12.1	Zerstörungen und Kriegsalltag	181
12.2	Kriegspropaganda und Kriegserfahrung	184
12.3	Die Soldaten	188
13	**Friedenskongress und Friedensordnung**	193
13.1	Ein europäischer Friedenskongress	195
13.2	Die Bestimmungen des Westfälischen Friedens	197
13.3	Die Kriegs- und Friedensmemoria	201
13.4	Das System des Westfälischen Friedens	205
14	**Kunst und Kultur**	209
14.1	Künste und Architektur	211
14.2	Adelskultur	215
14.3	Bürgerwelten und Bauerntum	218
15	**Serviceteil**	223
15.1	Einführungen, Quellenkunde, Bibliografien	223
15.2	Lexika	228

15.3	Handbücher	231
15.4	Fachzeitschriften	235
15.5	Geschichtsstudium und Internet	237

16 Anhang — 239
16.1 Zitierte Literatur — 239
16.2 Abbildungsverzeichnis — 244
16.3 Personenverzeichnis — 245
16.4 Ortsverzeichnis — 249
16.5 Glossar — 251

1 Die neue Zeit

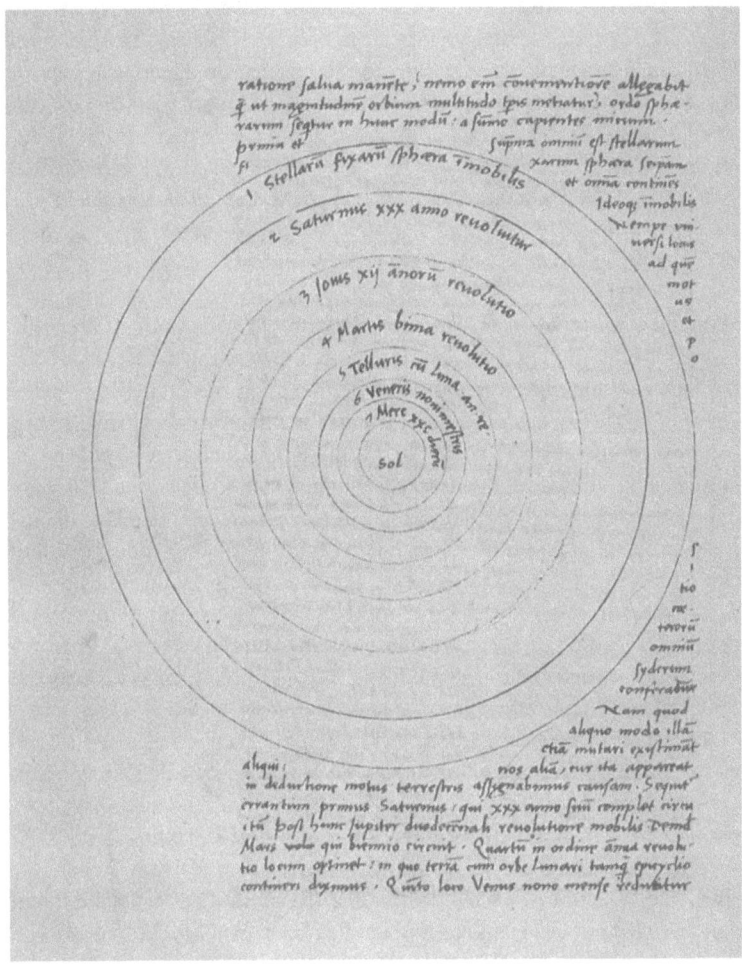

Abbildung 1: Nikolaus Kopernikus: *De revolutionibus orbium coelestium* (*Über die Bewegungen der Himmelskörper*), Buch Eins, Kapitel 10: *Die Ordnung der himmlischen Sphären* (1543)

Kurz vor seinem Tod im Jahre 1543 veröffentlichte der Astronom Nikolaus Kopernikus in Nürnberg ein Buch mit dem Titel: „De revolutionibus orbium coelestium" („Über die Bewegungen der Himmelskörper"). Kopernikus verwarf darin nicht nur das allgemein anerkannte geozentrische Weltbild, wonach die Erde im Mittelpunkt des Weltalls steht, sondern er begründete auch sein heliozentrisches Planetensystem. Wie in seiner Grafik dargestellt, steht im Mittelpunkt des Universums die Sonne, um die sich sämtliche Planeten und damit auch die Erde in Kreisbahnen bewegen. Einmal täglich dreht sich die Erde um ihre eigene Achse; ein Jahr dauert es, bis eine Bahn um die Sonne vollendet ist. Selbstverständlich geht Kopernikus bereits von der Kugelgestalt der Erde aus. Diese war schon dem griechischen Astronom Ptolemäus im 2. Jahrhundert und in gelehrten Kreisen des späten Mittelalters bekannt gewesen, setzte sich aber allgemein erst zu Beginn des 16. Jahrhunderts gegen die weit verbreitete Vorstellung durch, dass die Erde eine Scheibe sei.

Seine Erkenntnisse hatte Kopernikus durch eigenständige Beobachtungen des Himmels und immer neue Berechnungen der Planetenbahnen gewonnen, da er ursprünglich lediglich die Dauer des Jahres genauer bestimmen wollte, um zu einer Kalenderreform beizutragen. Ein halbes Jahrhundert später bestätigte der italienische Physiker Galileo Galilei aufgrund eigener Forschungen das kopernikanische Modell. Doch verwarf die Kirche das heliozentrische Weltbild, da die Erde nach der Heiligen Schrift der Mittelpunkt der Erde und damit des Universums sei. Galilei musste sich vor einem Inquisitionsgericht verantworten, weil er den Erkenntnissen der Natur eine höhere Bedeutung beimaß als der Bibel. Er musste schließlich seine Lehre widerrufen und den Rest seines Lebens unter kirchlichem Hausarrest in seinem Landhaus verbringen.

Die Erkenntnisse des Kopernikus hatten für lange Zeit Bestand, auch wenn Johannes Kepler zu Beginn des 17. Jahrhunderts die Planetenbahnen zutreffender als Ellipsen beschrieb. Die „kopernikanische Wende" meint jedoch mehr als nur ein neues und besseres Verständnis des Universums, sondern steht für den Aufbruch in eine ganz neue Epoche, ja eine neue Welt, die den Menschen von alten Bindungen löste und ihn in den Mittelpunkt des Denkens und der Erkenntnis stellte.

1.1 **Die Epoche der Frühen Neuzeit**
1.2 **Aufbruch und Veränderung Europas**
1.3 **Renaissance, Humanismus, Historiografie**

1.1 Die Epoche der Frühen Neuzeit

Es entspricht einem ureigensten Bedürfnis des Menschen, den Ablauf der Geschichte zu unterteilen. Um das eigene Leben zu verstehen, wird die Zeit in Abschnitte gegliedert: in Vergangenheit, Gegenwart und Zukunft. Solche Periodisierungen haben immer die Funktion von Hilfskonstruktionen, die auf subjektiven Erkenntnissen und Erfahrungen beruhen, gleichwohl jedoch mitunter ganz unterschiedliche Kriterien und Konzeptionen einbeziehen. Von besonderer Bedeutung ist dabei der Weg von Individuum und Gesellschaft in die Moderne und seine Einordnung in den Gesamtablauf der menschlichen Geschichte. Der Beginn der Neuzeit wird in der Regel mit vielen Schlagworten umschrieben: die Entdeckung der Neuen Welt, die Auflösung der geistlichen und geistigen Einheit Europas durch die Reformation, der Aufstieg des Frühkapitalismus und der Naturwissenschaften, die Herausbildung der Nationalitäten, die Wiederentdeckung der Antike in Renaissance und Humanismus, der Wandel der Heeres- und Waffentechnik, die Medienrevolution durch die Erfindung des Buchdrucks, das Aufbegehren unterdrückter Schichten und die Stabilisierung territorialer Gewalten – dies alles begleitet die Entstehung der modernen Welt oder ist ein Teil von ihr (→ ASB KELLER, KAPITEL 1.2).

Der Weg in die Moderne

Bis in die aktuelle Gliederung von Lehrplänen und Studiengängen hinein hat sich die klassische Epocheneinteilung in Altertum, Mittelalter und Neuzeit durchgesetzt. Diese Einteilung wird von einem Historiker zum ersten Mal am Ende des 17. Jahrhunderts vorgenommen. 1685 unterteilt Christoph Cellarius in einem Lehrbuch die Weltgeschichte in alte, mittelalterliche und neue Geschichte, was auch im Titel des Werks zum Ausdruck kommt: *Historia universalis, in antiquam, medii aevi ac novam divisa*. Cellarius war Rektor der Gymnasien in Zeitz und Merseburg und schrieb sein Geschichtsbuch in erster Linie für den Schulgebrauch. Die dieser Gliederung zugrundeliegende Vorstellung war jedoch schon weit früher vorhanden, nämlich bei den humanistischen Gelehrten des späteren 15. Jahrhunderts. Die Humanisten bezeichneten als Mittelalter die Zeit zwischen dem römischen Kaiserreich und der eigenen Wiederentdeckung dieser Epoche. Dabei wurde die Antike als eine vorbildliche Ära empfunden, die so im scharfen Kontrast zum Mittelalter als der Zeit der schlimmsten Verdunkelung der alten Perioden stand. Der Anbruch einer neuen Zeit wird den Humanisten erst bewusst in der Rückschau auf die vor der eigenen Zeit liegende Epoche.

Christoph Cellarius

Humanisten

DIE NEUE ZEIT

Vier-Reiche-Lehre

Die uns heute so gängige Periodisierungstrias drängte andere Einteilungsschemata beiseite, vor allem die im 16. Jahrhundert vorherrschende Vier-Reiche-Lehre. Dabei handelt es sich um eine theologische Geschichtskonstruktion, die auch in gelehrten Kreisen des 16. Jahrhunderts weit verbreitet war. Die Vier-Reiche-Lehre geht von der Voraussetzung aus, dass die menschliche Ordnung ein Abbild der göttlichen Weltordnung darstellt. Um die Menschen und ihr Ordnungsgefüge zu erhalten, hat Gott deshalb für jeweils eine bestimmte Zeit einem Volk die Weltherrschaft übertragen. Die vier Reiche der Altbabylonier, der Perser, der Griechen und Römer gehen auf eine alttestamentliche Vision des Propheten Daniel zurück. Geht das letzte Reich der Römer unter, ist auch das Ende der Welt erreicht. Mit der Zerstörung Konstantinopels 1453 durch das Osmanische Reich war zwar das definitive Ende des Oströmischen Reiches gekommen, doch musste der Untergang von Byzanz nicht das Weltende bedeuten. Schon seit dem Mittelalter hatte man mit der Vorstellung der *translatio imperii* (Übertragung der Herrschaft) ein Modell zur Verfügung, das den nicht erfolgenden Weltuntergang zu erklären vermochte – wenngleich es nicht für diesen Fall entwickelt worden war. Demnach war die römische Kaiserwürde seit 800 auf das Reich der Franken und der Deutschen übergegangen. Auch wenn das oströmische Reich daran festgehalten hatte, der einzig legitime Rechtsnachfolger der römisch-christlichen Cäsaren zu sein, so gab es mit dem Heiligen Römischen Reich deutscher Nation doch ein zweites Imperium, das denselben Rechtsanspruch erhob und weiter vertreten konnte. In Konkurrenz dazu verfocht nach dem Untergang von Byzanz jedoch Moskau als letztes Zentrum der Orthodoxie den Anspruch, als drittes und letztes Rom das Haupt der Christenheit zu sein.

Translatio imperii

Bis zur Aufklärung spielte die Vier-Reiche-Lehre eine dominante Rolle. So wurden mitunter von den Zeitgenossen, etwa vom Reformator Martin Luther (1483–1546), große Umbrüche im Sinne einer Endzeitvorstellung interpretiert. Allerdings gab es auch schon vor dem 18. Jahrhundert Zweifel an der Vier-Reiche-Lehre – und zwar nicht nur wegen des ideologischen und religiös motivierten Charakters. Vielmehr wurde die damit verknüpfte Vorrangstellung des römisch-deutschen Kaisers infrage gestellt. Dies geschah nicht zufällig vor allem von französischer Seite, um den Anspruch Frankreichs gegen die Habsburgermonarchie zu stützen, ein gleichrangiger Partner innerhalb der europäischen Fürstengemeinschaft zu sein.

Endzeitvorstellung

DIE EPOCHE DER FRÜHEN NEUZEIT

Als Teilabschnitt innerhalb der neueren Geschichte hat sich seit den 1960er-Jahren die Epoche der Frühen Neuzeit in Deutschland fest etabliert, mit einer eigenen Forschungsausrichtung und einer institutionellen Verfestigung durch Lehrstühle an den Universitäten, Arbeitskreise und Zeitschriften. Analog zu diesem Ansatz hatte schon zuvor die angloamerikanische Forschung den Begriff der „early modern times" in Abgrenzung zu späteren Epochen verwendet. Trotz scheinbar wahlloser und unendlich erscheinender Möglichkeiten haben sich doch zwei Gliederungsmuster für die Frühe Neuzeit herausgebildet. Ein gängiges Periodisierungsschema orientiert sich an den drei Jahrhunderten. Dies ermöglicht es, den eigenständigen Charakter und die besondere Bedeutung jedes Jahrhunderts zu betonen. Eine solche Abgrenzung kann im Übrigen bereits an die frühneuzeitliche Vorstellung der Magdeburger Zenturionen anknüpfen, eine systematische Kirchengeschichte (gedruckt ab 1559), die nach Jahrhunderten gegliedert wurde.

Epoche Frühe Neuzeit

Periodisierung nach Jahrhunderten

Neben der Gliederung nach den einzelnen Jahrhunderten hat sich vor allem eine Zweiteilung der Frühen Neuzeit herauskristallisiert, mit einer scharfen Zäsur 1648. Bei dieser Periodisierung wird davon ausgegangen, dass mit dem Westfälischen Frieden eine Ära beendet wurde, die in hohem Maße von konfessionellen Auseinandersetzungen geprägt war. Erst mit dem Friedensschluss von 1648 wurde die Phase der Religionskriege überwunden; fortan sollte es nicht mehr möglich sein, seine Glaubensüberzeugung mit militärischer Gewalt durchzusetzen. Aufgrund der überragenden Bedeutung der Konfession für diese Epoche wird die erste Hälfte der Frühen Neuzeit zwischen 1500 und 1648 deshalb als „konfessionelles Zeitalter" bezeichnet. Während lange Zeit der Schwerpunkt innerhalb des konfessionellen Zeitalters auf der Reformation lag, ist in den letzten Jahrzehnten die Zeit zwischen 1555 und 1618, die lange als wenig glanzvolles Intermezzo vernachlässigt wurde, verstärkt in den Fokus der Forschung geraten. Für weite Teile der Gesellschaft hatte die Konfession dabei eine überragende Funktion, die in fast alle Lebensbereiche hineinreichte und den Alltag der Menschen bestimmte. Ebenso spielte sie für die staatlichen Obrigkeiten eine zentrale Rolle bei der Durchsetzung ihrer Interessen von Territorialisierung und Sozialdisziplinierung (→ KAPITEL 10), mithin den Bereichen, die für die Herausbildung des modernen Staates wichtig wurden.

Zweiteilung der Frühen Neuzeit

Konfessionelles Zeitalter

Die ältere Forschung sprach noch vom Zeitalter der Reformation, das mit dem Augsburger Religionsfrieden 1555 endete, und der daran anschließenden Epoche der Gegenreformation bis zum Ausbruch

Reformation und Gegenreformation

des Dreißigjährigen Krieges 1618. Dabei handelte es sich um ein Periodisierungs- und Interpretationsmodell, das die Bemühungen und Aktivitäten der katholischen Kirche lediglich als eine Reaktion auf die Reformation begriff. Der Katholizismus war nach dieser Vorstellung gezwungen zu handeln, weil er sonst gegenüber der Erneuerung und den „moderneren" Formen der evangelischen Kirche unterlegen gewesen wäre. Dagegen hat die katholische Geschichtsschreibung seit Hubert Jedin in den 1960er-Jahren die Eigenständigkeit der Katholischen Reform eingeklagt und mit diesem Begriff auch die nachreformatorische Zeit umschrieben (Jedin 1967, S. 449). Das Wiedererstarken der katholischen Kirche nach 1555 wurde in diesem Modell auf Reformansätze zurückgeführt, die im Frömmigkeitsleben der spätmittelalterlichen Kirche wurzelten und durch die Reformation weiterentwickelt wurden. Mit dem Konzept der Konfessionalisierung wurde dann für die zweite Hälfte des konfessionellen Zeitalters ein Paradigma gefunden, das nicht nur die religiösen und gesellschaftlichen Prozesse beschrieb, sondern auch als Epochenbezeichnung Verwendung fand. Mit Reformation und Konfessionalisierung werden somit in der modernen Forschung beide Abschnitte des konfessionellen Zeitalters abgedeckt.

Konfessionalisierung

Für das Ende der Frühen Neuzeit werden in der Regel drei Ereignisse genannt. Die Niederlegung der Kaiserkrone des Heiligen Römischen Reiches deutscher Nation 1806 ist dabei in der deutschen Historiografie die häufigste, weil mit dem Reich der jahrhundertealte Bezugsrahmen für die deutsche Geschichte wegfiel und damit auch ein grundlegender Wandel der gesellschaftlichen Verhältnisse einherging. Für die französische Geschichte ist der Ausbruch der Französischen Revolution 1789 sehr viel wegweisender, da dieses Ereignis in seiner Bedeutung und vor allem seinen Folgen über Frankreich hinausging und deshalb auch für die europäischen Staatsverhältnisse wichtig wurde. Die im Anschluss an die Revolution geführten Kriege mündeten in eine Neuordnung Europas, die dann auf dem Wiener Kongress restaurativ festgeschrieben wurde. Das Ende des Kongresses 1815 kann somit für das Ende der Epoche der Frühen Neuzeit, wie für den Ausgangspunkt zur Geschichte des 19. Jahrhunderts stehen. Mit dem Anfang tun sich die Historiker schon sehr viel schwerer. Auch hier ist eine punktuelle Periodisierung unmöglich, wenngleich weltgeschichtlich bedeutsame Zäsurjahre zwischen 1450 und 1550 die Übergangszeit zwischen Mittelalter und Neuzeit markieren. Sie gehen einher mit gesellschaftlichen und geistigen Entwicklungen, die zu einer breiten Epochenwende beitragen und ein Loslösen von allen alten Strukturen beinhalten (Schulze 2002).

Epochengrenzen

1.2 Aufbruch und Veränderung Europas

Der Anbruch einer neuen Zeit kündigte sich in einer Reihe politischer, gesellschaftlicher und geistig-religiöser Veränderungen an. Dazu zählte in erster Linie eine fundamentale Erweiterung des geografischen Weltbildes der Europäer durch die Erschließung neuer Welten in Afrika, Asien und Amerika. Die Entdeckung Amerikas durch Christoph Kolumbus 1492 und die nachfolgende Erschließung durch die beherrschenden Seemächte Portugal und Spanien stellten das bis dahin gültige Weltbild infrage und führten umgekehrt zu einer Europäisierung der Neuen Welt. In einer Art Aufbruchstimmung wurden neue Absatzmärkte und riesige Kolonialreiche erschlossen, die alten Grenzen wurden gesprengt und es entstanden internationale Zusammenhänge. Bis zum Ende des 16. Jahrhunderts bauten die Portugiesen vor allem in Afrika und Asien ein gewaltiges Handelsimperium auf und gelangten zu einer weitgehenden Kontrolle des Gewürzhandels, obwohl arabische Verbindungslinien auch weiterhin bestehen blieben. Während die Portugiesen kaum ins Festland eindrangen, sondern sich mit der Errichtung fester Stützpunkte an den Küsten begnügten, eroberten die Spanier in Mittel- und Südamerika große Teile des Landes und errichteten überseeische Herrschaften, um Land und Leute zu kontrollieren. Gleichzeitig nötigten sie den Ureinwohnern ihren Glauben auf; die neu erschlossenen Gebiete wurden zu einem kaum mehr übersehbaren Feld einer von den Europäern getragenen Weltmission. Mit der Zerstörung der indigenen amerikanischen Reiche gingen rapide Bevölkerungsverluste unter den Einheimischen einher. Sie sollten mit Sklavenimporten aus Afrika aufgefangen werden, die so Teil eines neu entstehenden Wirtschaftssystems wurden.

Mit der Erschließung der Handelswege nach Asien, Afrika und Amerika wurde zum ersten Mal ein Welthandelssystem begründet. Die damit verbundenen Möglichkeiten fanden allerdings auch das Interesse anderer Mächte, die sehr bald in Konkurrenz zu den iberischen Staaten traten. Frankreich, England und vor allem die Holländer, die sich aus dem Machtbereich Spaniens zu lösen begannen, wollten sich nicht mit der Ausschließlichkeit des Kolonialerwerbs Spaniens und Portugals abfinden und traten als Konkurrenten um die verlockenden Gewürze, Edelmetalle und anderen Handelswaren auf den Plan. Längerfristig sorgte dies für eine Verschiebung des politisch-kulturellen und wirtschaftlichen Schwerpunktes von Süd- und Mitteleuropa zu den atlantischen Anliegerstaaten, wie zum Aufstieg der Atlantikhäfen Lissabon, Antwerpen und London.

Entdeckungen

Eroberungen

Welthandelssystem

Rückwirkungen auf Europa

Die Entdeckung neuer Welten in Übersee hatte Rückwirkungen auf Europa. Mit den zurückkehrenden Eroberern kamen bis dahin unbekannte Nutzpflanzen wie Kakao, Mais und Kartoffeln nach Europa, während vor allem Nutztiere und Ackergeräte für eine intensivere Wirtschaftsführung in den Kolonien benötigt wurden. Doch auch die negativen Auswirkungen der neuen Kontakte ließen nicht lange auf sich warten durch die Verbreitung von bislang unbekannten Krankheiten. Nach Amerika wurden von den Eroberern die Pocken, Typhus und Ruhr eingeschleppt und rafften mehr noch als die militärische Gewalt die Eingeborenen reihenweise dahin. Umgekehrt kam aus der Neuen Welt die Syphilis nach Europa – eine erste ‚Modekrankheit' an den europäischen Höfen. Gleichzeitig wurde mit der

Kolonialisierung

Kolonialisierung zum ersten Mal ein Großteil der Welt in die Reflexion und das internationale System einbezogen. Dies hatte tiefgreifende Rückwirkungen auf das europäische Denken. Das Wissen über die Gestalt und die Geschichte der Erde erweiterte sich; aus der Konfrontation und der Begegnung mit Gesellschaften, Völkern und Kulturen außereuropäischer Kontinente resultierte eine grundlegende Wandlung des traditionellen Welt- und Menschenbildes, wenn etwa über die Menschenwürde der Eingeborenen diskutiert wurde. Dies waren die Anfänge der Idee eines internationalen Völkerrechts, auch wenn sich der Konkurrenzkampf der Europäer in den Kolonien fortsetzte, zumal in einer Zeit, in der die europäische Mächtepolitik in eine neue Phase trat.

Europäische Konflikte

Der Einmarsch des französischen Königs Karl VIII. in Italien 1494 löste eine Reihe von Konflikten aus, die nicht nur das bis dahin herrschende Gleichgewichtssystem auf der Apenninhalbinsel zum Einsturz brachten, sondern auch auf das übrige Europa ausstrahlten. Der Kampf in Italien wurde zur Auseinandersetzung um die Vormachtstellung in Europa. Die Hegemonie über Europa wurde fortan zwischen Habsburg und Frankreich entschieden, um diese beiden Mächte mussten sich die anderen europäischen Mächte gruppieren. Nachdem unter den letzten Herrschern des Spätmittelalters das Konzept der Universalmonarchie gewankt hatte, lebte es im konfessionellen Zeitalter unter anderen Vorzeichen wiederum auf. Als vornehmster weltlicher Herrscher des Abendlandes beanspruchte der römisch-deutsche Kaiser eine Vorrangstellung vor allen anderen Monarchen Europas, die in seiner Schutzfunktion nun für die „wahre" Kirche und als Verteidiger des Christentums gegen die Türken religiös legitimiert wurde. Vor allem im Kampf um die prestigeträchtige Herrschaft in Italien, die schon den Anspruch der hochmittelalterlichen

Stauferkaiser begründet hatte, sollte sie entschieden werden. Die Jahrzehnte nach 1494 waren die Phase der Formierung des neuzeitlichen europäischen Mächtesystems, die Phase des Beginns neuzeitlicher europäischer Mächtepolitik, des Großmachtstrebens und der Großmachtpolitik.

Eine Vielzahl europäischer Staaten regelte seit dem 16. Jahrhundert seine Beziehungen untereinander auf der Basis eines entstehenden europäischen Völkerrechts, das allerdings noch in den Anfängen steckte. Gleichzeitig entwickelte sich ein europäisches Gesandtenwesen, das regelmäßige Kontakte zwischen den Höfen und Regierungen ermöglichte. Ansätze dazu hatte es bereits im Italien des 15. Jahrhunderts gegeben, insbesondere an der römischen Kurie und in Venedig. Doch sollte für die Herausbildung der modernen Diplomatie insbesondere Spanien zum Vorbild werden. Hier hatten die Katholischen Könige nach dem Zusammenschluss von Kastilien und Aragon danach getrachtet, nach außen als Herrscher eines Staates aufzutreten. Die breite Vernetzung der spanischen Diplomatie an den europäischen Fürstenhöfen und die sorgfältige Auswahl und Ausbildung der spanischen Gesandten machten dieses System bald zum Maßstab für die anderen europäischen Monarchen im sich enger zusammenschließenden Europa. Die Verdichtung der internationalen Beziehungen wurde erleichtert durch den Ausbau eines weitverzweigten Postnetzes. Im Reich und in der Habsburgermonarchie organisierte das Haus von Thurn und Taxis die Nachrichtenübermittlung im öffentlichen wie privaten Raum und trug damit zu einem engeren Zusammenschluss Europas und der Welt bei.

Gesandtenwesen

In der Kirchengeschichte wird vor allem das Jahr 1517 als die entscheidende Zäsur angesehen, da mit dem Ausbruch der Reformation die Einheit der mittelalterlichen abendländischen Kirche zerfällt. Die Einheit der christlichen Kirche war seit ihrem Bestehen wiederholt durch Konflikte und Spaltungen gefährdet, und 1054 war der definitive Bruch zwischen Rom und Konstantinopel erfolgt. Doch trotz liturgischer und dogmatischer Differenzen und der Ausprägung verschiedener Kulturen in der römisch-lateinischen und der griechisch-orthodoxen Christenheit waren beide durch ihren gemeinsamen Ursprung verbunden. Die Gesellschaften an der Wende zur Neuzeit lebten in und von dieser Tradition. Dieser Sachverhalt wurde durch Tendenzen der Säkularisierung in Politik, Kultur und Wissenschaft zwar relativiert, aber nicht grundsätzlich infrage gestellt. Die Situation änderte sich gravierend mit den Reformationen seit dem 16. Jahrhundert, als die schon in Ost- und Westkirche gespaltene Christen-

Zerfall der Kircheneinheit

Christianitas afflicta heit ein weiteres Mal auseinanderbrach und eine *christianitas afflicta*, eine zerstörte Christenheit, zur Realität wurde (Lutz 1964). Diese Reformationen erreichten nicht das ganze christianisierte Europa, veränderten aber den Kontinent und hatten kein Pendant außerhalb seiner Grenzen. Da sich in den außerdeutschen europäischen Staaten die kirchliche Reformbewegung letztlich auf Luther zurückführte oder sich zumindest in Bezug zur lutherischen Reformation setzte, ist für die Kirchengeschichte anderer Länder eine ähnlich gelagerte Zäsur maßgebend, meist jedoch mit einer gewissen zeitlichen Verzögerung. Ausnahmen bilden jedoch der Einflussbereich der griechischen und russischen Orthodoxie, die das Phänomen des Protestantismus nur peripher tangierte, und der Sonderfall Böhmen. Hier hatte der Hussitismus, die auf den Prediger Johannes Hus zurückgehende religiöse Erneuerungsbewegung, bereits ein Jahrhundert zuvor die Einheit der Kirche gesprengt und zu einer von Rom unabhängigen Nationalkirche geführt.

In der Verfassungsgeschichte des Reiches ist der Wormser Reformreichstag 1495 ein wichtiger Eckpunkt für die Herausformung neuer Institutionen, mit denen das Heilige Römische Reich regierbarer gemacht werden sollte. Im Dualismus von Kaiser und Reichsständen entstanden die obersten Gerichte und der Reichstag als zentrales Forum der Reichspolitik. Der Begriff der Reichsreform umschreibt neue Formen der sich entwickelnden Staatlichkeit, welche die Verfassungsform des Heiligen Römischen Reiches bestimmten. Die Herausbildung frühmoderner Staatlichkeit war allerdings ein gesamteuropäisches Phänomen, das zu einer Verdichtung von Herrschaft nach innen und außen in der sich neu formierenden Staatenwelt Europas beitrug. Der frühneuzeitliche Staat bemühte sich einerseits um die Arrondierung und Erweiterung seines oftmals zersplitterten Herrschaftsgebietes in einer expansiven Art und Weise gegen seine territorialen Nachbarn, er bündelte andererseits jedoch im inneren Staatsaufbau die Kräfte, die Politik, Gesellschaft und Wirtschaft bestimmten. Im dynastischen Fürstenstaat profitierte davon in erster Linie der Monarch, auf den die höchste Gewalt zugeschnitten wurde. Deshalb können französische Historiker von einer Epoche des Absolutismus seit 1515 sprechen (Meyer 1990). Doch auch in den Republiken ist eine Konzentration der Macht bei den oligarchischen Eliten zu beobachten. Beide Entwicklungen führten dazu, dass sich der frühmoderne Staat nicht mehr in erster Linie über die alten Lehensverbindungen von Personen definierte, sondern von der Herrschaft über ein Gebiet in fest umrissenen Grenzen her gedacht wurde. Der ältere Personenverbandsstaat hatte auf einem Zusammenschluss von Personen beruht, die mit ursprünglichen, eigenen Rechten in den Staat eingegliedert worden waren und in einer Vielzahl von Bindungen und Abhängigkeitsverhältnissen gestanden hatten. Im neu entstehenden institutionellen Flächenstaat der Frühmoderne wurden dagegen alle Funktionen und Hoheitsrechte vom Staat selbst verliehen und hergeleitet sowie von staatlichen Organen ausgeübt.

Trotz aller Dynamik der Entwicklungen um 1500 lassen sich demgegenüber auch Kontinuitätslinien feststellen, welche die Epochenwende nivellieren und stattdessen eine lange Dauer des Mittelalters anzeigen. So wurde von der früheren Forschung eine Zwischenzeit unter dem Begriff „Alteuropa" installiert (Gerhard 1962, S. 40), die variierend von 1100/1300 bis etwa 1800 reicht. Das auf den Feudalismus gegründete Wirtschaftssystem, die ständische Gliederung der Gesellschaft und die daraus resultierende soziale Immobilität, die tiefe Verwurzelung des Großteils der Menschen in der Landwirtschaft – all dies seien Faktoren, die im Europa der Renaissance zwar stark modifiziert wurden, aber keine grundsätzliche Veränderung erfahren hätten. In dieser Sichtweise wird selbst die Bedeutung der mit der Reformation verbundenen Umgestaltung Europas mitunter relativiert (Hassinger 1951, S. 712f.). Erst mit der Aufklärung und der Französischen und Industriellen Revolution habe dann eine Neugestaltung des Kontinents im Streben nach Zentralisation, Gleichheit aller Menschen, dem Glauben an Fortschritt und Wandel begonnen. Durchgesetzt hat sich diese Sicht jedoch nicht, weil sie einerseits wenig Raum für die Neuerungen um 1500 ließ, andererseits eine innere Einheit dieser Zwischenzeit nur schwierig zu konstruieren war. Doch hat gerade das Konstrukt einer europäischen „Sattelzeit" zwischen 1750 und 1850, in der sich der Übergang zur Moderne zu vollziehen scheint, maßgeblich zur Stütze dieser Auffassung beigetragen.

Alteuropa

Dennoch bestätigen die europäischen Entwicklungen und Ereignisse den Schwellencharakter der Zeit um 1500, wobei in der Setzung eines festen Epochendatums die Perspektive des jeweiligen Landes oder der jeweiligen Fachdisziplin variieren kann und muss. Oftmals wird der Herrschaftsantritt einer Dynastie als der entscheidende Wendepunkt angenommen. Englische Historiker messen demgemäß dem Jahr 1485 mit der Wiederherstellung einer starken Monarchie unter der Dynastie der Tudors nach dem Hundertjährigen Krieg und den Rosenkriegen eine große Bedeutung zu (Elton 1974). In Spanien war es 1516 der Regierungsantritt der Habsburger (Lynch 1992),

Epochendaten

der in Ungarn mit der nationalen Katastrophe von Mohács 1526 und der Dreiteilung des Stephansreiches einherging (Fata 2000). Die Geschichtsschreibung in den nordischen Staaten betont die Errichtung eines nationalschwedischen Königtums 1523 (Roberts 1968), während das Königreich Polen-Litauen eher die Personalunion 1447 unter der Dynastie der Jagiellonen oder die endgültige staatsrechtliche Vereinigung in der Lubliner Union 1569 hervorhebt (Rhode 1980). Es gehört maßgeblich zu all diesen Zäsuren, dass mit den politischen und gesellschaftlichen Veränderungen ein neues Denken einsetzte, das aus den festgefügten Vorstellungswelten des Mittelalters herausführte.

1.3 Renaissance, Humanismus, Historiografie

Die Kunst der Renaissance

Das neue Denken beginnt – so paradox dies klingen mag – zunächst einmal mit der Erinnerung und dem Rückgriff auf längst vergangene Epochen. Die Renaissance und der Humanismus waren länderübergreifende Bewegungen, die beide von Italien ihren Ausgang nahmen und bald das übrige Europa erfassten. Renaissance bedeutet Wiedergeburt und bezeichnet die Wiederentdeckung der Antike durch italienische Künstler und Gelehrte seit dem 14. Jahrhundert. In dieser kulturellen Blütezeit entwickelten Maler, Bildhauer und Architekten einen neuen Kunststil und ein neues Verständnis von Kunst. Die Kunstwerke der Antike, die Formen der Natur und die Gesetze der Geometrie wurden für sie maßgebend. Der Schweizer Historiker Jacob Burckhardt (1818–97) sah das Wesen der Renaissance in der Entdeckung der Welt und des Menschen. Dabei dachte er weniger an die großen geografischen Entdeckungen dieser Zeit als vielmehr an die realistische und autonome Erkenntnis und Beschreibung des Menschen und seiner Lebenswelt. In seinem klassischen Werk *Die Kultur der Renaissance in Italien* (1860) wird der neuheidnische Charakter der italienischen Renaissance sehr stark betont, ja überbetont (Burckhardt 2009).

Italienische Stadtstaaten

Ausgangspunkt der Bewegung waren die italienischen Stadtstaaten als Zentren bürgerlicher Gelehrsamkeit. Durch ihre Handelstätigkeiten waren diese städtischen Kreise mit fremden Welten und Kulturen in Berührung gekommen, lernten das griechisch-orthodoxe Reich von Konstantinopel ebenso kennen wie den islamischen Orient. Mit der Wiederentdeckung der antiken Kunst, Kultur und Literatur erlangten die italienischen Gelehrten einen Bildungsgrad, der das Deutungsmonopol der Kirche infrage stellte und damit den Beginn der Säkularisierung der Welt markiert. Die antike Kunst und Kultur hatte der Kirche als anstößig und heidnisch gegolten, die antiken Werke waren deshalb weitgehend in Vergessenheit geraten. Es galt, sie wiederzuentdecken.

Seit dem Ende des 15. Jahrhunderts strahlte die Kunst Italiens auf das weitere Europa aus, nach Frankreich, in die Niederlande, aber auch etwa nach Ungarn, wo sich unter König Matthias Corvinus der Königshof zu einem Zentrum von Renaissance und Humanismus und zum Anziehungspunkt für italienische Künstler entwickelte. Italienische Maler und Bildhauer wirkten jedoch nicht nur im Stephansreich, sondern erhielten auch Aufträge aus anderen Ländern West- und Mitteleuropas. Hier bestimmte die Renaissance vor allem die Ausgestaltung von Profanarchitektur, wie den Schlössern von der Loire bis Krakau oder den bürgerlichen Repräsentationsbauten. Zugleich reisten europäische Künstler von Rang, wie Albrecht Dürer, nach Italien, um dort den neuen Stil zu studieren. Als gesamteuropäische Kunstrichtung rückte die Renaissance die menschliche Gestalt stärker in den Mittelpunkt und behandelte in der Malerei bevorzugt Themen der antiken Götter- und Heldensagen.

Europäische Bewegung

Mit der Renaissance in Kunst und Architektur korrespondiert als geistesgeschichtliches Phänomen der Humanismus, weshalb oft auch vom Renaissancehumanismus gesprochen wird. Der Humanismus kam ebenfalls im 14. Jahrhundert in Italien auf, verbreitete sich von dort über andere Länder und erlebte im 15. und beginnenden 16. Jahrhundert seine Blütezeit (→ KAPITEL 9.1). Als eine intellektuelle Bewegung entwickelte der Humanismus ein Programm innerweltlicher, nichttheologischer Bildung, angefangen von den Schulen und Universitäten bis zur Gestaltung des individuellen und gesellschaftlichen Lebens überhaupt. Die Humanisten stellten in der Philosophie und Literatur den Menschen in den Mittelpunkt ihres Denkens und Tuns, die Epoche des Individuums begann. Zu den bevorzugten Gegenständen des humanistischen Bildungsprogramms zählte die Geschichte, die einen Großteil der humanistischen Produktion ausmachte.

Humanismus

Dabei wurde die profane Geschichte aus der bisherigen Unterordnung unter die Theologie herausgelöst, sie erhielt einen eigenen Wert und beruhte auf immanenten Kausalitäten. Dies bedeutete jedoch keine generelle Abwendung von der Theologie, wenngleich säkulare Begründungen an die Stelle des kirchlichen Systems und seiner Vorschriften traten. In der Verbindung von Christentum und antiker

Humanismus und Kirche — Welt sahen viele Humanisten ihre eigentliche Aufgabe. Dieser christliche Humanismus oder religiöse Humanismus war insgesamt für Renaissance und Humanismus nördlich der Alpen kennzeichnend. Der Gelehrte Erasmus von Rotterdam (1469–1536) sprach von christlicher Philosophie, *philosophia christiana* oder *philosophia Christi*. Das hinderte ihn jedoch ebensowenig wie andere Humanisten daran, scharfe Kritik an den kirchlichen Missständen zu üben. Ein Faber Stapulensis in Frankreich, die Schule von Alcalá in Spanien oder Erasmus in den Niederlanden beschäftigten sich mit den biblischen Schriften, kritisierten den Lebenswandel der Geistlichen und forderten eine Reform der Kirche an Haupt und Gliedern. Sie bereiteten damit ein geistiges Umfeld, auf das die Reformation aufbauen konnte.

Es ist bemerkenswert, dass gerade Renaissancekünstler, Humanisten und Reformer, die ihre Ideale in der Vergangenheit suchten, am meisten von der Kunst profitierten, die etwas revolutionär Neues darstellte: dem Buchdruck. Bis in die Mitte des 15. Jahrhunderts konnten Schriften nur vervielfältigt werden, indem man sie handschriftlich kopierte. Um 1450 entdeckte Johannes Gutenberg in Mainz das Drucken mit beweglichen Metallbuchstaben. Mit der *Medienrevolution* Verbreitung des Buchdruckes in Europa wurde ein neues Medium geschaffen, das in seiner Bedeutung und Wirkmächtigkeit der modernen Entwicklung durch das Internet in keiner Weise nachsteht. In zahlreichen europäischen Ländern entstanden Druckereien, die Nachrichten und Begebenheiten aus dem Osmanischen Reich, Ostasien und sogar aus der Neuen Welt verbreiteten. Damit wurde ein Kommunikationsraum geschaffen, der die Welt des Wissens geografisch und thematisch enorm erweiterte. Wurden zunächst vor allem theologische und juristische Schriften gedruckt, so wandte sich das Interesse zunehmend naturwissenschaftlichen, historischen und philosophischen Themen zu. Durch Flugblätter, die zum Teil mit Holzschnitten illustriert wurden, fanden auch aktuelle Nachrichten den Weg in die Druckereien. Das geschriebene Wort wurde nun weit über Klerikerkreise hinaus einem gebildeten Publikum zugänglich, das freilich nur eine verschwindend geringe Minderheit innerhalb der Gesamtbevölkerung darstellte. Mit dieser neuen Form der Propaganda konnten jedoch auch leseunkundige Bevölkerungskreise erreicht werden, wenn Prediger, Amtspersonen oder gebildete Leute die Druckerzeugnisse vorlasen. So kann das Jahrhundert zwischen beginnender Reformation und dem Ausbruch des Dreißigjährigen Krieges paradigmatisch auch mit dem Schlagwort der Medienrevolution umschrieben werden, denn „das Medium war das Moderne" (Burkhardt 2002, S. 16).

Fragen und Anregungen

- Erklären Sie, welchen Sinn Periodisierungen in der Geschichte haben.
- Wann beginnt die Neuzeit?
- Beschreiben Sie Grundzüge der humanistischen Bewegung.
- Wodurch ist das neuzeitliche Weltbild gekennzeichnet?
- Erläutern Sie die Bedeutung Italiens für die Herausbildung der Moderne.

Lektüreempfehlungen

- Urs Bitterli (Hg.): Die Entdeckung und Eroberung der Welt. Dokumente und Berichte, Band 1: Amerika, Afrika, München 1980. *Zahlreiche Reiseberichte und Verträge aus der Geschichte der europäischen Expansion.* — Quelle

- Paul O. Kristeller: Humanismus und Renaissance, 2 Bände, München 1974/76. *Historiografischer Klassiker für die Epoche der Frühen Neuzeit und ihre geistigen Bewegungen. Nach wie vor eine der besten Gesamtdarstellungen zu diesen Phänomenen.* — Forschung

- Ilja Mieck: Periodisierung und Terminologie der Frühen Neuzeit. Zur Diskussion der letzten beiden Jahrzehnte, in: Geschichte in Wissenschaft und Unterricht 19, 1968, S. 357–373. *Erläutert Periodisierungsfragen nicht nur in einer deutschen, sondern vor allem in einer europäischen Perspektive.*

- Wolfgang Reinhard: Geschichte der europäischen Expansion, 4 Bände, Stuttgart u. a. 1983/1990. *Standardwerk zur Geschichte der Entdeckungen und zur Erschließung der Neuen Welt.*

- **Wolfgang Reinhard: Zwang zur Konfessionalisierung? Prolegomena zu einer Theorie des konfessionellen Zeitalters,** in: Zeitschrift für Historische Forschung 10, 1983, S. 257–277. *Begründet das Festhalten am Terminus „konfessionelles Zeitalter" und betont die Rolle der Konfession als prägendes Paradigma für die Frühe Neuzeit.*

- **Stephan Skalweit: Der Beginn der Neuzeit. Epochengrenzen und Epochenbegriff,** Darmstadt 1982. *Betrachtet die Renaissance als eine drei Jahrhunderte dauernde „Sattelzeit", wodurch die scharfe Trennung zwischen Mittelalter und Neuzeit nivelliert wird.*

2 Herrschaftsformen in Europa

Abbildung 2: Pieter de Jode (nach Abraham Diepenbeker): *Allegorie auf den europäischen Frieden*, in: Anselm van Hulle, *Pacificatores orbis Cristiani [...]*, Rotterdam (1697)

Der Kupferstich von Pieter de Jode aus dem Jahr 1697 ist eine Allegorie auf den europäischen Frieden. Das Bild befindet sich am Anfang des Werks von Anselm von Hulle mit den Gesandtenportraits des Westfälischen Friedenskongresses. Die Unterhändler des Friedens von Münster und Osnabrück 1648 werden durch ihr Wirken zu „pacificatores orbis christiani", zu Friedensstiftern für den ganzen Erdkreis, wie die Überschrift rühmt. Der Bezugsrahmen des christlichen Erdkreises macht deutlich, dass sich dieses Europa durchaus als „christianitas" verstand. Die zentrale Figur der Friedensgöttin Pax steht für den gefundenen Kompromiss, der einen neuen Aufschwung der Wirtschaft und des Handels ermöglicht – versinnbildlicht im Heroldsstab des Merkur, den Pax in ihrer linken Hand hält. Aus dem Füllhorn in ihrer Rechten quellen die Erträge der Fruchtbarkeit und des Überflusses hervor. Während die Waffen des Kriegshandwerks von der Göttin in den Staub getreten werden, weisen Musikinstrumente und Globus zu ihren Seiten auf ein neues Zeitalter hin, in dem Kunst und Wissenschaft blühen werden.

Das Bild des Friedens erstrahlte am Ende des 17. Jahrhunderts in einem umso helleren Licht, weil man auf das „konfessionelle Zeitalter" als eine Epoche der Kriege und Krisen in der Erinnerung zurückblickte. Die sich am Anfang des 16. Jahrhunderts neu herausbildende Mächtepolitik führte Europa in zahlreiche dynastische, religiöse und machtpolitische Auseinandersetzungen hinein. Dies lag in der Struktur des frühneuzeitlichen Staatensystems begründet, das sich in einer Reihe von politischen und militärischen Konflikten erst allmählich entwickelt hat. Mit der sich entfaltenden europäischen Machtpolitik und ihrem kriegerischen Potenzial mussten sich die Staatstheoretiker der Renaissance auseinandersetzen und sie taten dies in höchst unterschiedlicher Weise: Niccolò Machiavelli als Begründer einer realistischen und von Moral absehenden Analyse der Machtpolitik, Erasmus von Rotterdam als Anwalt eines konsequenten ethisch und religiös motivierten Pazifismus. Die Antithese von Realpolitik und Gesinnungsethik sollte eines der bleibenden Themen in der politischen Ideengeschichte der Neuzeit sein.

2.1 **Strukturen des frühneuzeitlichen Europa**
2.2 **Erb- und Wahlmonarchien**
2.3 **Republikanismus**
2.4 **Politische Ideen und Staatslehre**

2.1 Strukturen des frühneuzeitlichen Europa

Europa ist heute eine Gemeinschaft unabhängiger Nationalstaaten, die überwiegend auf dem Verfassungsprinzip der parlamentarischen Demokratie beruhen, wenngleich sich noch Reste monarchischer Strukturen in einigen Staaten erhalten haben, allerdings dort kaum mehr als repräsentative Funktion besitzen. Dagegen war das Europa des 16. Jahrhunderts ein Europa der Monarchien, in dem Republiken eine Ausnahme darstellten. Die dynastischen Verflechtungen des europäischen Hochadels stellten ein wichtiges Bindeglied der europäischen Staatenwelt dar. In weit verzweigten Beziehungsgeflechten sorgten die einzelnen Dynastien auf der einen Seite für Stabilität und Sicherheit, auf der anderen Seite war die wachsende Konkurrenz ein Grund dafür, dass sich die Ausformung der neuzeitlichen europäischen Staatenwelt immer wieder in militärischen Konflikten vollzog und weitergetrieben wurde. Dabei konnten die frühneuzeitlichen Staatswesen mit dem Feudalsystem auf ein Wirtschaftssystem bauen, das sich seit dem Mittelalter in ganz Europa durchgesetzt hatte und das den größten Teil der Bevölkerung in Abhängigkeit zu ihrer Herrschaft setzte. Verbindend für den europäischen Kontinent war schließlich vor allem seine geistig-kulturelle Prägung durch das Christentum – was in den Termini *christianitas* oder *republica christiana* für die europäische Staatenwelt zum Ausdruck kommt.

Europa der Monarchien

Das lateinische Europa war jene Gemeinschaft von Reichen und Ländern, die bis zur Reformation und Kirchenspaltung des 16. Jahrhunderts als *christianitas* der Obödienz (Gehorsamspflicht) des Papstes in Rom unterstanden hatten. Auch im 17. Jahrhundert empfanden sie sich noch immer als eine Einheit, die durch Tradition und Gegenwart, so durch die Geltung der lateinischen Sprache, verbunden war. Dieses lateinische Europa grenzte sich nach außen ab – vor allem im Süden und Südosten durch die Grenze gegenüber dem Islam, die von Gibraltar bis in die Ukraine reichte. Aber auch nach Osten, gegenüber den Ländern des griechisch-orthodoxen Christentums, das nach dem Ende des Byzantinischen Reiches sein Zentrum im Moskauer Reich der russischen Zaren gefunden hatte. Als „Vormauer der Christenheit", als *antemurale christianitatis*, verstanden sich mehrere Staatswesen an der Glaubensgrenze, der Staat des Ritterordens der Johanniter auf Malta und die Republik Venedig ebenso wie das Königreich Ungarn und das mit dem Großfürstentum Litauen verbundene Königreich der Polen. Muslime

Lateinisches Europa

waren ausgegrenzt, Griechen und Russen wurden beargwöhnt. Trotz aller internen konfessionellen Konflikte zwischen Katholiken und Protestanten waren sich in dieser Sichtweise die Führungsschichten des lateinischen Europa weitgehend einig. Einig war man sich auch darin, dass der Rest der Welt in Amerika, Afrika und Asien das Ziel europäischer Entdeckungen, Kolonisation und Mission sein sollte.

<small>Gottesgnadentum</small>

Im „Gottesgnadentum" der europäischen Monarchen spiegelte sich zwar noch immer die sakrale Funktion und Legitimation der weltlichen Herrschaft wider, doch rückte daneben immer stärker der Amtsgedanke in den Vordergrund. Herrschertum und „Staat" waren seit dem Investiturstreit (→ ASB MÜLLER, KAPITEL 8.3) säkularisiert worden, hatten nunmehr allenfalls für die äußere Organisation der Kirche eine amtliche Zuständigkeit. Die Veränderung des Verhältnisses von Staat und Kirche führte in Europa zu einer Funktionalisierung des schwachen Papsttums durch das Königtum. Nationalkirchliche Tendenzen wie der Gallikanismus in Frankreich, der Anglikanismus in England oder das Staatskirchentum der Reformation waren seit dem späten Mittelalter und der Reformation Folgen dieses Prozesses. Damit einher ging eine Säkularisierung der Gewalt, die eine besondere geistliche Amtswürde für sich beanspruchte: das römisch-deutsche Kaisertum. Hieran konnten auch die Versuche Kaiser Karls V. (1500–58) nichts ändern, der den traditionellen Rang und die hergebrachte Würde des Kaisertums noch einmal betonte.

Denn die politische Königswahlordnung der Goldenen Bulle (1356) stellte schon lange die maßgebende Legitimation für das Reichsoberhaupt dar, nicht mehr die zusätzlich noch immer in Aachen bzw. Frankfurt am Main vollzogene Krönung. Doch zu den beschwörenden Pflichten des Kaisers oder Königs gehörte nach wie vor der Schutz der Kirche. Dies zeigt die Ambivalenz der Entwicklung zwischen durchaus noch vorhandenen religiösen Komponenten der Herrschaft und dem fortschreitenden Säkularisierungsprozess. Dennoch nahm die Wahlmonarchie des römisch-deutschen Reichs nach der Ära Karls V. einen stärker politischen Charakter an. Dies erlaubte nach der durch die Reformation hervorgerufenen Kirchenspaltung des 16. Jahrhunderts dem Heiligen Römischen Reich deutscher Nation vergleichsweise früh den Übergang von einem integralistischen Einheitskonzept des Reichs und der Kirche zu einer Religionsfriedensgesetzgebung mit der Anerkennung von zunächst zwei, später drei christlichen Konfessionen. Der für den Kaiser verpflichtende

<small>Säkularisierungsprozess</small>

Schutz der Römischen Kirche musste so mit der Mehrkonfessionalität der Territorien und Städte im Reich koexistieren.

Auf Rom als Vorbild und Ursprung beriefen sich seit dem Ende der Antike zahlreiche Staatswesen in ihrer Staatstheorie, Symbolik, Rechtsordnung und öffentlichen Architektur: Byzanz und Russland im Osten ebenso wie die Königreiche des Abendlandes. Die häufige Verwendung des Adlers als Symbol des Imperium Romanum ist dafür nur ein Ausdruck. In der politischen Ikonografie standen der Rombezug und vor allem der Kaisertitel in der Regel für Macht und Herrschaft eines Reiches, das für sich universale Geltung beanspruchte. Der Staatskanzler Kaiser Karls V., Gattinara, strebte noch einmal das Modell der Universalmonarchie an. Karl sollte als weltliches Oberhaupt der Christenheit die abendländischen Völker und Staaten zur Abwehr der Ungläubigen unter seinem Zepter sammeln und mit dem Papst für die Reinheit des Glaubens eintreten, das Kaisertum sollte als Ordnungsmacht über alle Einzelstaaten fungieren. Es war dies die Idee einer kaiserlich-christlichen Universalherrschaft, verfochten mit den Mitteln einer modernen Staatsräson. Denn Karls Länder sollten als politische Machtbasis für die Auseinandersetzungen mit den deutschen Reichsfürsten, mit Frankreich, dem Papsttum und dem Osmanischen Reich dienen, das Karl V. auch in Nordafrika bekämpfte.

Rombezug

Die Vorrangstellung des römisch-deutschen Kaisers wurde jedoch bereits seit dem ausgehenden Mittelalter und dann endgültig seit der Reformation von den anderen europäischen Herrschern infrage gestellt. Die Gleichberechtigung der französischen Krone mit dem römischen Kaisertum betonte der Titel des „allerchristlichsten Königs" (*roi très chrétien*). Diesen religiös legitimierten Anspruch erhoben auch die Könige Spaniens als „katholische Könige", ein Titel, der ihnen vom Papst verliehen worden war, nachdem die Reconquista (Rückeroberung) Spaniens erfolgreich abgeschlossen und die Mauren von der Iberischen Halbinsel vertrieben waren. Und selbst die englischen Könige schmückten sich auch nach ihrer Trennung von Rom mit dem Titel „defender of the faith", Verteidiger des Glaubens. Mit der Negierung aller Universalansprüche des Kaisertums bildete sich ein System faktisch gleichberechtigter Staaten in Europa heraus, das im Westfälischen Frieden 1648 festgeschrieben wurde. Innerhalb des europäischen Monarchengefüges und im diplomatischen Verkehr konnte der römisch-deutsche Kaiser nicht mehr als die Stellung eines *primus inter pares* – des „Ersten unter Gleichen" – beanspruchen.

Gleichberechtigung der europäischen Monarchen

2.2 Erb- und Wahlmonarchien

Die staatliche Ordnung und das politische Leben des weitaus größten Teils Europas waren von Monarchien bestimmt. Diese unterschieden sich in Wahlmonarchien und Erbmonarchien. Allen Wahlmonarchien Europas war gemein, dass der Inhaber des monarchischen Amtes von einem aristokratischen Wahlgremium gekürt wurde. Wahlmonarchien waren auch die beiden dem Rang nach vornehmsten monarchischen Systeme des Abendlandes: die geistliche Monarchie des Papstes, der seit dem Mittelalter von den Kardinälen gewählt wurde, und das Heilige Römische Reich deutscher Nation. Das Heilige Römische Reich war mit seinem Dualismus zwischen dem monarchischen Kaiser und den Reichsständen mit den ständischen Reichen Ostmitteleuropas vergleichbar, den Königreichen Böhmen, Ungarn und Polen-Litauen, die ebenfalls Wahlmonarchien darstellten. In den Königreichen Ungarn, Böhmen und dem Fürstentum Siebenbürgen behauptete ein starker Adel große Privilegien. In Polen-Litauen gewannen die Stände nach dem Aussterben der jagiellonischen Königsdynastie 1572 sogar eine solch starke Stellung, dass von einer Adelsrepublik gesprochen wird, obwohl ein schwaches Königtum formal erhalten blieb.

<small>Wahlmonarchien</small>

<small>Erbmonarchien</small>

Alle anderen europäischen Reiche waren Erbmonarchien, so Frankreich, Spanien, Portugal, England, Schottland, Dänemark und Schweden. Unterscheiden lassen sich die Erbmonarchien danach, ob die dynastischen Erbgesetze strikt die männliche Erbfolge vorschrieben oder ob sie für den Fall des Fehlens männlicher Erben auch eine weibliche Erbfolge zuließen. Weibliche Erbfolge war unter anderem in Spanien, England, Schottland, Schweden und Dänemark möglich. Nur in wenigen Fällen kam es jedoch zum Herrschaftsantritt von Regentinnen auf den europäischen Thronen, während sich eine Vielzahl von Fürstinnen findet, die als Witwen eine Vormundschaftsregierung für ihre minderjährigen Söhne führten. Die westeuropäischen und nordeuropäischen Reiche hatten im Zeitalter der Renaissance und der Reformation mit der Intensivierung der Territorialverwaltung, durch Bürokratisierung und Zentralisierung eine institutionelle Verdichtung erfahren. Besonders weit fortgeschritten in Europa war vor allem Frankreich, das sein Königtum zur Festigung der Dynastie mit unveräußerlichen Grundrechten und einer großen Machtfülle ausgestattet hatte. Durch die festgeschriebene Unveräußerlichkeit der königlichen Domänen verfügte die französische Monarchie über eine solide Herrschaftsbasis, die sofortige Einsetzung in seine Herrschaft (*le roi est mort, vive le roi* – der König ist tot, es lebe der König) stattete einen neuen Amtsinhaber sofort mit allen Machtmitteln aus und verhinderte langwierige Nachfolgekonflikte.

Dennoch war auch die Staatsgewalt des französischen Königs im 16. Jahrhundert noch nicht unbegrenzt, sondern von der Macht der Stände abhängig. Das Ständewesen hatte sich im Lauf des späten Mittelalters herausgebildet. Im 16. Jahrhundert erlebte das Ständetum fast überall in Europa den Höhepunkt seiner Machtstellung als Gegenpol zur Herrschaftsgewalt der Monarchen. England kannte seit der Magna Charta von 1215 den Dualismus zwischen Krone und Ständen, selbst in Spanien konnten die Cortes (Adeligen) vor allem von Aragon eine starke Stellung behaupten. Auch in den skandinavischen Ländern hatte sich ein differenziertes Ständewesen ausgebildet, das maßgeblich zur Auflösung der Kalmarer Union (Dänemark, Schweden, Norwegen) und zur Begründung eines nationalen schwedischen Königtums 1523 beitrug. Das Ständewesen der Frühen Neuzeit trat in verschiedenen Zusammensetzungen auf, oft in der Dreigliederung von höherer Geistlichkeit (Bischöfe, Äbte, Domkapitel), Adel und Städten. Klassische Ständerechte beinhalteten Fragen von Krieg und Frieden, die Finanzierung des Staates und die Garantie des staatlichen Vermögens. Diese Rechte verdeutlichen den Anspruch der Stände, eine Mitverantwortung für das ganze Land zu tragen und es auch nach außen zu repräsentieren. Erst im Verlauf des 17. Jahrhunderts ging die Außen- und Machtpolitik in die alleinige Kompetenz des Inhabers der höchsten Staatsgewalt über (Hinrichs 1996). So gelang es dem französischen König, seit 1614 die Generalstände nicht mehr einberufen zu müssen. Doch wurde das Ständewesen seit dem 17. Jahrhundert zwar zurückgedrängt, aber nirgendwo völlig beseitigt.

Bei den meisten Staaten in Europa handelte es sich um „zusammengesetzte Monarchien" (*composite monarchies*), die zum Teil über einen langen Zeitraum miteinander verbunden waren (Elliott 1992, S. 48). Die Habsburger Monarchie stellte einerseits das mächtigste Territorium des Reiches dar; andererseits war sie eine monarchische Union von Ständestaaten. In der *monarchia austriaca* waren die deutschsprachigen österreichischen Erblande, die Länder der böhmischen St. Wenzelskrone und die Länder der ungarischen St. Stephanskrone miteinander verbunden. Aus verschiedenen Teilreichen setzte sich Spanien mit Kastilien, Aragon, zeitweise Portugal, und den ausgedehnten Besitzungen in Italien und den Niederlanden zusammen. Über lange Zeit waren die Kronen von England, Schottland und Irland, oder diejenigen von Polen und Litauen vereinigt. Zusammengesetzte Herrschaften stellten ebenso Schweden und Finnland sowie Dänemark und Norwegen dar. Nicht immer führten diese Verbindungen jedoch zu einer Angleichung von Verfassungsnormen und Institutionen; vielmehr waren die Ungleichheit und die Dominanz einer Seite die Regel.

2.3 Republikanismus

Republikanische Gemeinwesen

Neben der monarchischen Staatenwelt Europas existierte eine Reihe von republikanisch verfassten Gemeinwesen, die eine alternative Herrschaftsform erprobten. Im Gegensatz zu den Trägern fürstlicher Gewalt legitimierte sich bürgerliche Herrschaft vielfach nicht als von Gott eingesetzt, sondern betonte ihren ausdauernden Kampf gegen Unterdrückung und Tyrannei. Die allen Bürgern zustehenden Freiheitsrechte gehörten ebenso wie eine gerechte Verteilung der Lasten und Pflichten sowie die Mitverantwortlichkeit eines jeden Einzelnen für das Funktionieren des Staatswesens zu den konstitutiven Elementen einer republikanischen Herrschaftsordnung (Schilling 1988b, S. 137). Die deutschen Reichsstädte in den Kernzonen des Reichsverbandes zeigen eindrücklich, dass sich selbst in monarchisch verfassten Staaten ein städtischer Republikanismus auf Dauer halten konnte. Daneben verkörpern gemeindlich-genossenschaftliche Organisationsformen in der Schweiz und Süddeutschland ebenso wie die „Christlichen Vereinigungen", die sich während des Bauernkriegs bildeten, alternative Ordnungen. Frei von monarchischer Fremdbestimmung entfaltete sich dieser „Kommunalismus", der auf der Eigenverantwortlichkeit von Bürgern und Bauern einerseits und der Gemeinde mit staatlichen Funktionen andererseits beruhte (Blickle 1982, S. 107). Ansonsten nicht privilegierte Stände konnten in einer solchen, vom Gemeinen Mann getragenen Herrschaftsordnung ihre Vorstellungen einbringen, die meist tendenziell gegen fürstliche Herrschaft und adlige Gewalt gerichtet waren. Zur entscheidenden Kraft für die Staatswerdung wurde allerdings nicht der Kommunalismus, sondern der frühneuzeitliche Territorialstaat.

Kommunalismus

Schweiz

Als republikanisches Staatswesen gab es nördlich der Alpen am Beginn des 16. Jahrhunderts nur die föderalistisch verfasste Schweizerische Eidgenossenschaft, ein Bund von 13 republikanisch verfassten Kantonen (Zürich, Bern, Luzern, Ober- und Niederwalden, Schwyz, Uri, Zug, Glarus, Appenzell, Schaffhausen, Basel, Solothurn, Freiburg); die Zugehörigkeit zum Heiligen Römischen Reich war seit 1501 nur noch formell und vage. Mit den Schweizern verbunden war Graubünden, gleichfalls eine föderalistisch verfasste Republik. Auf die deutschen Reichsstädte in Südwestdeutschland übte die Eidgenossenschaft ebenfalls eine große Anziehungskraft aus; Rottweil gehörte sogar zeitweise dem Schweizer Bund an. Im späteren 16. Jahrhundert kam es nördlich der Alpen zur Entstehung eines zweiten republikanischen Staatswesens: Es bildete sich die Republik der Vereinigten Niederlande, die sieben Provinzen der nördlichen Niederlande, die sich von der spanischen Monarchie trennten und im achtzigjährigen Freiheitskampf (1568–1648) ihre Unabhängigkeit und Souveränität erstritten (→ KAPITEL 3.4). Diese wurde ebenso wie die Unabhängigkeit der Eidgenossenschaft de facto im Westfälischen Frieden 1648 anerkannt.

Niederlande

Vom Republikanismus war am Beginn des 16. Jahrhunderts vor allem Italien, genauer gesagt Oberitalien und Mittelitalien, geprägt. Hier gab es seit der kommunalen Bewegung des Hochmittelalters eine Mehrzahl von Stadtrepubliken. Italien stellte keine politische Einheit dar, sondern zerfiel in zahlreiche Staatswesen kleineren und mittleren Umfangs. Im Mutterland der modernen europäischen Kultur hatte sich die Zahl der selbstständigen Kommunen, Stadtrepubliken und Signorien (Herrschaften) immer mehr verringert, weil die Stärkeren sich die Schwächeren unterwarfen und ihrem Staatsgebiet einverleibten. In die Territorien von Mailand, Venedig, Florenz und des Kirchenstaates waren eine ganze Reihe ehemals selbstbewusster staatlicher Einheiten eingegangen, die ihrerseits Stadtstaaten mit einem Landgebiet dargestellt hatten. Fünf herausragende Mächte mit ganz unterschiedlichen Verfassungssystemen bestimmten zu großen Teilen die Politik der Apenninhalbinsel. Seit dem Frieden von Lodi 1454 sorgten Neapel, Rom, Florenz, Mailand und Venedig für ein Gleichgewicht auf der Apenninhalbinsel und verhinderten bis 1494 eine Einmischung von außen. Südditalien stand unter der Herrschaft des Königreiches Neapel, konkret unter der Herrschaft einer Nebenlinie des Hauses Aragon, während der Kirchenstaat ein Herrschaftsgebiet in Mittelitalien von Rom bis Ravenna umfasste. Im Norden hatte sich eine vielschichtige Struktur politischer Einheiten und Verfassungsformen herausgebildet, die auch republikanische Elemente zuließ.

Die große und mächtige Republik Venedig, die von einer exklusiven Oligarchie regiert wurde, war nicht nur eine reiche Hafenstadt, sondern beherrschte auch ein großes Landgebiet. Seine Besitzungen an der dalmatinischen Küste und weit bis zu den griechischen Inseln garantierten die wirtschaftliche und politische Stellung der venezianischen Großhandelskaufleute. Durch seine ausgewogenen inneren Verhältnisse und die funktionierende aristokratische Verfassung konnte Venedig seine Selbstständigkeit bis in die napoleonische Zeit 1797 bewahren. Eine republikanische Ordnung kennzeichnete auch die Stadt Florenz, die bestimmende Macht in der Toskana. Freilich war diese republikanische Ordnung stets von der Dominanz der führenden Florentiner Familie, der Bankiersfamilie Medici, bedroht. Die Medici praktizierten unter Beibehaltung der äußeren republikanischen Formen eine Art Alleinherrschaft, gegründet auf persönliche Überlegenheit, Bildung, Mäzenatentum und Wohltätigkeit. Bis zum Einmarsch Karls VIII. von Frankreich 1494 in Italien verhalf die Mediciherrschaft nicht nur Florenz, sondern ganz Italien zu einer relativen Stabilität.

Florenz

2.4 Politische Ideen und Staatslehre

Politische Ideengeschichte

Auch die Geschichte der politischen Ideen unterstreicht die Bedeutung der Frühen Neuzeit, einerseits in ihrer fortwirkenden Aktualität bis in die Gegenwart, andererseits in ihrem schöpferischen Neuansatz gegenüber Altertum und Mittelalter. Gerade hier zeigt sich die tiefgreifende Zäsur um 1500 – mit Blick auf die Politiklehren und Staatslehren kann man sagen, dass damals die Vorgeschichte der modernen Welt, eben die Neuzeit, begann: Die geradezu atemberaubende Erschließung neuer gedanklicher Dimensionen durch die führenden Staatsdenker machte das Erbe des Altertums und des Mittelalters obsolet und demonstrierte den Aufbruch der europäischen Neuzeit. Sicherlich blieben Platon und Aristoteles, Augustinus und Thomas von Aquin als die maßgebenden antiken und christlichen Autoren auch für das Staatsdenken der Neuzeit noch wichtig, aber das neuzeitliche europäische Staatsdenken seit Renaissance und Reformation stellte doch eine Fülle neuer Fragen, entwickelte neue Denkmethoden, erschloss neue Dimensionen und kam zu neuen Ergebnissen. Das europäische Staatsdenken und die politischen Ideen seit dem 16. Jahrhundert stellten etwas unvergleichbar Neues und Anderes dar als das politische Denken des Altertums und des Mittelalters.

Vor dem Hintergrund der Parteikämpfe in der von den Mediceern lebensgefährlich bedrohten Republik Florenz, in der Epoche des

Machtzerfalls der republikanischen Ordnung von Florenz, schrieb der Staatsdenker Niccolò Machiavelli (1469–1527), ein brillanter Analytiker der Machtpolitik, 1513 sein viel bewundertes und viel geschmähtes Buch über den Fürsten (*Il principe*). Eines der Kernelemente seines modernen Staatsdenkens ist die Lehre von der Staatsräson. Machiavelli war der erste, der die empirische Amoralität der Politik analysierte und der in kühler Rationalität die Kunst der Politik und Staatsführung als die Technik des Machterwerbs und der Machterhaltung beschrieb. Nicht wie die Welt der Politik sein sollte, sondern wie sie tatsächlich war, wollte er darstellen – dies war sein mit Selbstbewusstsein vorgetragenes Programm. Machiavelli hat kein geschlossenes System der Staatslehre ausgearbeitet, seine Arbeitsweise ist die einer Aneinanderreihung von Beobachtungen, Reflexionen und Maximen, die er aus der antiken Geschichte, aber auch aus der italienischen Politik seiner Zeit bezog. Der Florentiner war einem zutiefst pessimistischen Menschen- und Geschichtsbild verhaftet, das sich aus den konkreten Erfahrungen der europäischen Mächtepolitik seiner Zeit speiste. Mit dieser dezidierten Position stellte er sich in einen diametralen Gegensatz zu der gesamten antiken philosophischen und christlichen Staatsliteratur. Setzte bis dahin mindestens prinzipiell die religiöse Einheit der *respublica christiana* auch den Maßstab und die Grenzen politischen Handelns, so verkündete die Maxime der Staatsräson die Autonomie des politischen Bereichs. Aus dieser Sicht kann man Machiavelli als den Wegbereiter einer empirischen Politikwissenschaft bezeichnen. Doch gerade seine skeptische Distanz zu jeglicher Ethik und Religion provozierte die Nachwelt und sorgte für die große Wirkung seines Werks, obwohl seine Texte auf dem päpstlichen Index der verbotenen Bücher standen.

    In ähnlicher Weise wie die „Staatsräson" wurde die Lehre von der „Souveränität" im Zerfall des mittelalterlichen Denkens freigesetzt. Vom französischen Staatsdenker Jean Bodin in seinen *Six livres de la Republique* (Sechs Bücher über den Staat, 1576) zum ersten Mal als ein Gegenmodell zur *monarchia universalis* (Universalmonarchie) formuliert, wurde die Souveränität nach innen und außen von da an das theoretische Fundament des modernen Staates überhaupt. Unter Souveränität verstand er eine ausschließliche, unteilbare, über den Gesetzen stehende, aber dem Recht verpflichtete Machtvollkommenheit, die er nur durch die Gebote Gottes und die *lois fondamentales*, die Grundrechte der französischen Monarchie, begrenzt sah; in der lateinischen Fassung seines Werkes definiert: *maiestas est summa in cives ac subditos legibusque soluta potestas* (die Souveränität ist eine höchste Gewalt über Bürger und Untertanen, gelöst von den Gesetzen). Von dieser berühmten Formel wurde später der Begriff des Absolutismus abgeleitet. Diese dem Herrscher zugeschriebene absolute und immerwährende Gewalt befreite den Staat von traditionellen inneren und äußeren Bindungen, machte ihn fähig zur Monopolisierung von Rechtsetzung und Machtausübung, zu souveräner Selbstbestimmung, ja sie stellte den Staat im eigentlichen Sinn erst her. Bodin war einerseits ein gelehrter Humanist, andererseits gehörte er zur Gruppe der „Politiker", das heißt zu den gemäßigten, kompromissbereiten Katholiken, die bestrebt waren, den konfessionellen Bürgerkrieg in Frankreich zu beenden und die monarchische Staatsautorität oberhalb der Konfessionsparteien wiederherzustellen (→ KAPITEL 6.2). Bodin lehnte deshalb auch die Konzeption einer gemischten Verfassung (*res publica mixta*) ab, denn die Souveränität sei unteilbar. Es könne nur einen Träger der Souveränität geben: entweder den Monarchen, ein aristokratisches Gremium oder das Volk in seiner Gesamtheit, wobei er Letzterem skeptisch gegenüberstand. Vielmehr forderte und propagierte Bodin den starken Fürstenstaat zur Lösung der anstehenden Probleme. Während Machiavelli jedoch den Fürsten völlig von Moral, Recht und Religion abkoppelte, stellte ihn Bodin als *princeps legibus solutus* (der vom Gesetz befreite Fürst) über das positive Recht.

Staat

Das Gegenmodell zum Neuheidentum und zur vielfach zynischen Amoralität Machiavellis stellte eine von Christentum und Humanismus begründete Staatsethik dar. Dieses Gegenmodell wurde zeitlich gleichzeitig mit *Il Principe* und ohne Kenntnis dieser noch unveröffentlichten Schrift von zwei nordwesteuropäischen Humanisten vorgetragen: Erasmus von Rotterdam und Thomas Morus (1478–1535). Ihre christliche Philosophie umfasste nicht nur die Glaubens- und Sittenlehre, sondern auch Fragen des Staatsdenkens, über die sich beide intensiv austauschten. Ihre einschlägigen Werke sind durch gemeinsame Grundwerte und Grundauffassungen geprägt. Thomas Morus hat nicht nur den Begriff „Utopie" neu geschaffen, sondern auch eine neue Literaturgattung, den „utopischen Staatsroman", das heißt Darstellungen einer denkbaren besseren politischen und sozialen Ordnung. Der originelle Beitrag des Erasmus ist vor allem sein dezidierter und mit Engagement vorgetragener Pazifismus, sein religiös motiviertes Plädoyer für Friedfertigkeit und Gewaltlosigkeit in den zwischenstaatlichen Beziehungen. Die Kritik am Krieg bei Erasmus und sein Nachdenken über eine pazifistische Politik sind eine Antwort auf die europäische Mächtepolitik seiner Zeit.

Christliche Staatsethik

POLITISCHE IDEEN UND STAATSLEHRE

In den konfessionellen Auseinandersetzungen des 16. Jahrhunderts wurde zum Teil sehr kontrovers darüber diskutiert, wer unter welchen Voraussetzungen zum Widerstand berechtigt sei. Zwar hatte Luther von der unbedingten Gehorsamspflicht des Christen gegenüber der Obrigkeit gesprochen, doch gab es im deutschen Protestantismus – etwa im Kampf der Stadt Magdeburg gegen Karl V. – durchaus Stimmen, die ein sehr weit reichendes Widerstandsrecht gegen eine ungerechte Herrschaft postulierten und eine Schutzpflicht der niederen Magistrate für ihre Untertanen einforderten. Aus dem calvinistischen Genf erhielt der ethische Diskurs um die Legitimität bewaffneter Gewaltanwendung eine neue Dimension durch die Entwicklung eines spezifisch calvinistischen Widerstandsrechts. Die Hugenottenkriege in Frankreich seit 1562 (→ KAPITEL 6.3) und der Niederländische Aufstand schufen eine Problemlage, in der reformierte Gläubige, die sich an Genf orientierten, in bewaffneten Auseinandersetzungen mit ihren altgläubigen Monarchen standen. Auch im Osten erfolgte die Ausbreitung des Calvinismus beim ungarischen sowie beim polnischen und litauischen Adel in einem Erfahrungsraum, der von Krieg und Kriegsbereitschaft gegenüber Türken und Moskowitern sowie vom Widerstand des ungarischen Adels gegen das Königtum der Habsburger gekennzeichnet war. Dass die Befugnis zum Führen eines Krieges an die legitime Obrigkeit gebunden sein müsse, war für Calvin und seine theologischen Nachfolger unstrittig. Die obrigkeitliche Qualität wurde jedoch auch den unteren Obrigkeiten von Stadtmagistraten und Adeligen, den intermediären Gewalten im Ständestaat, zugebilligt.

Diese Lehre wurde im calvinistischen Staatsdenken weiter entwickelt. Als „Monarchomachen", Bekämpfer eines tyrannischen Königtums, konzipierten calvinistische Politiktheoretiker das Recht auf bewaffneten Widerstand und auf Krieg gegen denjenigen Herrscher, der etwa durch Unterdrückung des wahren evangelischen Glaubens zum Tyrannen wurde. Bis hin zum Tyrannenmord sollte die Anwendung von Waffengewalt im Widerstand gegen solche tyrannischen Herrscher erlaubt sein. Calvinistisch geprägte Gemeinwesen, wie die aufständischen nördlichen Niederlande, die sich als Republik der Vereinigten Niederlande konstituierten, die Kurpfalz und die Grafschaft Nassau-Dillenburg, das Fürstentum Siebenbürgen oder die neuenglischen Puritanerkolonien in Nordamerika, erhielten so Argumente für das Führen von ‚Gerechten Kriegen' gegen Angreifer zum Schutz ihrer Verfassung und der Freiheit ihres Glaubens.

Widerstandsrecht

Calvinismus

Monarchomachen

Fragen und Anregungen

- Beschreiben Sie Strukturmerkmale der europäischen Staatenwelt.
- Nennen Sie Beispiele für die Sakralität frühneuzeitlicher Herrschaft.
- Beschreiben Sie Vor- und Nachteile einer Wahlmonarchie.
- Stellen Sie die theoretischen Grundlagen frühneuzeitlicher Staaten dar.
- Wer besaß in der Frühen Neuzeit ein Widerstandsrecht gegen ungerechte Herrscher?

Lektüreempfehlungen

Quellen
- Notker Hammerstein (Hg.): Staatslehre der Frühen Neuzeit, Frankfurt a. M. 1995. *Enthält zentrale Schriften zur frühneuzeitlichen Staatstheorie.*

- Niccolò Machiavelli: Il Principe / Der Fürst, übersetzt und herausgegeben von Philipp Rippel, Stuttgart 1986. *Klassiker des politischen Machtstaatsdenkens der Renaissance mit einer großen Wirkmächtigkeit.*

Forschung
- Helmut G. Koenigsberger: Republiken und Republikanismus im Europa der Frühen Neuzeit, München 1988. *Behandelt in einer Zusammenschau die nicht-monarchischen Elemente des europäischen Staatensystems der Frühen Neuzeit. Ein guter Überblick.*

- Heinrich Lutz: Christianitas afflicta. Europa, das Reich und die päpstliche Politik im Niedergang der Hegemonie Kaiser Karls V. (1522–1556), Göttingen 1964. *Vermittelt ein anschauliches Bild der europäischen Staatenwelt im 16. Jahrhundert.*

- Herfried Münkler: Machiavelli. Die Begründung des politischen Denkens der Neuzeit aus der Krise der Republik Florenz, Frankfurt a. M. 1984. *Klassische Machiavelli-Biografie; gleichzeitig eine Einführung in das Gefüge der italienischen Staatenwelt am Beginn der Neuzeit.*

- Wolfgang Reinhard: Geschichte der Staatsgewalt. Eine vergleichende Verfassungsgeschichte Europas von den Anfängen bis zur Gegenwart, München 1999. *Ein chronologisch über die Neuzeit hinausreichendes Standardwerk zur Entwicklung der politischen Gewalt.*

3 Europäische Konflikte

Abbildung 3: Allegorie auf das Reich unter Kaiser Karl V. (16. Jahrhundert)

Das Ölgemälde aus dem 16. Jahrhundert stellt eine Allegorie auf das Reich unter Karl V. dar und soll die überragende Stellung des Kaisers in Europa demonstrieren. Schwert und Reichsapfel, die er in den Händen hält, sind Insignien seiner imperialen Macht und rücken ihn in die Tradition des römischen und mittelalterlichen Kaisertums. Die Monarchen Europas und die Fürsten des Heiligen Römischen Reichs sind im wahrsten Sinne des Wortes an ihn gekettet und ihm damit untergeordnet. Auf der linken Bildseite ist dies, direkt neben dem Kaiser, Franz I. von Frankreich, der wichtigste Gegenspieler im Kampf um die Hegemonie in Europa. Daneben der Papst, zu erkennen an der dreireifigen Krone, der Tiara, als Zeichen seiner päpstlichen Würde. Am Bildrand wendet sich Sultan Suleiman von Karl V. ab, weil er 1529 vor Wien in die Flucht geschlagen wurde. Auch die wichtigsten Gegner Karls im Reich müssen seine Herrschaft anerkennen. Auf der rechten Bildseite bekunden die deutschen Fürsten dem Kaiser ihren Respekt: Landgraf Philipp der Großmütige von Hessen, Kurfürst Johann Friedrich von Sachsen und Herzog Wilhelm V. von Jülich-Kleve.

Das Herrscherbildnis Karls V. ist weniger eine Widerspiegelung der tatsächlichen Machtverhältnisse als vielmehr Ausdruck einer programmatischen Idee, die von seinem Kanzler Mercurino Gattinara verfochten wurde: der *monarchia universalis*, der Universalmonarchie. Als weltliches Oberhaupt der Christenheit sollte der römisch-deutsche Kaiser als Nachfolger der mittelalterlichen Kaiser eine Vorrangstellung vor allen anderen Monarchen Europas einnehmen und damit die Einheit des christlichen Abendlandes gewährleisten. Allerdings konnte Karl V. dieses Ziel unter den realpolitischen Bedingungen des 16. Jahrhunderts nicht durchsetzen, weil die anderen Monarchen in Europa und die Fürsten im Reich eine solche Machtstellung des Kaisertums und des Hauses Habsburg nicht hinnehmen wollten. So brachte der Regierungsantritt von Kaiser Karl V. (1516/19) nicht die von so vielen erhoffte Ära des Friedens, sondern markierte vielmehr den Beginn langwieriger Auseinandersetzungen und Kriege um die Ausgestaltung des europäischen Staatensystems. Der Habsburger wurde nicht zum universalen Friedensfürsten, sondern zum europäischen Kriegsmann.

3.1 **Gerechter Krieg und Naturrechtslehre**
3.2 **Der Antagonismus Habsburg – Frankreich**
3.3 **Die Türkenkriege**
3.4 **Spanien und der Freiheitskampf der Niederlande**

3.1 Gerechter Krieg und Naturrechtslehre

An den Grenzen der abendländischen Christenheit stellte sich das Problem von Krieg und christlicher Religion an der Wende vom Mittelalter zur Neuzeit mit neuer und unerwarteter Wucht – nämlich an der Grenze zum Reich der osmanischen Türken und damit zum Islam sowie im neu entdeckten Amerika im Verhältnis zu den heidnischen Indianern. Der Krieg gegen die Muslime galt als ein Gerechter Krieg, ein Verteidigungskrieg gegen den „Erbfeind des christlichen Namens". Viele Prediger knüpften dabei explizit an die Kreuzzugstradition an. Die Türkenkriege (→ KAPITEL 3.3) standen einer Säkularisierung des Krieges im Bewusstsein der Europäer entgegen. Hier schien der Kampf für den Glauben mit Waffen und militärischer Gewalt seinen legitimen Ort zu haben. So wurden bis in das 19. Jahrhundert hinein die Kriege unter Christen von den Kriegen der christlichen Mächte gegen Muslime und andere Nichtchristen unterschieden. Selbst wenn die Formen der Kriegführung sich oft an Grausamkeit, Brutalität und verheerender Gewalt nicht nachstanden, so waren die Kriegslegitimationen, die offiziellen Kriegserklärungen, die diplomatischen Wege aus dem Krieg, die Formen der Friedensverhandlungen und die Semantik der Friedensschlüsse und des bei Kriegsbeendigung neu konstituierten Völkerrechts doch verschieden. Zumindest die grundsätzliche Annahme, dass Christen untereinander ein Mindestmaß an zivilisierter Humanität auch im Krieg walten lassen, stand der elementaren Angst vor der Barbarei der nichtchristlichen Kriegsgegner gegenüber. Die zunehmenden Möglichkeiten der Militärpolitik beruhten auf einer neuen Organisation des Kriegswesens und einer Veränderung der Waffentechnik. An die Stelle der mittelalterlichen Ritterheere traten nun angemietete Söldnertruppen, die in der Mehrzahl als Fußsoldaten kämpften. Die Unterhaltung der Armeen war angesichts der knappen Kassen frühneuzeitlicher Staaten allerdings ein ständiges Problem und führte nicht selten zu Meutereien der Soldaten.

Die Kriege der Spanier in der Neuen Welt gegen die einheimischen Indianerreiche warfen die Frage nach der Berechtigung von Kriegen zum Zweck der Ausbreitung des christlichen Glaubens auf. War Schwertmission ein legitimer Kriegsgrund? Hatten die heidnischen Indianer, etwa in Mexiko und Peru, überhaupt legitime Obrigkeiten? Die gelehrte spanische Völkerrechtslehre des 16. Jahrhunderts hat diese Probleme sorgfältig und differenziert erörtert. Der Ausgangspunkt des christlichen Naturrechts war einerseits die grundsätzliche

Überzeugung von der Gleichheit aller Menschen vor Gott, die mit dem universellen Missionsauftrag und Missionsanspruch des Christentums korrelierte, sowie andererseits die positive Offenbarung der Zehn Gebote Gottes im Alten Testament. Die Idee des Natur- und Völkerrechts besagt, dass es ein unwandelbares Recht gibt, das für alle Menschen gilt, an allen Orten und zu allen Zeiten und in allen Völkern. Dieses Natur- und Völkerrecht ist allen positiv-rechtlichen Unterschieden der Menschen in ihrer sozialen und politischen Stellung, in ihrer Staatsangehörigkeit und Volkszugehörigkeit sowie in der geschichtlichen Epochenzugehörigkeit vorgeordnet; es geht diesen Unterschieden voran.

Die Menschenrechte der Indios in Amerika und die völkerrechtliche Qualität der Indiostaaten wurden zum großen Thema der spanischen Moraltheologie und Jurisprudenz im 16. Jahrhundert. Vor allem der Dominikaner Franz von Vitoria und der Jesuit Franz Suárez sind die herausragenden Vertreter dieser Schule von Salamanca und der spanischen Spätscholastik. Die wortgewaltige Verwerfung und moralische Diskreditierung der spanischen Indianerkriege wurde später im protestantischen Europa zum Bestandteil der gegen Spanien gerichteten „Schwarzen Legende", mit der die spanische Monarchie – vor allem von den nördlichen Niederlanden und England aus – in der Kriegspropaganda als eine tyrannische Herrschaft denunziert wurde. Gewaltsamer Widerstand gegen den Tyrannen erschien damit erlaubt und sogar geboten. Die „Schwarze Legende" brachte eine besondere Schärfe in die Kriege der Spanier in den Niederlanden und gegen England, die propagandistisch als Religionskriege ausgeschlachtet wurden.

Schwarze Legende

Die traditionelle christliche Lehre vom Gerechten Krieg (*bellum justum*), die von Augustinus (354–430) und Thomas von Aquin (1225–74) formuliert worden war, suchte den Krieg zu begrenzen, indem sie ihn an strikte Voraussetzungen und Regeln band. Drei Kriterien waren für einen Gerechten Krieg unverzichtbar: der gerechte Grund, die *iusta causa*, die richtige Absicht, die *recta intentio*, und der legitime Kriegsherr, der *princeps*. Diese Bellum-justum-Lehre wurde durch die Realität der Kriege im Italien der Renaissancezeit konterkariert, zumal die Päpste als Herren des Kirchenstaates sich aktiv an den italienischen Hegemonialkriegen um die Vorherrschaft auf der Apenninhalbinsel beteiligten. Im Binnenraum der abendländischen Christenheit breitete sich so am Ende des 15. Jahrhunderts ein säkulares Verständnis von Politik und Krieg aus, das sich von den religiösen Skrupeln der Lehre vom Gerechten Krieg emanzipierte

Gerechter Krieg

und ein gewissermaßen heidnisches Verständnis von Macht und kriegerischer Tüchtigkeit im Zeichen der Renaissance zu neuem Leben erweckte. Das Papsttum selbst diskreditierte den Gedanken eines Krieges um die Religion, wenn bei italienischen Hegemonialkriegen in schnell wechselnden Koalitionen wiederholt Allianzen mit Beteiligung des Papstes zu einer „Heiligen Liga" erklärt wurden. Mit der Reformation erfolgte jedoch die Rückkehr des religiösen Faktors in die kriegerischen Auseinandersetzungen.

3.2 Der Antagonismus Habsburg – Frankreich

Dynastische Heiratspolitik und kriegerische Gewaltanwendung gehörten zu den konstitutiven Elementen bei der Herausbildung und Arrondierung moderner Staaten (Schilling 2007, S. 25). Der Erfolg oder Misserfolg getroffener Heiratsabsprachen war dabei in einem nicht unerheblichen Maße von biologischen Zufällen abhängig, die einen Erbfall herbeiführten oder eben nicht. Geradezu sprichwörtlich war die erfolgreiche Heiratspolitik des Hauses Habsburg, wenngleich das dynastische Zufallsprinzip meist mit einer konsequenten Interessenspolitik korrespondierte. Die unterschiedlichen Auslegungsmöglichkeiten geschlossener Eheverträge führten nicht selten dazu, die eigenen Ansprüche mit Gewalt durchsetzen zu wollen. So sind beide Elemente aufs engste miteinander verknüpft. Der habsburgisch-französische Gegensatz ist eine Grundkonstante des gesamten konfessionellen Zeitalters (→ KAPITEL 1.1) und weit darüber hinaus. Bis in die Mitte des 18. Jahrhunderts hat dieser Antagonismus die europäische Mächtepolitik bestimmt und zu einer Polarisierung des Staatensystems beigetragen.

Heiratspolitik

Der im Jahr 1500 geborene Karl hatte von seinen Großeltern die Herrschaft über Spanien, Burgund und Österreich geerbt. Den eigentlichen Hausbesitz der Habsburger stellten dabei die österreichischen Erblande mit dem Erzherzogtum Österreich, Innerösterreich mit den Herzogtümern Kärnten, Steiermark und Krain, die Grafschaft Tirol mit Vorarlberg sowie Vorderösterreich mit dem Sundgau, dem Breisgau und dem südwestdeutschen Streubesitz dar. Aus dem Erbe seiner Frau Maria von Burgund, das gegen Frankreich behauptet werden musste, hatte der habsburgische Großvater Karls, Maximilian I., 1493 im Vertrag von Senlis die Freigrafschaft Burgund und die niederen Lande, das Gebiet der heutigen Beneluxstaaten, erhalten. Obwohl Frankreich einer Machtausdehnung seines här-

Habsburgische Machtentfaltung

testen Konkurrenten an seiner Ostflanke nur schwerlich tatenlos zusehen konnte, musste es sich mit dem Herzogtum Burgund, der Bourgogne, und kleineren Herrschaften in der Picardie zufriedengeben. Glückliche Sieger des dynastischen Wettstreits waren die Habsburger schließlich auch in Spanien und Ungarn: Die beiden Enkel Maximilians profitierten hier von den getroffenen Heiratsabsprachen. Nachdem Karl bereits 1506 das burgundische Erbe angetreten hatte, fiel ihm als Enkel Ferdinands von Aragon und Isabellas von Kastilien 1516 die spanische Krone zu. In Ungarn und Böhmen schließlich kam sein Bruder Ferdinand 1526 nach dem Tod des letzten ungarischen Königs Ludwigs II. zum Zuge, nachdem dieser in der Schlacht gegen die Türken gefallen war. Damit befand sich die Krone Frankreichs im Zangengriff der habsburgischen Machtentfaltung.

Politik Frankreichs

Die Befreiung von dieser Umklammerung durch Habsburg war seither das Ziel der französischen Politik. König Karl VIII. hatte mit seinem Zug 1494 nach Italien für Frankreich die außenpolitische Linie vorgezeichnet. Das entstandene Machtvakuum nutzten die europäischen Mächte zur Durchsetzung ihrer Ziele aus und machten Italien zu einer Konfliktzone, in der ein Kampf um die Hegemonie (Vorherrschaft) in Europa ausgefochten wurde. Dabei konnte der Kaiser im Norden der Apenninhalbinsel im 16. Jahrhundert alte Ansprüche auf „Reichsitalien" und damit ein übergeordnetes Bezugssystem im inneritalienischen Kräftefeld aufrechterhalten, auch wenn das Reich hier vor allem als mittelalterlicher Lehensverband in Erscheinung trat (Schnettger 2006). In wechselnden Koalitionen hatten sich die Mächte Italiens gegen die Usurpation zu wehren versucht, Heilige Ligen des Papstes mit und gegen Frankreich bestimmten die Auseinandersetzungen des ersten Jahrzehnts im 16. Jahrhundert. In Oberitalien hatte Frankreich seit dem Sieg von Marignano 1515 mit dem Besitz von Mailand ein deutliches Übergewicht gewonnen. Der französische König Franz I. befand sich also in einer durchaus günstigen Ausgangslage, als mit dem Tod Kaiser Maximilians 1519 auch die Nachfolge im Heiligen Römischen Reich neu geregelt werden musste.

Kaiserwahl 1519

So fand die erste große Auseinandersetzung zwischen Karl und Franz I. nicht auf dem Schlachtfeld statt, sondern im Jahr 1519 auf dem Frankfurter Wahltag, im Ringen um die römisch-deutsche Kaiserkrone. Diese Wahl stellte eine erste Etappe in der Auseinandersetzung um die europäische Vorherrschaft zwischen Habsburg und Frankreich dar. Entsprechend groß war der materielle, aber auch propagandistische Aufwand, den beide Seiten ins Feld führten. Geblütsrechtliche Traditionen des deutschen Königswahlrechts und das politische Gewicht der Habsburger im Reich sprachen für Karl. Die habsburgische Propaganda wurde denn auch nicht müde, das „edel teutsche Blut Carolus" zu rühmen, wenngleich ihr Kandidat kaum ein Wort deutsch sprach und vor allem in den politischen Traditionen der Niederlande verankert war. Allerdings war unter den deutschen Kurfürsten eine spürbare Angst vor einer starken monarchischen Stellung zu vermerken, während sich der französische König als Verteidiger der deutschen Libertät (Freiheit) pries. Letztendlich war es nicht die Propaganda, sondern das Geld der Fugger, mit dem die Kurfürsten bestochen wurden und das die Wahl zugunsten des Habsburgers entschied.

Mit der Kaiserwahl von 1519 wurden die politischen und militärischen Konflikte eröffnet, die über Jahrzehnte hinweg andauern sollten. Der Antagonismus zwischen Habsburg und Frankreich wurde militärisch in Italien und in Flandern ausgefochten, wobei sich vor allem die Vorherrschaft in Italien als Signum der europäischen Hegemonie erweisen sollte. Mit dem Jahr 1521 begannen die insgesamt vier Kriege, die Karl V. und Franz I. bis 1544 miteinander führten. Dabei gelang es dem Kaiser, das Herzogtum Mailand einzunehmen und damit die französische Vorherrschaft in Oberitalien zu brechen. Nach der siegreichen Schlacht von Pavia 1525 geriet der französische Monarch sogar in kaiserliche Gefangenschaft und musste sich im Frieden von Madrid 1526 zur Abtretung der Bourgogne an Karl verpflichten. Doch ließ sich diese überragende Stellung des Kaisers auf die Dauer nicht halten. In der Liga von Cognac schlossen sich Frankreich, England, Florenz, Venedig, Mailand und der Kirchenstaat zusammen und nahmen erneut den Krieg gegen Karl V. auf, in dessen Verlauf marodierende kaiserliche Söldner 1527 Rom vollständig ausplünderten. Der Sacco di Roma markiert das Ende der Renaissance in Italien und wurde gleichzeitig als Beleg für die kaiserliche Zwangsherrschaft in Italien angesehen. Im Damenfrieden von Cambrai 1529 (so genannt, weil er von Louise, der Mutter Franz I., und Margarethe, der Tante Karls und Statthalterin der Niederlande, ausgehandelt wurde) verzichtete Karl auf Burgund, während Mailand im habsburgischen Machtbereich verblieb. Zwei weitere Kriege zwischen 1536–38 und 1542–44 bestätigten diesen Status quo. Der Friede von Crépy 1544 verpflichtete den französischen König allerdings auf die Unterstützung der kaiserlichen Politik.

Angesichts der geballten habsburgischen Macht musste sich der französische König immer wieder nach Verbündeten umschauen. So gab es zahlreiche Versuche, Koalitionen mit den antihabsburgischen

Kriege Karls V.

Damenfrieden von Cambrai

Ständen im Reich zu schließen (Brendle 2002a). Selbst eine Kooperation mit dem „Erbfeind christlichen Namens", dem Sultan, ging der „allerchristlichste König" ein und löste damit einen Sturm der Entrüstung aus. Nur mühsam konnte Franz I. die gegen ihn vorgebrachten Vorwürfe entkräften; in einer berühmten Flugschrift an die deutschen Fürsten bestritt er 1534 entschieden, mit den Türken gemeinsame Sache zu machen. Umgekehrt nutzte der Kaiser das Bekanntwerden dieses angeblichen Bündnisses, um die Reichsstände von seinem gemeinsamen Kampf gegen Frankreich und die Türken zu überzeugen. Ob gegen die Türken oder gegen Frankreich – in der kaiserlichen Interpretation diente eine Reichshilfe für die Habsburger in jedem Fall dazu, die miteinander verbündeten Feinde des Reiches zu bekämpfen. Unter König Heinrich II. kam 1552 das Bündnis mit den deutschen Ständen doch noch zustande. Im großen Fürstenaufstand gegen die Pläne Karls V., seine Macht im Reich auszubauen, vereinigte sich der französische König mit den opponierenden Reichsfürsten. Für die Unterstützung traten diese mit den Bischofsstädten Metz, Toul und Verdun Reichsgebiet an Frankreich ab – ein Vorgang, der rechtlich gesehen Reichsverrat darstellte und erst im Westfälischen Frieden 1648 nachträglich legitimiert wurde. Der spanisch-französische Krieg dauerte bis über die Abdankung Karls V. (1555/56) hinaus fort und wurde erst 1559 beendet.

3.3 Die Türkenkriege

Der zu Beginn des 14. Jahrhunderts noch ganz unbedeutende Staat der Osmanen in Kleinasien war im Laufe weniger Generationen zu einer Großmacht herangewachsen, die die politische Ordnung des Abendlandes bis in ihre Grundfesten erschütterte. Nachdem die Osmanen bis auf den Balkan vorgestoßen waren und 1453 Konstantinopel erobert hatten, folgte im 16. Jahrhundert unter Sultan Suleiman II. eine gewaltige Expansion bis nach Mitteleuropa; die Osmanen wurden zu einer unmittelbaren Bedrohung auch des Heiligen Römischen Reiches. Der Erfolg des islamischen Kriegerstaates beruhte auf einer streng hierarchischen Militärordnung, an deren Spitze der Sultan mit unbegrenzter Machtfülle stand. Um Konkurrenten um den Thron auszuschalten, ließen die Sultane bei der Regierungsübernahme ihre Brüder erdrosseln – ein Verfahren, das seit 1451 legalisiert war. Das Heer setzte sich aus den Inhabern der zunächst nicht erblichen Lehen und vor allem aus der Kerntruppe der

Janitscharen zusammen. Bis 1650 wurde diese Elitetruppe durch eine Knabenlese aus den Reihen der unterworfenen christlichen Völker rekrutiert. Durch eine gute Ausbildung war es möglich, bis in die höchsten Ämter von Militär und Verwaltung aufzusteigen.

Der Vormarsch der Osmanen, die nach dem Hauptvolk ihres Reiches damals durchweg Türken genannt wurden, war von einer ungeheuren Dynamik. Ungarn, das lange Zeit gegen das Osmanische Reich gekämpft hatte, zog schließlich doch gegen Sultan Suleiman den Kürzeren. In der entscheidenden Schlacht gegen die Osmanen 1526 bei Mohács fiel der junge ungarische König Ludwig II. – damit war der Erbfall für das Haus Habsburg eingetreten. Für die Habsburger war der Erwerb Ungarns freilich ein ambivalenter Erfolg. Denn mit dem Königreich Ungarn war auch die Pufferzone zum Osmanischen Reich weggefallen und es war nun eine Grenze geschaffen, die die Habsburgermonarchie 200 Jahre lang in Atem halten sollte. Sehr schnell zeigte sich, dass der Habsburger Ferdinand nicht in der Lage war, seinen Erbanspruch auf die Stephanskrone uneingeschränkt durchzusetzen. Im siebenbürgischen Woiwoden Johann Zapolya erwuchs ihm ein Rivale, der das gewünschte Ideal eines Nationalkönigs weit eher verkörperte als der Habsburger. So wurde Zapolya 1526 in Stuhlweißenburg fast vom gesamten ungarischen Adel als König anerkannt. Ferdinands Königtum konnte auch deshalb nicht durchgesetzt werden, weil Zapolya Unterstützung durch die Osmanen erfuhr. Ihrem Schutz nämlich – und damit auch ihrer Oberhoheit – unterstellte er sich 1528. Dass Sultan Suleiman 1529 mit einer Belagerungsarmee vor Wien erschien, hatte seinen eigentlichen Grund in diesem Schutzverhältnis zu Zapolya und diente im Wesentlichen dazu, den von Ferdinand militärisch hart bedrängten Woiwoden im Besitz Ungarns zu sichern. Die Osmanen betrachteten sich als die eigentlichen Herren des eroberten Landes, über das sie verfügten und das sie der Verwaltung ihres Vasallen Zapolya unterstellten.

Nach dem Tod Zapolyas im Jahr 1540 nahm Sultan Suleiman 1541–43 die gesamte ungarische Tiefebene selbst ein und baute das Land in der Folgezeit zu einer starken Festung aus. Der Fall Budas 1541 bewog Ferdinand noch einmal zu einer militärischen Offensive. Doch nachdem eine habsburgische Armee 1542 die Hauptstadt nicht zurückerobern konnte, beschränkte sich in der Folgezeit das habsburgische Militärkonzept auf eine defensive Taktik. Bis zum Ende des 17. Jahrhunderts, als sich die Habsburger im Großen Türkenkrieg in Ungarn endgültig festsetzen konnten, zerfiel das Land nunmehr in drei Teile: Im Westen und Norden – dem „königlichen Ungarn", wie es später bezeichnet wurde – regierten die Habsburger. Unter direkter türkischer Oberhoheit stand das mittlere Drittel des Landes mit Buda als Zentrum, während im Osten ein neues Staatsgebilde, das Fürstentum Siebenbürgen, als abhängiger Vasallenstaat des Osmanischen Reiches entstand.

In den Jahrzehnten nach Mohács wurde klar, dass sich Ungarn nicht allein vor den Türken schützen konnte. Um den Bewegungsspielraum des Gegners einzuschränken und die verbliebenen Gebiete zu schützen, wurde ein Burgensystem geschaffen, das die in den 1520er-Jahren zusammengebrochene Verteidigungslinie ersetzen sollte. In der zweiten Hälfte des 16. Jahrhunderts umfasste diese Militärgrenze mit ihren festen Plätzen und ständigen Besatzungen bereits das gesamte Grenzgebiet zwischen kaiserlichem und türkischem Hoheitsgebiet von den oberungarischen Bergstädten bis hinunter zur Adria. Dieses Burgensystem konnte das Land ebenso wenig wie die Truppen zur Türkenabwehr aus eigener Kraft erhalten. Deshalb mussten die Habsburger immer wieder auf Steuereinnahmen aus ihren Erblanden, aber auch aus dem Reich zurückgreifen. Dabei kam ihnen die Abscheu zugute, welche die deutschen Reichsstände über alle politischen und konfessionellen Grenzen hinweg vor dem Erbfeind der Christenheit und seinen „Greueltaten" verband. So wurde der Gedanke der Türkenabwehr einmal sogar als die letzte Komponente eines immer weiter zerfallenden deutschen Nationalbewusstseins gesehen (Lutz 1964, S. 73).

Dagegen unterhielt Frankreich gute Beziehungen zu den Türken nicht nur wegen der gemeinsamen Gegnerschaft zum Haus Habsburg. Der französische König erhielt für seine Zusammenarbeit auch wirtschaftliche und rechtliche Zugeständnisse als Gegenleistung für wertvolle diplomatische Dienste, die dem angeschlagenen französischen Mittelmeerhandel wieder aufhelfen sollten. Auf der Grundlage dieser Beziehungen entspannte sich das Verhältnis zur Hohen Pforte spürbar. Zu ähnlichen Vereinbarungen kamen auch die Venezianer, Engländer und Niederländer seit den 1580er-Jahren. Gerade Venedig als einer der großen Verlierer der osmanischen Expansion initiierte immer wieder Versuche, zu einem Übereinkommen zu gelangen. Zu einer gewissen Entspannung trug auch der 1547 zwischen den Habsburgern und dem Sultan vereinbarte Waffenstillstand bei. Dieser war nur auf eine begrenzte Zeit abgeschlossen und musste deshalb immer wieder verlängert werden, da es dem Sultan nach muslimischem Recht nicht erlaubt war, einen dauerhaften Frieden mit einem „Ungläubigen" einzugehen. Besonders peinlich für die Habsburger war jedoch insbesondere der Vertragspunkt, der eine jährliche Tributzahlung des „Königs von Wien" an die Osmanen für den Besitz eines Teils von Ungarn vorsah. Dabei wurde das türkische Wort für Tribut im direkten Sprachverkehr mit den Habsburgern möglichst vermieden, allerdings im internen Sprachgebrauch durchaus verwendet (Petritsch 2002, S. 682). Seit dieser Zeit waren die Habsburger durch einen ständigen Gesandten in Istanbul vertreten.

Die grundsätzliche Bereitschaft der deutschen Reichsstände, die Türkenhilfe zu leisten, blieb in der zweiten Hälfte des 16. Jahrhunderts eine Konstante in der Politik der Reichstage, auch wenn sie vom Reichsoberhaupt immer wieder eingefordert und durchgesetzt werden musste (Schulze 1978). Vor allem für die Zeit nach 1550 war dies schwierig, besonders als nach dem militärischen Sieg in der Seeschlacht von Lepanto 1571 die osmanische Bedrohung nachzulassen schien: Nach langwierigen diplomatischen Verhandlungen war unter dem Eindruck der Besetzung Zyperns durch die Osmanen 1570 ein Bündnis zwischen Spanien, Venedig und dem Papst, die Heilige Liga, zustande gekommen. Don Juan d'Austria, illegitimer Sohn Karls V. und Halbbruder des spanischen Königs Philipp II., erhielt den Oberbefehl über die christliche Flotte. Im Golf von Korinth schlug er die türkischen Streitkräfte vernichtend. Die Nachricht vom überwältigenden Sieg verbreitete sich in ganz Europa und fand großen Widerhall in den bildenden Künsten, der Literatur und der Volkskultur (Schreiner 2006, S. 395).

Seeschlacht von Lepanto

Nachdem Kaiser Rudolf II. 1576 und 1584 den Waffenstillstand mit den Türken erneuert hatte, brach nach zahlreichen Grenzzwischenfällen der Konflikt 1593 erneut aus und führte zum sogenannten Langen Türkenkrieg Rudolfs II., der bis 1606 dauerte. Thronwirren in Siebenbürgen ermöglichten dem kaiserlichen General Basta, das Fürstentum 1598 mit blutiger Gewalt unter seine Kontrolle zu bringen. Das Schreckensregiment des kaiserlichen Befehlshabers führte jedoch 1604 zu einem Aufstand unter Führung des siebenbürgischen Magnaten Stephan Bocskay, der nach wenigen Wochen auch auf Ungarn übergriff. In Stephan Bocskay hatte die ungarische Opposition einen Kristallisationskern gefunden, der das durch den Türkenkrieg schwer darniederliegende Land wieder zusammenführen sollte. Bocskays Truppen konnten große militärische Erfolge erzielen und den größten Teil Ungarns, mit Ausnahme des türkisch besetzten Gebiets, erobern. Er selbst hielt die Fiktion eines wiedervereinigten Ungarns aufrecht. So wurde er sowohl von den siebenbürgischen als

Langer Türkenkrieg

Stephan Bocskay

EUROPÄISCHE KONFLIKTE

auch den ungarischen Ständen zum Fürsten gewählt. Die protestantischen Stände des königlichen Ungarns wie Siebenbürgens feierten ihn als Verteidiger des Glaubens und der ungarischen Freiheit.

Doch ließ sich diese starke Mittelposition zwischen Habsburg und dem Sultan, der die Erfolge Bocskays argwöhnisch beobachtete, auf die Dauer nicht halten. Militärische Rückschläge Bocskays auf der einen und die knappen finanziellen Ressourcen auf der anderen (der kaiserlichen) Seite ließen die Kompromissbereitschaft wachsen und führten 1606 zum Friedensvertrag von Zsitvatorok, der den territorialen Status quo zwischen dem Kaiser und den Türken bestätigte und Siebenbürgen unter Stephan Bocskay eine auch von den Türken weitgehend unabhängige Stellung einräumte. Mit dem Ende der habsburgischen Tributzahlungen an das Osmanische Reich wurde der Kaiser erstmals als gleichberechtigter Verhandlungspartner des Sultans anerkannt und konnte einen Vertragsabschluss außerhalb der Mauern Istanbuls erzielen. Damit kehrte an der Südostflanke des Reiches bis 1663 eine relative Ruhe ein. Wirklich sicher war der Friedstand mit den Türken freilich nie, das gesamte 17. Jahrhundert stand unter dem Zeichen der Bedrohung des christlichen Abendlandes durch das Osmanische Reich.

Frieden von Zsitvatorok

3.4 Spanien und der Freiheitskampf der Niederlande

Die unter Karl V. vorhandene Einheit des habsburgischen Herrschaftsbereichs, die in der berühmten Metapher vom Reich, in dem die Sonne nicht untergeht, seinen Ausdruck gefunden hat, ließ sich nach der Abdankung des Kaisers 1556 nicht aufrechterhalten. Schon zu Lebzeiten Karls war es zu einer Herrschaftsaufteilung innerhalb der Dynastie in eine österreichische und spanische Linie gekommen. Während der Bruder des Kaisers, Ferdinand, die österreichischen Erblande, Böhmen und Ungarn, zudem die Anwartschaft auf die Kaiserkrone erhielt, wurden Spanien, die Niederlande und die italienischen Besitzungen mit Neapel und Mailand seit 1540 sukzessive auf den Sohn Karls V., Philipp II., übertragen. Der sogenannte burgundische Sukzessionsplan von 1552, der einen Wechsel des Kaisertitels zwischen den beiden Linien vorsah, erwies sich als nicht realisierbar. Doch sollten fortdauernde Heiratsverbindungen zwischen den österreichischen und spanischen Vettern für wechselseitige Erbansprüche im Falle des Aussterbens einer Linie sorgen – ein Vorgehen, das jedoch aufgrund

Herrschaftsaufteilung der Habsburger

der unvermeidlichen körperlichen Degenerationserscheinungen das Erlöschen beider Zweige im Mannesstamm gerade beförderte.

Philipp II. trat in Spanien die Fortsetzung der Universalpolitik der Habsburger als katholische Hegemonialmacht in Europa an. Die 1580 erfolgte Vereinigung Spaniens mit Portugal stellte einen Höhepunkt der spanischen Machtstellung in Europa dar, die eindrucksvoll im Bau des Escorial, des prachtvollen Königspalastes in Madrid, dokumentiert wurde. Spanische Kriegsflotten beherrschten die Weltmeere, sicherten die transatlantischen Handelswege ab und bekämpften Türken und Piraten im Mittelmeer. In seinem rigorosen Auftreten gegenüber den anderen Monarchen Europas und selbst dem Papst demonstrierte der spanische König eindrücklich seinen politischen Führungsanspruch als Sachwalter der Kirche. Diesem Anliegen war auch sein Engagement in den französischen Religionskriegen geschuldet, in denen er als Partner der katholischen Liga in Frankreich Partei ergriff. Doch konnte Philipp sein Ziel einer Rekatholisierung Europas nur teilweise durchsetzen. Zwar trug er durch seine Parteinahme entscheidend dazu bei, dass Frankreich beim alten Glauben verblieb, doch scheiterte sein Versuch, England in dieses System einzugliedern. Mit dem frühen Tod seiner Gemahlin Maria I. von England 1558 wurde die antifranzösische Ausrichtung der englischen Politik ebenso wie die katholische Restauration auf dem Inselreich beendet. Der Untergang der spanischen Armada, die 1588 von den englischen Schiffen und Stürmen vernichtet wurde, machte dann bereits die Grenzen der spanischen Vormachtstellung deutlich. Der niederländische Aufstand fügte Spanien schließlich eine empfindliche Niederlage zu, die den Niedergang der spanischen Monarchie einläutete.

Spanische Hegemonie

Die Niederlande waren als Teil des burgundischen Erbes der Habsburger 1556 an Philipp II. von Spanien gefallen. Mit den 17 Provinzen besaß Spanien ein blühendes Gewerbegebiet mit hohem Steueraufkommen. Zu den Glanzzeiten im 17. Jahrhundert wurden 50 Prozent der Welthandelsgüter über die Häfen Antwerpen und Rotterdam umgeschlagen, Amsterdam avancierte zu einem Zentrum des Geldhandels. Die Niederlande besaßen traditionell ein hohes Maß an ständischer und städtischer Selbstverwaltung. Die Einheit der Provinzen wurde vor allem verkörpert durch den Adel, der auch die von den Landtagen gewählten 17 Provinzialstatthalter stellte. Dagegen gab es kaum Ansätze zu einer zentralistischen Zusammenfassung der Provinzen in der Versammlung der Generalstaaten, obwohl an deren Spitze seit 1519 ein von Spanien bestimmter Generalstatthalter stand.

Die spanischen Niederlande

EUROPÄISCHE KONFLIKTE

Niederländischer Aufstand

Der niederländische Aufstand, der 1566 ausbrach, wurde für lange Zeit zu einer festen Konstante der europäischen Politik und trug maßgeblich zu den Spannungen im konfessionellen Zeitalter bei. In den Niederlanden sahen die europäischen Gegner Spaniens ein geeignetes Operationsfeld, um die spanische Vormachtstellung einzudämmen. Der politische Führungsanspruch Philipps war auch in den Niederlanden selbst zur Geltung gekommen, die er im Sinne der Stärkung der Zentralgewalt umgestalten und deshalb die ständischen Vorrechte beschneiden wollte. Gegensätze zur spanischen Herrschaft entstanden aber auch durch die Ausbreitung des Calvinismus, der vor allem im Norden Zuzug von französischen Glaubensflüchtlingen erhielt. Eine kirchliche Neugliederung mit der Errichtung neuer Bistümer sorgte für wachsenden Unmut, weil dahinter die Absicht einer verstärkten Kontrolle durch die spanische Inquisition vermutet wurde. Gegen die Hispanisierungstendenzen Philipps II. formierte sich eine breite Adelsopposition um die Grafen Hoorn und Egmont sowie dem holländischen Provinzialstatthalter Wilhelm von Nassau-Oranien. Der Zorn breiter Bevölkerungsschichten machte sich in einem planmäßig durchgeführten Bildersturm Luft. Philipp II. reagierte hart: 1567 wurde eine Militärdiktatur unter dem Generalstatthalter und „eisernen Herzog" Alba und ein Sondergerichtshof für die Aufständischen eingerichtet, der 1568 die Hinrichtung der Grafen Egmont und Hoorn verfügte.

Dies war die Voraussetzung für die Erhebung breiter Bevölkerungsschichten, die sich selbst die „Geusen" (nach französisch *geux* = Bettler) nannten. Unter Führung Wilhelms von Oranien trennten sich 1579 in der Union von Utrecht die sieben nördlichen Provinzen als „Republik der Vereinigten Niederlande" von Spanien ab.

Republik der Vereinigten Niederlande

Schon zuvor hatten sich im Süden die Staaten des Hennegau und des Artois in Arras zu einer eigenen Union zusammengeschlossen. Philipp II. hatte ihnen den Abzug der spanischen Truppen und eine Garantie ihrer Ständerechte versprochen, sofern sie im Gegenzug die katholische Religion und die spanische Oberhoheit anerkannten. 1581 wurde Philipp II. unter Berufung auf die Volkssouveränität und auf die Lehre vom Widerstandsrecht gegenüber einem ungerechten Tyrannen von der Utrechter Union für abgesetzt erklärt. Damit hatten die vereinigten Stände, die „Generalstaaten" der sieben Nordprovinzen, endgültig die Trennung von Spanien vollzogen. Wilhelm von Oranien wurde zum ersten Generalstatthalter gewählt. Bis zur Durchsetzung der Unabhängigkeit war es jedoch noch ein weiter Weg. Über den zwölfjährigen Waffenstillstand von 1609 und die Auseinandersetzungen während des Dreißigjährigen Krieges erfolgte dann im Frieden von Münster 1648 die Anerkennung der Unabhängigkeit der nördlichen Niederlande, die im 17. Jahrhundert zur ersten See- und Handelsmacht der Welt aufstiegen.

See- und Handelsmächte

Im Ringen um die Vorherrschaft im Ostseeraum, dem *dominium maris Baltici*, konnte sich dagegen Dänemark nur mit Mühe dem Vormachtstreben Schwedens erwehren, dessen Politik nach 1600 unter der jüngeren Linie der Wasa zunehmend expansionistische Züge annahm. Mit der Errichtung eines nationalschwedischen Königtums (1523) hatten die Wasa die Kalmarer Union beendet, die seit 1387 die skandinavischen Königreiche vereinigt hatte. Die Erringung der Ostseeherrschaft musste allerdings ebenso gegen Polen und das aufstrebende Russland erkämpft werden.

Fragen und Anregungen

- Welche Rolle spielte Italien für die Ausbildung des europäischen Staatensystems?
- Erläutern Sie die Möglichkeiten und Risiken dynastischer Politik.
- Beschreiben Sie den habsburgisch-französischen Antagonismus.
- Warum wurde der Türkenkrieg qualitativ anders eingeschätzt als die innerchristlichen Auseinandersetzungen? Gibt es Parallelen in unserer Zeit?
- Erklären Sie, was unter dem Begriff „gerechter Krieg" zu verstehen ist.

Lektüreempfehlungen

- Ilse Kodek: Der Großkanzler Kaiser Karls V. zieht Bilanz. Die Autobiographie Mercurino Gattinaras aus dem Lateinischen übersetzt, Münster 2004. *Die Politik Kaiser Karls V. aus der Perspektive seines einflussreichen Staatskanzlers.*

Quellen

- Martin Luther: Vom kriege widder die Türcken, in: D. Martin Luthers Werke, Band 30.2, Weimar 1909, S. 107–148. *Aussagekräftiges Beispiel für die Reaktion auf die Türkenkriege und ihre ideologische Einordnung.*

Forschung
- **Johannes Burkhardt: Die Friedlosigkeit der Frühen Neuzeit. Grundlegung einer Theorie der Bellizität Europas**, in: Zeitschrift für Historische Forschung 24, 1997, S. 509–574. *Beschreibt den kriegerischen Charakter als ein strukturelles Wesensmerkmal der Epoche.*

- **Jonathan I. Israel: The Dutch Republic and the Hispanic World 1606–1661**, Oxford 1982. *Schildert im Zusammenhang des niederländischen Freiheitskampfes die Politik Spaniens im Dreißigjährigen Krieg.*

- **Alfred Kohler / Barbara Haider / Christine Ottner (Hg.): Karl V. 1500–1558. Neue Perspektiven seiner Herrschaft in Europa und Übersee**, Wien 2002. *Aus Anlass des Jubiläums im Jahr 2000 entstandener, ausführlicher Sammelband, der die vielfältigen Aspekte der Regierung Karls V. in seiner europäischen Verankerung und in seinem Verhältnis zu den Nachbarn beleuchtet. Fasst den damaligen Forschungsstand zusammen.*

- **Winfried Schulze: Reich und Türkengefahr im späten 16. Jahrhundert. Studien zu den politischen und gesellschaftlichen Auswirkungen einer äußeren Bedrohung**, München 1978. *Behandelt den Zusammenhang zwischen der Reichspolitik und den Türkenkriegen, insbesondere die Erörterung der Türkenfrage auf den deutschen Reichstagen.*

- **Claudia Ulbrich: Gewalt in der Frühen Neuzeit. Beiträge zur 5. Tagung der Arbeitsgemeinschaft Frühe Neuzeit im Verband der Historiker und Historikerinnen Deutschlands**, Berlin 2005. *Sammelband, der zahlreiche Aspekte frühneuzeitlicher Gewaltanwendung untersucht und in den modernen Forschungszusammenhang stellt.*

4 Verfassung und frühmoderne Staatlichkeit

Abbildung 4: Reichstagssitzung in Regensburg 1653

Das Bild zeigt die Eröffnungssitzung des Reichstags von 1653. Im großen Saal des Regensburger Rathauses haben sich die Reichsstände des Heiligen Römischen Reiches deutscher Nation entsprechend ihres Rangs und ihrer Würde versammelt. Die Sitzordnung ist Ausdruck und Abbild dieser ständischen Ordnung. An der Stirnseite des Saales thront der Kaiser in der Mitte, neben ihm sitzen die Gesandten der Kurfürsten. An den beiden Längsseiten haben die Reichsfürsten ihre Plätze eingenommen: auf der linken Bildseite, vom Kaiser aus gesehen zu seiner rechten Hand, die geistlichen Reichsfürsten, auf der rechten Bildseite, vom Kaiser aus gesehen zur linken Hand, die weltlichen Reichsfürsten. Auf den Bänken im Vordergrund, mit dem Rücken zum Betrachter, sind die Vertreter der Reichsstädte zu sehen, daneben weitere ständische Räte. Sekretäre und Protokollanten vervollständigen das Bild der Sitzung.

Der Reichstag steht wie keine zweite Institution für die ständestaatliche Ordnung des Heiligen Römischen Reiches deutscher Nation. Er hatte sich an der Wende vom 15. zum 16. Jahrhundert herausgebildet und entwickelte sich zum Zentrum eines institutionalisierten Reichsverbandes. Das Heilige Römische Reich erhob den Anspruch, unter christlichen Vorzeichen die universale Tradition des antiken Römerreiches weiterzuführen. Seit der Erneuerung des Römischen Reiches im Westen durch den Franken Karl den Großen (800) und den Sachsen Otto den Großen (962) war dies zunächst durchaus imperial im Sinne einer Vormacht mit expansiven Tendenzen und Unterwerfungsabsichten gegenüber den Nachbarn gemeint. In der Frühen Neuzeit konnte dieses erneuerte Römische Reich, das seit der Zeit um 1500 mit einem Zusatz als „Heiliges Römisches Reich teutscher Nation" bezeichnet wurde, jedoch keine offensive Außenpolitik mehr entfalten. Ein nationaler Staat ist es nie gewesen, auch wenn die „deutsche Nation" im Reichstitel vorkam und inoffiziell noch im späten 18. Jahrhundert der Name „Teutsches Reich" aufkam. Der Konsens zwischen dem Kaiser als Reichsoberhaupt und den reichsunmittelbaren Fürsten und Städten als Reichsständen war ein konstitutives Element des frühneuzeitlichen Reiches und hat bis in die föderalistische Ordnung der Bundesrepublik Deutschland hinein seine Spuren hinterlassen.

4.1 Altes Reich und Reichsreform
4.2 Reichstag und Reichsinstitutionen
4.3 Geistliche und weltliche Territorien

4.1 Altes Reich und Reichsreform

Lange Zeit wurde die Rückerinnerung an das Heilige Römische Reich deutscher Nation von den bürgerlichen Gelehrten der borussisch-preußischen Geschichtsschreibung bestimmt, die zu einem überwiegend negativen Urteil gelangten. Sie konnten dabei schon an zeitgenössische Meinungen anschließen, in denen das Alte Reich als *monstro simile* (einem Mostrum ähnlich) bezeichnet wurde (Pufendorf 1667). Das Alte Reich, wie es im Kontrast zum 1871 gegründeten neuen Kaiserreich genannt wurde, sei nach 1648 nicht mehr lebensfähig und zum Untergang bestimmt gewesen. Innere Zwietracht unter den deutschen Fürsten, die Folgen der Glaubensspaltung des 16. Jahrhunderts, der Dreißigjährige Krieg und der Westfälische Frieden, schließlich die anmaßende Hegemonialpolitik Frankreichs vor allem unter Ludwig XIV. wurden als die Stationen und Ursachen des Verfalls ausgemacht. In dieser Perspektive setzte sich das Bild durch, dass die habsburgischen Kaiser mit ihrer gegenreformatorischen Politik das Reich gespalten und die deutsche Nation von ihren Quellen zugunsten fremder Einflüsse aus den romanischen Ländern abgedrängt hätten, bevor mit dem Aufstieg des brandenburg-preußischen Staates ein zukunftsweisender Weg beschritten worden sei.

Rückerinnerung an das Reich

Erst in der Geschichtsforschung der 1950er- und 1960er-Jahre fand ein Paradigmenwechsel statt, der das Heilige Römische Reich als eine vornationale politische Friedens- und Rechtsordnung in Deutschland und Mitteleuropa in den Blickpunkt rückte. Das „neue Bild vom Alten Reich" zeigte nun ein politisches System, das staatliche Ordnung ausbildete und gewährleistete (Press 2000b). Allerdings bestehen in der neueren Forschung doch erhebliche Differenzen über das Maß und den Umfang der ausgebildeten Staatsgewalt. Georg Schmidt billigt dem Reich in seinem Kernbereich sehr weitgehende staatliche Funktionen zu, wenn er das Reich als „komplementären Reichs-Staat der deutschen Nation" beschreibt (Schmidt 1999). Demnach haben sich staatliche Strukturen auf der Ebene des Reiches wie auf der Ebene der Territorien ausgebildet und sich gegenseitig zu einem System zusammengesetzter Staatlichkeit ergänzt. Ausgebildet freilich hat das Reich als der Staat der Deutschen diese Staatlichkeit nur in dem Gebiet, das der Rechtsprechung des Reichskammergerichts unterlag, das in die Kreisverfassung eingebunden war und dessen Stände den Reichstag besuchten und ihre Steuern bezahlten.

Neues Bild vom Alten Reich

Das Reich – ein Staat?

Sehr viel mehr als das auf dem Reichstag vertretene Reich umfasste der übernationale Lehensverband, der noch den mittelalterlichen

Reichsgrenzen Personenverbandsstaat widerspiegelte und auch Gebiete in Italien und Burgund einschloss. Eindeutige topografische Grenzen sind deshalb nur schwer auszumachen, vielmehr waren gerade in den Grenzregionen des Reiches offen gehaltene Verhältnisse und unterschiedliche Abhängigkeiten vom Reich die Regel. Zwar wurden in der Reichspolitik der Frühen Neuzeit gewisse nationale Elemente wirksam, vor allem im Abwehrkampf des Kaisers und der Reichsstände gegen Türken und Franzosen, aber die vornationalen Bausteine des Reichsgedankens waren doch auch unübersehbar: der römische Kaisertitel und die fehlende Deckungsgleichheit von Reichsgrenzen und Begrenzungen des deutschen Sprachraums. Denn das Alte Reich hatte stets größere romanischsprachige und slawischsprachige Bevölkerungsgruppen umfasst. Die Schweiz und die Niederlande schieden früh aus dem Reichsverband aus, während im Osten – etwa in Preußen, Ungarn und Siebenbürgen – der alte deutsche Sprachraum weit über die Reichsgrenzen hinausreichte.

Zeremoniell und Symbole Symbolisch-rituelle Phänomene waren nicht nur für die Kultur des Alten Reiches wichtig, sondern auch für das Funktionieren der vormodernen Politik (Stollberg-Rilinger 2008). Die Symbolik öffentlicher Herrschaftsrituale, sei es bei Kaiserwahlen, feierlichen Belehnungen der Reichsfürsten oder auf dem Reichstag, verband die dynastische Fürstengesellschaft und führte zur Stabilisierung und Akzeptanz der bestehenden Ordnung. Mit der Präsenz bei diesen öffentlichen Herrschaftsritualen demonstrierte man seine Zugehörigkeit zur bestehenden Ordnung und trug damit maßgeblich zur institutionellen Verfestigung der politischen Ordnung bei. Das Reich und seine Verfassung wurden bei Hofe und auf den Reichstagen nicht nur in zeremoniellen Akten symbolisch inszeniert, sondern traten dabei auch handelnd in Erscheinung. In diesem Sinne wurden feierliche Zeremonien zur Demonstration politischer Willensbekundungen genutzt. Wenn Kaiser Karl V. 1530 zum Augsburger Reichstag neben dem päpstlichen Legaten (Gesandten) unter dem Baldachin in die Stadt einritt, so handelte es sich hierbei eben nicht nur um eine Frage des zeremoniellen Status, sondern auch um einen deutlichen Fingerzeig in Richtung der protestantischen Fürsten.

Reichsfürstliche Dynastien Das Heilige Römische Reich deutscher Nation war ein Verbund der großen weltlichen reichsfürstlichen Dynastien, vor allem der Kaiserdynastie der Habsburger und der kurfürstlichen Familien der Wittelsbacher, Wettiner und Hohenzollern. Die kleineren weltlichen Herrschaftsträger wie Reichsgrafen und Reichsritter bildeten ein besonderes „reichisches" Bewusstsein aus, weil die Reichsverfassung ihre Existenz garantierte. Dies gilt auch für die geistlichen Herrschaften der Reichskirche, die jedoch durch die Wahlen in den Dom- bzw. Stiftskapiteln (→ KAPITEL 4.3) von äußeren Einflüssen abhängig blieben. Die bürgerlichen Kommunen der freien Reichsstädte schließlich mussten schon aus Gründen der Selbsterhaltung an der Dauerhaftigkeit der äußeren Verhältnisse interessiert sein. So prägten neben dem Reichsoberhaupt mächtige Territorialstaaten, aber auch kleinste Herrschaften das vielschichtige Bild des Alten Reiches.

Das Heilige Römische Reich war eine Wahlmonarchie (→ KAPITEL 2.2). Seit der Goldenen Bulle von 1356 waren mit den sieben Kurfürsten die Anzahl und die Personen der Königswahl sowie Frankfurt am Main als regulärer Wahlort festgelegt. Trotz des Prinzips der freien Wahl stellten die Habsburger seit 1438 bis zum Ende des Alten Reiches mit der Ausnahme des Wittelsbachers Karl VII. (1742–45) das Reichsoberhaupt. Zwar hatte sich Karl V. 1530 als letzter Kaiser in Bologna noch einmal vom Papst krönen lassen, doch bereits sein Vorgänger Maximilian I. hatte den Titel eines „Erwählten Römischen Kaisers" geführt. Die Trennung der beiden Würden lebte in der Möglichkeit zur Wahl eines deutschen Königs zu Lebzeiten des Kaisers (*vivente imperatore*) fort und wurde von den Habsburgern bewusst zur Sicherung ihrer Herrschaft im Reich eingesetzt (Neuhaus 1997). Um die Gefahr der Etablierung einer Erbmonarchie auszuschließen, wurde umgekehrt seit 1519 bei jeder Wahl eine Wahlkapitulation als Herrschaftsvertrag zwischen Kaiser und Kurfürsten nach dem Vorbild bischöflicher Wahlkapitulationen in den geistlichen Fürstentümern abgeschlossen, in der wichtige Regierungsrechte, aber auch Pflichten und Verbote fixiert wurden. Damit sollte die Mitwirkung der Reichsstände oder zumindest der Kurfürsten an der Reichsregierung festgeschrieben werden. Dies betraf den Abschluss auswärtiger Bündnisse, die Verpfändung von Reichsgefällen (Reichseinnahmen), das Verbot der Ausschreibung von Reichstagen außerhalb des Reichsgebiets, die Vergabe von Reichs- und Hofämtern nur an geborene Deutsche und den Unterhalt fremden Kriegsvolks im Reich.

Das Verhältnis zwischen Königtum und Ständen spiegelt die komplizierte Verfassung des Reiches wider. Sie stellte einen Kompromiss zwischen monarchischer Alleinregierung und ständischer Oligarchie dar, wobei faktisch eine ständische Mitregierung zumindest auf dem Reichstag als verfassungsrechtliche Alternative zum zentralistisch-monarchischen Regierungssystem (wie etwa in Frankreich) entstand. Diese „gemischte" Verfassung ließ sich zwar zentralistisch oder föde-

Wahlmonarchie

Wahlkapitulationen

Verfassung des Reiches

ralistisch interpretieren oder ausbauen, doch sollte das Patt zwischen Kaiser und Reichsständen zu einem Charakteristikum des frühneuzeitlichen Reichsverbandes werden. Argwöhnisch achteten die Reichsstände darauf, dass der Kaiser ihre Rechte, die sie gern unter dem Deckmantel der „teutschen libertet" verteidigten, nicht verletzte. Das Alte Reich verfügte zudem über keine geschriebene Verfassung, aber über Reichsgrundgesetze, welche die verfassungsrechtlichen Normen des Reichsverbandes absteckten und weiterentwickelten. Dazu zählten die Goldene Bulle von 1356, der ewige Landfriede des Wormser Reichsabschieds von 1495, die bei den Kaiserwahlen seit 1519 abgeschlossenen Wahlkapitulationen zwischen Reichsoberhaupt und Kurfürsten sowie die zahlreichen Reichsabschiede, insbesondere der Augsburger Religionsfriede von 1555 und der Westfälische Friede von 1648. Die Sicherung der Mitspracherechte der Reichsstände in allen Fragen der Außenpolitik (Entscheidungen über Krieg und Frieden, Maßnahmen zur Wiederherstellung des Landfriedens, Bündnisschlüsse) und der Finanzen (Erhebung von Steuern) begrenzte zudem die monarchische Macht und stärkte die ständische Partizipation, wenngleich der Kaiser als oberster Lehnsherr uneingeschränkte kaiserliche Reservatrechte wie die Standeserhöhungen behaupten konnte.

Reichsgrundgesetze

Reichsreform

Die Reichsreform an der Wende zum 16. Jahrhundert entstand im Ringen zwischen Kaiser und den Reichsständen und war der Versuch, dem Reich eine institutionelle Verankerung zu geben und eine Verfassungs- und Verwaltungsstruktur auszubauen. Die Beschlüsse des Wormser Reformreichstags von 1495 markieren eine Zäsur in der deutschen Verfassungsgeschichte. Mit dem ewigen Landfrieden wurde nicht nur das adelige Fehdewesen eingeschränkt, gleichzeitig wurde damit eine Reichsgewalt bekräftigt, die für Frieden und Recht sorgen sollte. Diese Aufgabe wurde dem Reichstag übertragen, der sich in der Zukunft zum entscheidenden Forum für die Reichspolitik entwickelte. Der in Gang gesetzte Verrechtlichungsprozess mündete in die Schaffung eines obersten Reichsgerichts, das zwar dem Namen nach ein kaiserliches Reichskammergericht war, bei dem die Reichsstände jedoch ein entscheidendes Gewicht bei der Besetzung der eigentlichen Richterstellen besaßen. Als Gegengewicht schuf Kaiser Maximilian I. den kaiserlichen Reichshofrat, sodass sich parallel zwei höchste Reichsgerichte ausbildeten, von denen der Reichshofrat sehr viel effizienter arbeiten konnte, während das Reichskammergericht aufgrund seiner ständischen Besetzung sehr schnell in die konfessionellen Auseinandersetzungen geriet. Zur Unterhaltung des

Reichsgerichte

Reichskammergerichts sollte schließlich eine allgemeine Reichssteuer, der „gemeine Pfennig" eingeführt werden, die sich allerdings nicht durchsetzen konnte. Die Reichsstände unterhielten es deshalb selbst durch Beiträge an jährlich zwei Terminen („Zielen"), den zur Frühjahrs- und Herbstmesse fälligen Kammerzielen. Auch die Reichssteuern wurden nach einem Umlageverfahren von den Reichsständen selbst eingezogen.

Die reichsfürstlichen Ansprüche gegenüber dem Kaiser kommen insbesondere im Experiment des Reichsregiments als einer ständischen Reichsregierung zum Ausdruck. Ihm sollten die sechs Kurfürsten, ein geistlicher und ein weltlicher Fürst, ein Prälat, ein Graf, zwei reichsstädtische Abgeordnete und zwei Vertreter der Erblande angehören. Das erste Reichsregiment (1500–02) scheiterte jedoch am Desinteresse der größeren Territorien, der fehlenden Exekutivgewalt und vor allem am Gegensatz zwischen dem Königtum und den Ständen. 1522 lebte die Idee noch einmal auf, als Karl V. außerhalb des Reiches weilte. Doch beendete die Königswahl des Kaiserbruders Ferdinand 1531 die Notwendigkeit eines Regiments. Größere Dauer war den Reichskreisen beschieden, die 1500 als sechs Wahlbezirke für das Reichsregiment eingerichtet wurden: Bayern, Schwaben, Oberrhein, Franken, Westfalen und Niedersachsen. Die erbländischen und kurfürstlichen Territorien Österreich, Burgund, Kurrhein und Obersachsen wurden 1512 zusätzlich in die nunmehr zehn Bezirke umfassende Reichskreisverfassung eingefügt, die als mittlere Instanz zwischen Reich und Territorien vor allem als ausführendes Organ für das Reich diente. Das wichtigste Amt war das des kreisausschreibenden Fürsten, das früh erblich wurde und das entweder von einem Fürsten alleine oder von einem weltlichen und einem geistlichen Fürsten gemeinsam ausgeübt wurde. Der von ihnen einberufene Kreistag wählte den Kreisoberst, der die Kreistruppen zu befehligen hatte. In der Reichsexekutionsordnung von 1555 wurden den Reichskreisen die Aufgaben zugeteilt, die ihren Rang zwischen Reich und Territorien bekräftigten: Sie sollten zuständig sein für die Wahrung des Landfriedens und der äußeren Sicherheit, die Exekution (Durchführung) reichsgerichtlicher Beschlüsse, Münz- und Polizeisachen, für die Straßen-, Gewerbe- und Handelspolitik sowie die Seuchenvorsorge. Aber auch der Kampf gegen Landstreicher, abgedankte, plündernde Kriegsknechte und umherziehende Verbrecher gehörte nun zu den Pflichten der Reichskreise. Während der schwäbische wie auch der fränkische Kreis besonders starke Aktivitäten entfalteten, versanken andere wie der österreichische oder burgundische faktisch in der Bedeutungslosigkeit. Nach dem Westfälischen Frieden 1648 wurde die Position der Reichskreise weiter verstärkt, indem ihnen eine entscheidende Rolle in der Reichskriegsverfassung zugewiesen wurde.

4.2 Reichstag und Reichsinstitutionen

Kaiser und Reich

Der Dualismus zwischen Kaiser und Reich, zwischen der Person des Kaisers und einer Vielzahl von Reichsständen auf dem Reichstag war eine Grundkonstellation der Verfassung des Heiligen Römischen Reiches deutscher Nation. Der Reichstag als oberste Rechts- und Verfassungsinstitution wurde zum wichtigsten Ort des reichspolitischen Geschehens und zum Garanten der Einheit des Reiches über alle konfessionellen Gegensätze hinweg. Reichsstände waren Fürsten und Städte, die das Reich als Ganzes gegenüber dem Kaiser repräsentierten, Sitz und Stimme auf dem Reichstag hatten und in ihren eigenen Territorien Landeshoheit ausübten. Alle diese Reichsstände waren reichsunmittelbar, hatten also nur den Kaiser über sich, ohne eine zwischengeschaltete staatliche Gewalt. Sie waren in der Reichsmatrikel verzeichnet, nach der die Stände eingeladen und die Reichssteuern umgelegt wurden. Als zunächst nur zu bestimmten Anlässen ausgeschriebener Reichstag fanden die Sitzungen in verschiedenen Reichsstädten statt, die meist in der geografischen Mitte des Reiches lagen.

Entstehung des Reichstags

Der Reichstag als ständisches Element der Reichsverfassung hat seine Wurzeln zum einen in den königlichen Hoftagen des Mittelalters, als der deutsche Herrscher die Großen des Landes um sich versammelte, um die anstehenden Probleme zu lösen, und zum anderen in den Kurfürstentagen, wenn sich die Großen des Reichs ohne den König versammelten. Diese beiden Formen verschmelzen am Ende des 15. Jahrhunderts zum deutschen Reichstag, der ein Abbild der ständischen Gliederung des Reiches darstellt. Geistliche und weltliche Fürsten bildeten den Kern dieser Ständeversammlung, an den sich die Reichsstädte angruppierten. So untergliederte sich der Reichstag in die drei Kurien der Kurfürsten, der Reichsfürsten und der Reichsstädte. Erst im Laufe des 16. Jahrhunderts bildete der Reichstag seine endgültige Zusammensetzung und seine Verfahrensformen heraus. Dazu hat maßgeblich die „Causa Lutheri" beigetragen, die zu einem zentralen Thema der Reichstage des 16. Jahrhunderts avancierte, auch über den Augsburger Religionsfrieden 1555 hinaus. Die Fragen von Krieg und Frieden, insbesondere der Türkenkrieg und die Hugenottenkriege, bestimmten ebenso die Reichstagsverhandlungen wie Probleme der frühneuzeitlichen Policey (gute Ordnung), zu der auch das Münz-, Zoll- und Handelswesen zählte.

Der Kaiser verfügte über das Einberufungs- und Propositionsrecht (Vorschlagsrecht), er schrieb den Reichstag aus und legte die Tagesordnung fest. Seit 1519 war die Einberufung an die Zustimmung der Kurfürsten gebunden. Dennoch hatte das Reichsoberhaupt damit einen entscheidenden Hebel, die Verhandlungen in seinem Sinn zu steuern oder durch Nichtausschreibung auch ganz zu verhindern, wenngleich die kaiserlichen Initiativrechte zusätzlich durch das Reichstagsdirektorium des Mainzer Erzkanzlers eingeschränkt waren, der die Geschäftsführung und Kanzlei innehatte. Die Beratungen erfolgten getrennt nach den einzelnen Kurien, innerhalb derer das Mehrheitsprinzip griff, wenngleich das Ziel war, möglichst Einstimmigkeit zu erreichen. Erst nach der Beschlussfassung in den Kurien kam es zu einer Abgleichung zwischen ihnen bis zu einer Identität der Voten, wobei zunächst nur die Kurfürsten und Reichsfürsten über das entscheidende Stimmrecht (*votum decisivum*) verfügten. Ein gemeinsam erzieltes Abstimmungsergebnis wurde vom Mainzer Kurfürsten zu einem Reichsgutachten formuliert und durch kaiserliche Ratifikation zum Reichsschluss mit Gesetzeskraft. Sämtliche Beschlüsse wurden als Reichsabschied aller Stände zusammengefasst, der vom Kaiser verkündet, von der Mainzer Kanzlei ausgefertigt und den Reichsständen übersandt wurde.

Ablauf der Reichstage

Der Kurfürstenrat unter der Leitung des Erzbischofs von Mainz umfasste ursprünglich sieben, seit 1648 acht Mitglieder, und stellte die vornehmste Kurie dar. Ohne die Zustimmung des Rates war kein Reichsbeschluss möglich. Seit der Goldenen Bulle von 1356 war die herausragende Stellung der Kurfürsten in ihrer Funktion als Königswähler in der Reichsverfassung festgeschrieben. Sie selbst bezeichneten sich gern als „Säulen des Reiches". Zu ihren besonderen Rechten und Pflichten gehörten die Unteilbarkeit der Kurwürde durch Primogeniturordnungen, das Selbstversammlungsrecht in Form von Kurfürstentagen, die vor allem während des Dreißigjährigen Krieges (1618–48) zeitweise den Reichstag ersetzten, sowie Gerichtsprivilegien (*ius de non appellando*) und Bergwerks-, Zoll-, Salz- und Münzregale. Die drei geistlichen Kurfürsten waren die Erzbischöfe von Mainz, Köln und Trier, die vier weltlichen der König von Böhmen, der Pfalzgraf bei Rhein, der Herzog von Sachsen und der Markgraf von Brandenburg. Der König von Böhmen fungierte allerdings ledig-

Kurfürstenrat

lich bei der Königswahl, während er sich an den reichspolitischen Aktivitäten des Kurkollegs nicht beteiligte. Die Kurpfalz und Kursachsen übten als Reichsvikare mit voller Reichsgewalt während des Interregnums (Zwischenregierung) die Verwaltung des Reiches aus.

Reichsfürsten   Als zweite Kurie fungierte der Reichsfürstenrat, dessen Leitung alternierend zwischen dem Erzherzog von Österreich und dem Erzbischof von Salzburg wahrgenommen wurde. Der Reichsfürstenrat umfasste etwa 70 geistliche und weltliche Reichsfürsten mit je einer Stimme (Virilstimme, weil jeder Mann eine Stimme hatte). Neben diese geistlichen und weltlichen Reichsfürsten, die jeweils eine eigene Stimme hatten, traten mit den Prälaten und Grafen zwei weitere Ständegruppen, die ebenfalls Landesherrschaften ausgebaut hatten, allerdings nur ein eingeschränktes Stimmrecht besaßen. Die etwa 70 schwäbischen und rheinischen Prälaten besaßen nur als Kurie je eine Kuriatstimme. Die ursprünglich in zwei, dann seit dem 17. Jahrhundert in vier Grafenkollegien der schwäbischen, fränkischen, wetterauischen und westfälischen zusammengeschlossenen insgesamt etwa 120 Reichsgrafen führten ebenso Kuriatstimmen. Bis in die Mitte des 17. Jahrhunderts verfügten die geistlichen Reichsstände im Fürstenrat über ein deutliches Stimmenübergewicht.

Reichsstädte   Lediglich eine beratende Stimme (*votum consultativum*) hatten die in der dritten Kurie zusammengeschlossenen Reichsstädte, obwohl sie überproportional an den Reichslasten beteiligt waren. Erst im Zuge des Westfälischen Friedens konnten sie eine gewisse Gleichberechtigung erreichen. Die reichsstädtische Regierung wurde von einem kollegialen Gremium, dem Stadtrat, ausgeübt, der sich in der Regel aus dem alten städtischen Patriziat und den Handwerkerzünften zusammensetzte und die Stadt nach innen und außen vertrat. Dennoch blieb der Kaiser formal oberster Herr der Reichsstädte, der sich auch nicht scheute, nötigenfalls in die Verfassung und die politische Unabhängigkeit der Reichsstädte einzugreifen. Zwei Entwicklungsstränge führten zur neuzeitlichen Reichsstadt: Zum einen königliche Stadtgründungen auf ehemaligem Reichsgut, die sich während der Schwäche der Zentralgewalt Privilegien gesichert hatten wie Nürnberg, Ulm oder Mühlhausen, zum anderen ehemalige Bischofsstädte, welche die Herrschaft ihres geistlichen Stadtherrn abstreifen konnten und als freie Städte galten wie Straßburg, Augsburg und Speyer. Bei der Ausbildung des Reichstags am Ende des 15. Jahrhunderts schlossen sich diese beiden Stadttypen zur Gruppe der freien Reichsstädte zusammen. Aufgrund zahlreicher Mediatisierungen (Unterwerfung unter eine Landeshoheit) und Abtretungen an andere europäische

Staaten wurde ihre Zahl jedoch bis zum Ende des Alten Reiches ständig reduziert (1521: 86; 1792: 51), die ungleiche Größe und wirtschaftliche Potenz verlieh Städten wie Köln oder Bopfingen am Ipf jedoch ein unterschiedliches politisches Gewicht.

Nicht in allen Fällen lassen sich Reichsunmittelbarkeit (direkte Unterstellung unter den Kaiser) und Reichsstandschaft (reichsunmittelbare Reichsglieder mit Sitz und Stimme auf dem Reichstag) gleichsetzen. So war die Reichsritterschaft nicht auf dem Reichstag vertreten, obwohl sie reichsunmittelbar war. Mit dem militärischen Funktionsverlust im Spätmittelalter korrespondierte der politische Bedeutungsverlust des niederen Adels, der dennoch als Klientel des Hauses Habsburg unter besonderem kaiserlichem Schutz stand. Als das Geburtsjahr der neuzeitlichen Reichsritterschaft gilt das Jahr 1542, als die nicht in der Wormser Matrikel aufgeführten Ritter die vom Kaiser geforderte Türkensteuer ohne zwischengeschaltete landesherrliche Instanzen in eigener Regie aufbrachten (Press 1980, S. 49). Hieraus entwickelte sich der organisatorische Zusammenschluss des niederen Adels im Bund der freien Ritterschaft, um sich dem Zugriff der benachbarten Fürsten zu entziehen. Insgesamt etwa 350 Adelsfamilien, die über Kleinstterritorien regierten, waren in 15 Ritterkantone zusammengefasst, die wiederum in den drei Ritterkreisen Schwaben, Franken und Rhein verbunden waren. Nur hier konnten die Ritter ihre Selbstständigkeit bewahren, während in den übrigen Teilen des Reiches die großen Fürstenstaaten den Niederadel in die Landsässigkeit zwangen. Doch auch die Landesherrschaft des einzelnen Reichsritters war durch die Mitspracherechte des jeweiligen Kantons eingeschränkt, der insbesondere über die Steuerhoheit verfügte. Vor allem in der Reichskirche, in der die Reichsritter viele Domherrenstellen besetzten, war die Möglichkeit des sozialen Aufstiegs gegeben. Aber auch das Reichskammergericht, der habsburgische Kaiserhof und das Militär boten Angehörigen reichsritterschaftlicher Familien willkommene Karrierechancen.

Reichsritterschaft

Bund der freien Ritterschaft

So lässt sich ein vielschichtiges System der politischen Gewichtung und Typologisierung der Reichsglieder hinsichtlich ihrer unterschiedlichen Ausstattung mit Landbesitz, Herrschaftsgewalt und Privilegien feststellen. An der Spitze der politischen Pyramide standen mächtige Reichsglieder mit Reichsstandschaft und Virilstimme auf dem Reichstag (Kurfürsten, geistliche und weltliche Reichsfürsten). Darunter sind mindermächtige Reichsglieder mit Reichsstandschaft und Kuriatstimme auf dem Reichstag (Reichsprälaten, Reichsgrafen, Reichsstädte) zu finden, schließlich reichsunmittelbare Reichsglieder ohne

Typologisierung der Reichsglieder

Reichsstandschaft. Neben der Reichsritterschaft zählen zu letzteren auch die Reichsdörfer als Reste des im 15. Jahrhundert aufgelösten Krongutes (Reichslandvogteien) mit geografischen Schwerpunkten in Franken, Schwaben, am Ober- und Niederrhein, in Westfalen und im Elsass. Die Anzahl reichsunmittelbarer Dörfer, Flecken, Höfe und „Freier Leute" mit eigener Verwaltung, Gerichtsbarkeit, Kirchen- und Schulverwaltung sank jedoch wegen vollzogener Mediatisierungen während der gesamten Frühen Neuzeit. Von ursprünglich ca. 120 nachweisbaren Reichsdörfern haben nur noch fünf das Ende des Alten Reiches erlebt (Gochsheim und Sennfeld bei Schweinfurt, die Freien Leute auf der Leutkircher Heide im Allgäu, Soden im Taunus, Sulzbach bei Frankfurt am Main).

Immerwährender Reichstag

Nachdem während langer Phasen der konfessionellen Auseinandersetzungen der Reichstag in der ersten Hälfte des 17. Jahrhunderts zeitweise lahmgelegt wurde, war seine Restitution als ein zentrales Verfassungsorgan eines der erfolgreichen Ergebnisse des Westfälischen Friedens. Dennoch hatten nicht alle Verfassungsprobleme bei den Verhandlungen gelöst werden können. Einschlägige Punkte, die seit Langem einer Lösung harrten, wie die beständige kaiserliche Wahlkapitulation, eine Reform der Reichsmatrikel und andere Verfassungsfragen, wurden als *negotia remissa* (hinterstellige Materien) auf den nächsten Reichstag vertagt. Der daran anschließende Jüngste Reichsabschied von 1654 versah diese *negotia remissa* mit dem rechtlichen Zwang, eine formelle Beendigung des nächsten Reichstags bis zur Entscheidung der anstehenden Themen nicht eintreten zu lassen. Da eine Lösung auch in der Folgezeit nicht gelang, konnte der Reichstag 1663 nicht mehr durch einen „Abschied" von Reichsständen und Kaiser abgeschlossen werden. Er ging in der Folge nicht mehr auseinander, sondern wandelte sich zu einem kontinuierlich tagenden Gesandtenkongress, zum „Immerwährenden Reichstag von Regensburg" (Schindling 1991).

Reichsdeputationstag

Eine gewisse Entlastung des Reichstags stellte der Reichsdeputationstag dar – ein Gremium, das durch die Augsburger Reichsexekutionsordnung von 1555 etabliert wurde. Die Deputation als ein Ausschuss des Reichstags sollte dabei im Fall besonders schwerwiegender Landfriedensstörung tätig werden, denen auch durch die Kooperation von fünf der zehn Reichskreise nicht mehr Herr zu werden war. In der zweiten Hälfte des 16. Jahrhunderts erweiterte die Reichsdeputation ihren Aufgabenbereich unter anderem auf das Justizwesen und entwickelte sich zu einem eigenständigen Verfassungsorgan, das nahezu vollwertig an die Stelle des Reichstags treten und dessen Beschlüsse reichsgesetzliche Verbindlichkeit erlangen konnten. Seit 1570 bildeten insgesamt 20 Reichsstände die Deputation. Mit der Fortführung des Reichstags nach 1663 erübrigten sich die Deputationstage, wenngleich außerordentliche Deputationen bis zum Ende des Alten Reiches 1806 einberufen wurden.

4.3 Geistliche und weltliche Territorien

Während das Reich trotz der „Verdichtung" der Reichsverfassung am Beginn der Neuzeit moderne Staatlichkeit nur bedingt ausbilden konnte, intensivierte sich die öffentliche Gewalt vor allem in den Territorialstaaten zur Landesherrschaft (*ius territorale*). Träger und Nutznießer dieser Entwicklung war der fürstliche Landesherr, der erfolgreich fremde Herrschaftsrechte verdrängen konnte und die Arrondierung (Abrundung) seines Staatsgebiets erreichte. Allerdings bedeutete dies nicht die völlige Souveränität, da die Fürsten weiterhin an das Reich gebunden blieben. Die Herstellung eines geschlossenen Flächenstaates mit fest umrissenen Grenzen und einer einheitlichen Rechtsordnung wurde das Ziel des modernen Landesstaats. Auch wenn der Fürst diese Entwicklung zum Ausbau der eigenen Macht nutzte, so basierte die territoriale Gesetzgebung doch in vielerlei Hinsicht auf der Idee des gemeinen Nutzens. Seinen Ausgang nahm der Ausbau der landesfürstlichen Verwaltung vom fürstlichen Hof. Es kam zur Schaffung von zentralen fürstlichen Behörden für die Rechtspflege, die Polizei und die Finanzen; daneben wurde der fürstliche Rat als ständige Regierungsbehörde eingerichtet, bei der die gelehrten bürgerlichen Räte eine wichtige Rolle spielten. In den evangelischen Territorien kam es nach der Reformation zur Übernahme der vormals kirchlichen Aufgaben im Kirchenregiment des Landesherrn. Die drei wichtigsten Säulen der landesherrlichen Zentralverwaltung bildeten in der Regel der Hofrat als oberstes Regierungsgremium, die Hofkammer als Verwaltungsbehörde und der Kirchenrat.

Territorialstaaten

Säulen der Landesverwaltung

Der im Reich zutage tretende Gegensatz zwischen Fürst und Ständen wiederholte sich in den Territorien: Den Kurfürsten, Fürsten, Grafen und Prälaten, die auf dem Reichstag dem Kaiser als Reichsstände gegenübertraten, standen als Landesherren in ihren Territorien Landstände gegenüber. Das klassische Dreikuriensystem von Klerus, Adel und Städten in den Landtagen nahm in den einzelnen Regionen des Reiches unterschiedliche Ausformungen an. Im Südwesten war der Ritteradel aufgrund seiner Reichsunmittelbarkeit

Landstände

nicht vertreten, während sich im Osten mit den landsässigen Grafen und Herren eine zweite Adelskurie etablierte. Auch die Bauern waren in einzelnen Landtagen wie Tirol oder Salzburg zeitweise vertreten; in den weltlichen Kleinterritorien Südwestdeutschlands gab es sogar rein bäuerliche „Landschaften" als Interessensvertreter des Landes. In geistlichen Herrschaften übernahmen oft die Domkapitel ständische Aufgaben. Neben wichtigen Funktionen bei Landesteilungen, Vormundschaftsregierungen oder bei der Garantie der Konfession nahmen die Landstände vor allem ihr Steuerbewilligungsrecht wahr.

Geistliche Reichsfürsten

Weltliche Herrschaft von geistlichen Amtsträgern war in der deutschen Geschichte seit den Ottonenkaisern ein wesentlicher Bestandteil der Reichsverfassung. Die sechs deutschen Erzbischöfe von Mainz, Köln, Trier, Bremen, Magdeburg und Salzburg regierten wichtige Territorien, ebenso wie einige unter den etwa vierzig Bischöfen. Das weltliche Herrschaftsgebiet eines Bischofs, das Hochstift, war nicht identisch mit dem geistlichen Zuständigkeitsbereich, der Diözese, die meist ein sehr viel größeres Gebiet umfasste. Als Landesherr im Hochstift übte der Bischof jedoch ebenso seine Territorialobrigkeit aus wie ein weltlicher Erbfürst. Mehrfach waren die Bischofsstädte kein Teil des Hochstifts, sondern hatten sich als freie Reichsstädte von der bischöflichen Stadtherrschaft befreit, so zum Beispiel Köln, Straßburg, Augsburg und Regensburg. Entsprechend diesen Herrschaftsverhältnissen residierten die geistlichen Fürsten vielfach außerhalb ihrer Kathedralstädte, so der Magdeburger in Halle, der Kölner in Bonn, der Straßburger in Zabern und der Augsburger in Dillingen. Der Johanniterorden und der Deutsche Orden waren ebenfalls im Fürstenrat des Reichstags vertreten. Große Klöster des Benediktinerordens wie Fulda, Corvey und Kempten konnten analog eine eigene Landesherrschaft ausbilden. Dies gelang auch den Fürstpropsteien Ellwangen und Berchtesgaden. Andere Männer- und Frauenklöster konnten immerhin ihre Reichsunmittelbarkeit durchsetzen und organisierten sich in den beiden Reichskollegien der rheinischen und schwäbischen Prälaten.

Domkapitel

Im Gegensatz zu den weltlichen Territorien handelte es sich bei den geistlichen Staaten der Germania Sacra um Wahlfürstentümer, wobei der zum Zölibat verpflichtete Fürstbischof auf Lebenszeit gewählt wurde. Die deutschen Domkapitel verteidigten ihr Wahlrecht energisch gegenüber Papst, Kaiser und weltlichen Territorialfürsten. Sozialgeschichtlich war die Reichskirche eng mit dem Adel verbunden, der in fast allen Reichsbistümern das Besetzungsrecht auf die Domherrenstellen und Bischofsstühle innehatte und dort seine nachgeborenen Söhne versorgte. Nicht die persönliche Eignung, sondern der Versorgungsaspekt bestimmte die Rekrutierung der adeligen Domherren. Die Bestimmungen des Konzils von Trient (1545–63), die Priester- und Bischofsweihe vorschrieben, ließen sich nur allmählich durchsetzen. In der „Pfaffengasse" an Rhein und Main wurden die Stellen in den Domstiften – mit den Ausnahmen von Köln und Straßburg, wo der Reichsgrafenstand die Domkapitel beherrschte – von Angehörigen der Reichsritterschaft besetzt. Bei der Wahl eines geistlichen Fürsten legten die Domherren diesem eine Wahlkapitulation mit oftmals harten Bedingungen vor, um die Herrschaftsrechte des Kapitels zu festigen oder gar zu erweitern. Die Domkapitel verstanden sich als Mitregenten des Landesherrn. Zugleich bildeten sie in einer ganzen Reihe von geistlichen Staaten die erste Kurie der Landstände.

Wahlkapitulationen spielten eine besondere Rolle, wenn ein reichsfürstlicher Kandidat von einem reichsritterschaftlichen Kapitel gewählt werden sollte oder wenn ein Kandidat, der bereits einen anderen Bischofsstuhl innehatte, weitere Dignitäten (Würden) anstrebte. Obwohl die Kumulation (Anhäufung) von Bischofsstühlen kirchenrechtlich verboten war, erteilten die Päpste meistens Dispens (Befreiung) von diesem Verbot, wenn diese mit der notwendigen Stärkung der deutschen Kirche zur Verteidigung gegen den Protestantismus oder einer guten Zahlungsmoral gegenüber der Kurie plausibel gemacht wurde. Wahlen fanden in den Kapiteln nicht nur nach dem Tod der Amtsinhaber statt. Es gab auch die Funktion des Koadjutors (Helfers) mit dem Recht der Nachfolge. Die drohenden Wechselfälle bei Neuwahlen konnten so umgangen werden. Auch für Protektionspolitik gegenüber Familienmitgliedern (Nepotismus) bot die Koadjutorie breiten Raum. Indes handelte es sich doch immer um echte Wahlen, die vom politischen Kräftespiel zwischen Domherrenfraktionen, Interessen benachbarter Adelsgruppierungen und Dynastien, dem kaiserlichen Einfluss und der Stellungnahme des Papstes bestimmt waren.

Kumulation von Bistümern

Fragen und Anregungen

- Welche Elemente beinhaltet die Reichsreform? Welche davon haben eine längerfristige Wirkung?
- Beschreiben Sie die Unterschiede zwischen dem Reichstag des Alten Reiches und einem modernen Parlament.
- In welchen Verfassungselementen ist heute noch das Alte Reich erkennbar?

- Nennen Sie Gründe, warum die fürstlichen Territorien zu den eigentlichen Trägern frühmoderner Staatlichkeit werden.
- Erläutern Sie die Besonderheiten der geistlichen Staaten im Alten Reich.

Lektüreempfehlungen

Quellen
- Arno Buschmann (Hg.): Kaiser und Reich. Klassische Texte zur Verfassungsgeschichte des Heiligen Römischen Reiches Deutscher Nation vom Beginn des 12. Jahrhunderts bis zum Jahre 1806, München 1984. *Quellensammlung der wichtigsten Reichsgrundgesetze.*

Forschung
- Franz Brendle / Anton Schindling: Reichskirche und Reich in der Frühen Neuzeit, in: Volker Himmelein / Hans Ulrich Rudolf (Hg.), Alte Klöster, Neue Herren. Die Säkularisation im Deutschen Südwesten 1803, Band 2.1., Ostfildern 2003, S. 3–22. *Überblicksdarstellung über Struktur und Entwicklung der Reichskirche bis zu ihrem Ende.*

- Axel Gotthard: Das Alte Reich 1495–1806, Stuttgart 2003. *Studienbuch, das kompakt das „Funktionieren" des Alten Reiches erklärt.*

- Volker Press: Das Alte Reich. Ausgewählte Aufsätze, hg. von Johannes Kunisch, 2. Auflage Berlin 2000. *Sammelband mit Aufsätzen über das Wesen und die Struktur des Alten Reiches als eines politischen Systems. Steht für den Neuanfang der Reichsgeschichte in den 1970er-Jahren mit dem „neuen Bild vom Alten Reich".*

- Georg Schmidt: Geschichte des Alten Reiches. Staat und Nation in der Frühen Neuzeit 1495–1806, München 1999. *Beschreibung des Reiches als ein System komplementärer Staatlichkeit.*

- Barbara Stollberg-Rilinger: Des Kaisers alte Kleider. Verfassungsgeschichte und Symbolsprache des Alten Reiches, München 2008. *Darstellung der symbolisch-rituellen Phänomene in der Verfassung des Alten Reiches und ihrer Relevanz für das Funktionieren vormoderner Politik.*

5 Reich und Reformation

Abbildung 5: Amalie Prätorius: *Überreichung der Augsburger Konfession*, nach Georg Balthasar von Sand (1839)

Das Ölbild des Coburger Hofmalers Georg Balthasar von Sand (1650–1718), auf welches die vorliegende Darstellung von 1839 zurückgeht, zeigt den feierlichen Augenblick der Verlesung der Confessio Augustana auf dem Reichstag 1530 vor Kaiser Karl V. In der Mitte des Bildes trägt der kursächsische Kanzler Dr. Christian Bayer die deutsche Fassung der evangelischen Bekenntnisschrift vor, die vom Reformator Philipp Melanchthon (1497–1560) verfasst worden war. Am Tisch befinden sich auch die beiden kaiserlichen Sekretäre. Die Bekenner mit der zum Schwur erhobenen rechten Hand flankieren das Geschehen: links die sechs Fürsten, rechts die sechs Vertreter der beigetretenen Reichsstädte. Auf den Seitenbänken wohnen weitere geistliche und weltliche Würdenträger der Verlesung bei. Kaiser Karl V. selbst sitzt im Hintergrund auf einem prunkvollen Thron, der mit dem doppelköpfigen Reichsadler und anderen Emblemata des Reiches geschmückt ist. An seiner Seite sind links von ihm sein Bruder, König Ferdinand, rechts der päpstliche Legat, Kardinal Lorenzo Campeggio, platziert. Im Vordergrund ist die kaiserliche Dogge zu sehen, die von einem Hofzwerg gehalten wird.

Das Bild wurde erst Ende des 17. Jahrhunderts angefertigt, zeitgenössische Darstellungen des zentralen Ereignisses der deutschen Reformation sind nicht erhalten. Dem Maler geht es weniger um eine detailgenaue, historisch getreue Wiedergabe des Geschehens, sondern vielmehr um die demonstrative Zurschaustellung der Einheit und Einmütigkeit der Reformationsanhänger. Schon auf dem Augsburger Reichstag 1530 zeichnete sich nämlich ab, dass die Einheit der von Martin Luther ausgelösten evangelischen Bewegung gefährdet war. Die vier oberdeutschen Reichsstädte Straßburg, Memmingen, Konstanz und Lindau legten mit der *Confessio Tetrapolitana* (Vierstädte-Bekenntnis) ein eigenes Bekenntnis vor. Schließlich rechtfertigte auch der Schweizer Reformator Huldrych Zwingli mit der *fidei ratio* (Rechtfertigung des Glaubens) seine Lehre. Die Spaltung der neuen Bewegung konnte trotz intensiver theologischer und politischer Anstrengungen ebenso wenig verhindert werden wie die Trennung von der alten Kirche. Nicht friedliche Koexistenz, sondern gewaltbereite Auseinandersetzung bestimmte den Umgang der Konfessionen miteinander.

5.1 **Martin Luther und die alte Kirche**
5.2 **Reichstag und Reformation**
5.3 **Reformation der Fürsten, Städte und Gemeinden**
5.4 **Reformationskriege und Religionsfriede**

5.1 Martin Luther und die alte Kirche

Die Lage der Kirche zu Beginn der Reformationszeit stellte sich ambivalent dar. Einerseits herrschte ein ungeheurer Reformbedarf angesichts der schlimmen Missstände im Klerus, den vor allem die protestantische Historiografie lange Zeit betont hat, andererseits hob die katholische Forschung den Reichtum der spätmittelalterlichen Frömmigkeit hervor, der erst durch die Reformation zerstört worden sei. Wenn nach einer Reform der Kirche an Haupt und Gliedern gerufen wurde, so war dies durchaus wörtlich zu verstehen. Die Kirchenkritik im späten Mittelalter und der Frühen Neuzeit zielte vor allem auf die weltliche Herrschaft des Papsttums und die Verweltlichung und Amoralisierung in der Lebensführung und Amtsauffassung des Kirchenoberhaupts. Päpste wie Alexander VI. (1492–1503) oder Leo X. (1513–21), die als Territorialherren in Italien eine ausgedehnte Macht- und Kriegspolitik betrieben und ein skandalöses Privatleben führten, gerieten in das kritische Blickfeld nicht nur von Anhängern der Reformation, sondern weit darüber hinaus. Selbst Humanisten wie Erasmus von Rotterdam, die fest bei der alten Kirche verharrten, übten beißenden Spott gegen den römischen Stuhl und seine Verfehlungen.

Reformbedarf

Kirchenkritik

Der Fiskalismus der Kurie war ein weiterer Stein des Anstoßes. Die Unverhältnismäßigkeit der kirchlichen Geldforderungen führte zum Vorwurf der hemmungslosen Ausbeuterei. Gebühren zur Erlangung und Bestätigung geistlicher Ämter (Palliengelder) oder zur Befreiung von Bestimmungen des Kirchenrechts (Dispens) sowie der Anspruch auf das Einkommen des ersten Amtsjahres eines neu gewählten Bischofs (Annaten) waren an der Tagesordnung und bestimmten das Finanzgebaren der Kurie. Im hohen und niederen Klerus stand oftmals weniger das geistliche Amt als vielmehr die Versorgung mit einem kirchlichen Einkommen im Vordergrund. Die Inhaber von Pfründen (kirchlichen Ämtern, Einkünften) verfügten in der Regel nur über eine mangelhafte theologische Ausbildung und ließen sich oftmals durch gering bezahlte und schlecht motivierte Vikare vertreten. Die Reichskirche diente als eine Versorgungsanstalt für die nachgeborenen Söhne des Adels. Weil in erster Linie das standesgemäße Auskommen für das Einschlagen einer kirchlichen Karriere verantwortlich war, waren geistliche und moralische Defekte des Weltklerus wie der Ordensleute an der Tagesordnung: Die Lockerung der Klosterzucht, das Konkubinat der Geistlichen, Geldforderungen des Pfarrklerus und eine oft beklagte Trunk- und Rauflust der Geistlichen bestimmten so das äußere Erscheinungsbild der Kirche.

Fiskalismus der Kurie

Reformansätze — Daneben gab es schon vor dem Auftreten Luthers einzelne Reformansätze. Die Observantenzweige der Bettelorden verpflichteten sich auf die uneingeschränkte Einhaltung der ursprünglichen Ordensregeln. Die Reformkongregationen der Benediktiner und Augustinerchorherren trugen ebenso den Geist eines erneuerten kirchlichen Lebens in sich wie die Frömmigkeitsbewegung der Brüder vom gemeinsamen Leben. Daneben führten reformfreudige Landesherren und städtische Obrigkeiten oft gegen den Willen des Klerus kirchliche Erneuerungsmaßnahmen durch. Dennoch bildeten intakte kirchliche Verhältnisse selbst nach dem Maßstab der mittelalterlichen Kirche die Ausnahme. Dies wurde umso gravierender empfunden, als viele Menschen von einer lebhaften Frömmigkeit beseelt waren, die in der Vermehrung der Gottesdienste, insbesondere der Seelenmessen zugunsten Verstorbener, in Marien- und Heiligenandachten, Wallfahrten und anderen Formen der Volksfrömmigkeit zum Ausdruck kam. Die Nachfrage nach den Gnadenschätzen der Kirche führte zu einem Aufblühen des Heiligen- und Reliquienkults in ungekanntem Ausmaß. Dies erklärt unter anderem den Erfolg der spätmittelalterlichen Ablasskampagnen.

Ablass — Trotz der vielfältigen Kritikpunkte entwickelt sich die Reformation Luthers aus einem Einzelproblem: dem Ablass. Ablass bezeichnet den Nachlass der zeitlichen Sündenstrafen im Jenseits, die nach spätmittelalterlicher Praxis durch Geldzahlungen abgegolten werden konnten. So entstand der Eindruck, das Seelenheil könne mit Geld erkauft werden. Ein konkreter Einzelfall wurde zum Auslöser für die Reformation Martin Luthers. Albrecht von Brandenburg, der schon Erzbischof von Magdeburg und Administrator von Halberstadt war, wollte sich auch noch zum Erzbischof von Mainz wählen lassen. Da er nicht über genügend Geldmittel verfügte, um den nötigen päpstlichen Dispens für diese Bistumskumulation zu erwerben, schlug ihm die Kurie vor, in seinen Gebieten den sogenannten Petersablass zu verkünden, dessen Einkünfte zum Bau des neuen Petersdomes in Rom dienten. Das Geld wurde ihm von der Bankiersfamilie Fugger vorgestreckt und sollte von Ablasspredigern eingetrieben werden, die mit einem Beauftragten des Hauses Fugger durch die Lande zogen. Insbesondere der Dominikanermönch Johann Tetzel erweckte dabei den Eindruck, dass nicht mehr das Seelenheil der Menschen, sondern der Geldgewinn im Vordergrund des kirchlichen Interesses stehe. Wenn auch viele Aussagen, die man Tetzel zuschreibt, wahrscheinlich übertrieben sind, so dürfte der Satz „Wenn das Geld im Kasten klingt, die Seele aus dem Fegfeuer springt" seine Botschaft doch sinngemäß richtig wiedergeben.

Als Theologieprofessor kam Martin Luther mit dem Problem in Berührung, da Wittenberg in unmittelbarer Nachbarschaft der erzstiftisch magdeburgischen Territorien lag und seine Beichtkinder ihn mit dem Problem konfrontierten. So handelte Luther als Seelsorger wie als akademischer Lehrer, indem er 1517 in 95 Thesen die kirchliche Ablasspraxis scharf angriff. Ob er diese Thesen durch einen Anschlag an die Wittenberger Schlosskirche bekannt machte, ist jedoch in der Forschung umstritten, seit der Kirchenhistoriker Erwin Iserloh 1964 den Thesenanschlag mit gewichtigen Argumenten infrage stellte (Iserloh 1968). Luther selbst erwähnt den Thesenanschlag in seinem umfangreichen Schrifttum kein einziges Mal, zu Luthers Lebzeiten berichtet auch kein Zeitgenosse davon. Erst durch eine Mitteilung Melanchthons, der allerdings 1517 nicht in Wittenberg war, wurde der Thesenanschlag zu einem festen Bestandteil der Reformationsgeschichte. Historisch gesichert sind dagegen die Schreiben Luthers an die zuständigen Bischöfe von Magdeburg und Brandenburg, in denen er um die Abstellung der Missstände bat und denen er zur Erläuterung seine Thesen beilegte. Die Angelegenheit entfaltete sehr schnell eine Eigendynamik, weil Augsburger Humanisten die Thesen vervielfältigten und druckten.

Ebenso rasch handelten die Gegner Luthers, vor allem die Dominikaner, die den Ketzerprozess in Rom in Gang setzten und seine kirchliche Verurteilung betrieben. Doch kam der Ketzerprozess zunächst nur schleppend voran, da die Kurie im Kampf um die Kaiserkrone in Deutschland auf Friedrich den Weisen, den Landesherrn Luthers, setzte. Der Konflikt spitzte sich jedoch zu, da Luther in einer Anhörung vor dem päpstlichen Legaten Cajetan 1518 in Augsburg und bei der Leipziger Disputation – einem theologischen Streitgespräch – mit dem Ingolstädter Theologieprofessor Johannes Eck 1519 zunächst die Autorität des Papstes und schließlich auch der kirchlichen Konzilien infrage stellte. Es gelang Eck, Luther in die Nähe von Jan Hus zu rücken, der bereits von der Kirche auf dem Konstanzer Konzil als Ketzer verurteilt und auf dem Scheiterhaufen verbrannt worden war. Gerade die Leipziger Disputation zeigte, dass Luthers theologische Kritik keineswegs bloß einige fragwürdige Ablasstheorien und Ablasspraktiken der Zeit betraf, sondern auf die Bestreitung von Grundprinzipien der mittelalterlichen Theologie und Kirche hinauslief.

In den folgenden zwei Jahren arbeitete Luther seine Positionen gegenüber der alten Kirche umfassend aus. Den auch publizistisch wirksamsten Niederschlag dieser Arbeit bildeten drei große Traktate des Jahres 1520: *An den christlichen Adel deutscher Nation von eines christlichen Standes Besserung, De captivitate Babylonica eccle-*

siae (Von der babylonischen Gefangenschaft der Kirche) und *Von der Freiheit eines Christenmenschen*. In diesen Schriften sind die Grundlagen der Theologie Luthers verankert. Im Zentrum steht seine Rechtfertigungslehre, welche die Gerechtigkeit Gottes nicht mehr als eine strafende, sondern als eine seligmachende sieht. Es ist die Gnade Gottes, und nur sie allein, die den Menschen gerecht macht (*sola gratia*). Der Mensch kann sie nur im Glauben annehmen (*sola fide*), aber sich nicht durch gute Werke die Seligkeit verdienen. Messopfer und Fürbitte der Heiligen sind deshalb ebenso nutzlos wie alle Versuche der Christen, durch Wallfahrten, Ablässe oder Bußübungen sich in den Himmel gleichsam einkaufen zu wollen.

Sola scriptura

Grundlage des Glaubens ist für Luther allein die Heilige Schrift (*sola scriptura*), nicht die Tradition der Kirche, wie sie sich vor allem in den Fehlentwicklungen der römischen Kirche zeige. Denn Papst und Konzilien können sich seiner Meinung nach irren, wie nicht zuletzt der Fall Jan Hus gezeigt habe. Von den sieben Sakramenten der alten Kirche werden lediglich die Taufe und das Abendmahl von Luther noch als schriftgemäß anerkannt, weil sie auf einen direkten Einsetzungsbefehl Jesu Christi zurückgingen, nicht jedoch Buße, Firmung, Priesterweihe, Ehe und Krankensalbung. Im Übrigen forderte Luther in der Orientierung an den biblisch bezeugten Einsetzungsworten Jesu die Freigabe des Laienkelchs beim Abendmahl. Damit waren die sakramentalen Grundlagen der kirchlichen Hierarchie infrage gestellt. Darüber hinaus aber und vor allem plädierte Luther für eine grundlegende Revision des Verhältnisses von Klerus und Laien mit der Propagierung des allgemeinen Priestertums aller Gläubigen.

Päpstlicher Bann

Am 15. Juni 1520 kam der Ketzerprozess in Rom zum Abschluss. Die päpstliche Bulle *Exsurge Domine* (Erhebe dich, Herr) verurteilte 41 wörtlich zitierte Sätze aus Luthers Schriften und forderte ihren Widerruf. Die Bannandrohung beantworteten Luthers Studenten mit einer Verbrennung der päpstlichen Dekretalien (Gesetzesbücher) vor den Toren Wittenbergs, wobei Luther auch die Bannandrohungsbulle ins Feuer warf. So erfolgte am 3. Januar 1521 dann die endgültige Bannbulle *Decet Romanum Pontificem* (Es ist dem römischen Pontifex erlaubt), mit der die Exkommunikation Luthers vollzogen wurde.

5.2 Reichstag und Reformation

Dem kirchlichen Bann hätte die weltliche Verurteilung zur Reichsacht und deren Vollstreckung folgen sollen. Doch dazu kam es nicht. Luther wurde nicht für vogelfrei erklärt, weil sich die Reichsstände das in Luther personifizierte Potenzial der Kirchenreform nicht nehmen lassen wollten und weil die Luthersache zu einem Kräftemessen in der Auseinandersetzung zwischen Kaiser und Reichsständen wurde. Auf den 19 Reichstagen zwischen 1521 und 1555 wurde die Glaubensfrage neben Reichssteuer und Türkenhilfe zum zentralen Verhandlungsgegenstand. Dass der Reichstag sich inhaltlich mit der Lutherfrage befasste, war ein revolutionärer Akt, da dem weltlichen Arm gegenüber dem gebannten Ketzer Luther eigentlich nur die Exekution bleiben konnte. Der Reichstag hat mit dem Aufgreifen der Reformationsfragen in hohem Maße zu ihrer Politisierung und damit zu ihrer Rettung beigetragen.

Die Reichsstände und Luther

So kam es auf dem ersten Reichstag, den Karl V. 1521 nach Worms einberief, zur weltgeschichtlichen Begegnung zwischen Kaiser und Mönch. Dies war keine Begegnung, die auf Augenhöhe stattfand, sondern in der der Kaiser den der Häresie (Abweichung von der offiziellen Lehrmeinung der Kirche) verdächtigen Professor aus Wittenberg in seinem Privatquartier einem Verhör unterzog. Luther hatte zwar freies Geleit, jedoch nicht die Möglichkeit zu einer theologischen Disputation auf dem Reichstag erhalten. Da Luther auf dem Reichstag letztlich zu einem Widerruf seiner als häretisch angesehenen Aussagen nicht zu bewegen war, stand am Ende des Reichstags das Wormser Edikt, das Luther in die Reichsacht erklärte. Bis 1532 sollte es die Grundlage der Religionsfrage auf dem Reichstag bilden, das sich in der Praxis allerdings als wenig wirksam erwies (Kohnle 2001). Denn schon auf dem Rückweg von Worms wurde Luther zu seiner eigenen Sicherheit auf die Wartburg „entführt", wo er im Schutz seines Landesherrn die Übersetzung der Heiligen Schrift in Angriff nahm.

Wormser Reichstag 1521

Ungeachtet des Wormser Edikts schlossen sich bereits in den 1520er-Jahren zahlreiche Reichsstände der Reformation an. Diese evangelisch gesinnten Stände setzten auf einen Ausgleich in der Glaubensfrage, den ein Nationalkonzil herbeiführen sollte. Der 1526 zu Speyer abgehaltene Reichstag endete mit einem Abschied (Beschluss), der die Berufung eines Generalkonzils oder wenigstens einer Nationalversammlung binnen eines Jahres, höchstens anderthalb Jahren forderte. Für die Zeit bis zum Konzil prägten die Stände die Formulierung, es mit der Ausführung des Wormser Edikts so zu halten, „wie ein jeder solches gegen Gott und kaiserliche Majestät hoffet und vertraut zu verantworten" – eine Verlegenheitsformulierung, die den Ständen nach der Intention der altgläubigen Mehrheit des Reichstags zwar kein Reformationsrecht zusprach, von reformationswilligen Fürsten aber tatsächlich in diesem Sinne interpretiert wurde.

Speyrer Reichstag 1526

Speyrer Reichstag 1529

Unter dem Eindruck der Glaubensfrage stand auch der zweite Speyrer Reichstag von 1529. Nach der Vorstellung König Ferdinands, der als Statthalter des Kaisers fungierte, sollten Türkenhilfe, Glaubensfrage und Unterhaltung der Reichsbehörden beraten werden. Eingriffe in den Glauben, in geistliche und weltliche Obrigkeiten, Güter und altes Herkommen wurden bis zum Konzil verboten. Der Glaubensartikel des letzten Speyrer Reichstags wurde mit der Begründung, er sei willkürlich ausgelegt worden, für aufgehoben erklärt. Die Reichstagsmehrheit stimmte dieser Forderung zu. Gegen dieses Verfahren wandten sich fünf Fürsten und vierzehn Reichsstädte in einem offenen Protest, dass in Dingen, die Gottes Ehre und das Seelenheil angingen, Mehrheitsentscheidungen nicht bindend sein können: Kurfürst Johann Friedrich von Sachsen, Landgraf Philipp von Hessen, Wolfgang von Anhalt, Georg der Fromme von Brandenburg-Ansbach und Ernst von Braunschweig-Lüneburg gaben als Protestanten der neuen Bewegung ihren Namen. Die protestierenden Fürsten hatten nicht nur ihren Rechtsstandpunkt gewahrt, sondern zugleich erreicht, dass die Reichstagsmehrheit auf die Exekution ihrer Beschlüsse verzichtete.

Augsburger Reichstag 1530

Der Augsburger Reichstag von 1530 sah zum ersten Mal seit 1521 wieder Kaiser Karl V. anwesend. Die Stände rückten sogleich die Glaubensfrage in den Mittelpunkt. Gemäß der Aufforderung der kaiserlichen Proposition, dass jede Seite ihre Meinung schriftlich einreichen sollte, übergab der Kurfürst von Sachsen das von Philipp Melanchthon verfasste Augsburger Bekenntnis, das im Grundton irenisch (friedliebend) gehalten war, weil es nicht nur die Unterschiede zur alten Kirche, sondern vor allem die Gemeinsamkeiten mit ihr betonte. Um die Akzeptanz des Kaisers zu erhalten, wollte er zeigen, dass die neue Glaubensrichtung keine Abkehr von der alten Kirche darstelle. So hat Melanchthon in der *Confessio Augustana* besonders kontroverse Positionen wie den päpstlichen Primat oder den Opfercharakter der Messfeier erst gar nicht erwähnt. Dennoch antwortete die katholische Seite darauf scharf: mit der *Confutatio*, der Verurteilung des Augsburger Bekenntnisses, die im Namen des Kaisers verlesen wurde.

Spaltung der Reformation

Für die Protestanten kam erschwerend hinzu, dass auf dem Augsburger Reichstag die drohende Spaltung der Reformationsbewegung offen zutage trat. Das oberdeutsche Bekenntnis der *Confessio Tetrapolitana* orientierte sich am Abendmahlsverständnis des Schweizer Reformators Huldrych Zwingli, der in den 1520er-Jahren in Zürich mit der kirchlichen Neuordnung begonnen hatte. Obwohl die zwinglianische Reformation viele Übereinstimmungen etwa in der Rechtfertigungslehre mit Luther aufwies, so wurden doch bemerkenswerte Unterschiede deutlich, insbesondere im Abendmahlsverständnis. Hatte Luther an der Realpräsenz Christi beim Abendmahl festgehalten, so sahen die Schweizer in Brot und Wein nur mehr Symbole des eigentlichen geistigen Gehalts des Sakraments. Liturgie und Gottesdienst erfuhren eine sehr viel rationalere Ausrichtung, alle überflüssigen Kultgegenstände sollten aus den Kirchen entfernt werden, was vielerorts zu spektakulären Bilderstürmen in den Kirchen und zur Entfernung von Heiligenstatuen und Kultobjekten führte. Sehr viel stärker als bei Luther wurde die Gemeinde zum Träger des neuen Kirchenwesens und übernahm zentrale Funktionen bei der Ehe- und Sittenkontrolle. Doch wurden die Zwinglianer wegen ihrer Abendmahlslehre von den Lutheranern verächtlich als Sakramentierer abgestempelt. Um der drohenden Spaltung der Reformationsbewegung zuvorzukommen, hatte Landgraf Philipp von Hessen 1529 in Marburg ein Religionsgespräch zwischen den führenden Theologen der Wittenberger und Züricher Richtung einberufen. Doch trotz des politischen Drucks war eine Einigung im Abendmahlsstreit nicht gelungen.

Abendmahls-
verständnis

Auch zwischen altgläubiger und protestantischer Seite scheiterten 1530 letztlich alle Versuche zur Annäherung der Standpunkte in theologischer wie politischer Hinsicht. Karl V. legte den Entwurf eines Abschieds in der Glaubensfrage vor, der das Augsburger Bekenntnis für widerlegt erklärte und den Evangelischen ein halbes Jahr Bedenkzeit einräumte, um sich in den strittigen Punkten der Mehrheit anzuschließen. Bis dahin sollten Druck und Verkauf von Schriften in der Glaubenssache verboten sein; fremde Untertanen durften nicht zum neuen Glauben gebracht, die Religionsausübung katholischer Untertanen in evangelischen Gebieten nicht behindert werden. Der Kaiser sagte zu, sich um die baldige Abhaltung eines Konzils zu bemühen. Angesichts der drohenden Türkengefahr musste Karl V. jedoch Zugeständnisse machen; er konnte die Glaubenseinheit nicht mit Gewalt erzwingen. Die Anstände (Friedensregelungen) von Nürnberg 1532 und Frankfurt 1539 orientierten sich an der zeitlich befristeten Aufhebung des Wormser Edikts und wiesen den Weg zum Religionsfrieden. Dennoch stellte sich für die Protestanten die Situation 1530 bedrohlich dar. Der Reichsabschied kam einer Verurteilung der Evangelischen gleich, sodass auch ein Religionskrieg nicht ausgeschlossen schien. Zur Stärkung ihrer Position gingen die evangelischen Fürsten am 31. Dezember 1530 ein Defensivbündnis unter Führung Kursachsens und Hessens ein. Diesem – nach dem

Scheitern der
Verständigung

Tagungsort Schmalkalden benannten – ersten Konfessionsbündnis im Reich traten in der Folge die Mehrzahl der evangelischen Stände und Städte bei (Haug-Moritz 2002).

5.3 Reformation der Fürsten, Städte und Gemeinden

Die reformatorische Bewegung war zunächst in erster Linie eine Predigtbewegung, die von den neuen Möglichkeiten der Kommunikation in der Frühen Neuzeit (→ ASB KELLER, KAPITEL 8) profitierte. Zahlreiche Flugschriften und Predigttexte überschwemmten das Land und sorgten für eine weite Verbreitung der neuen Ideen. In den Anfangsjahren stellte sich die Reformation als eine Volksbewegung dar, die vor allem in den Städten, bei den Reichsrittern und in der bäuerlichen Bevölkerung Anklang fand. Gerade in den Reichsstädten fiel die Reformation auf fruchtbaren Boden (Moeller 1962), der große Erfolg in den Städten hat sogar zu ihrer Charakterisierung als eines *urban event* geführt (Dickens 1974, S. 182). Unter dem Druck der Zünfte stellten sich die Magistrate der Städte in der Regel an die Spitze der Reformationsbewegung, um sie zu kanalisieren, zu steuern und in geordnete Bahnen zu lenken. Lavierend zwischen der Rücksichtnahme auf den Kaiser als dem eigentlichen Stadtherrn und dem Druck der reformatorisch gesinnten Gemeinde bewegte sich die Politik der reichsstädtischen Magistrate auf einer schmalen Gratwanderung. Die Messfeier wurde vorsichtig umgestaltet hin zu einem lutherischen Predigtgottesdienst, in dessen Zentrum die Verkündigung des Evangeliums und die Predigt in der Landessprache standen. Doch wandte sich die Mehrzahl der Reichsstädte der Reformation zu und konnte ihr Bekenntnis auch über die Stürme der Reformationszeit hinweg retten.

Stadtreformation

Weniger Erfolg hatten die Ritter und Bauern, die zu den ersten Anhängern Luthers gehörten, aber empfindliche Niederlagen gegen das Territorialfürstentum einstecken mussten. Auf ritterschaftlichen Besitzungen entstanden die ersten evangelischen Gemeindebildungen; Reichsritter wie Ulrich von Hutten oder Franz von Sickingen gehörten zu den glühendsten Verteidigern Luthers. Im Ritterkrieg 1522 / 23 unterlagen sie jedoch den fürstlichen Heeren ebenso wie die Bauern 1525 im Bauernkrieg. Damit war auch die Gemeindereformation als ernsthafte Alternative an ihr Ende gekommen. Auf dörflicher Ebene war zuvor das kommunale Prinzip auch auf die Erneuerung der

Ritter und Bauern

Kirche bezogen worden, wenn Gemeinden die Wahl des Bekenntnisses und die Einsetzung evangelischer Pfarrer gefordert hatten (Blickle 1987). Die genossenschaftlich-gemeindliche Idee des Kommunalismus (→ KAPITEL 2.3) wurde damit auch in der Religionsfrage vom Fürstenstaat ausgehebelt. Zu den Verlierern zählten unter anderem die Täufer, die als eine Splitterbewegung der Reformation die Erwachsenentaufe postulierten und ein neues Gottesreich auf Erden ankündigten. Ihre spektakuläre Herrschaft in Münster 1534 war nur von kurzer Dauer, bevor sie von katholischen und evangelischen Fürsten blutig niedergeschlagen wurde (Klötzer 1992).

Auf landesfürstlicher Ebene sollte sich der entscheidende Ausbau des evangelischen Kirchenwesens im Reich vollziehen, und zwar in Form der Fürstenreformation. Schon im Laufe des Spätmittelalters war es in den stärker ausgebildeten Territorien zu einer nachhaltigen Einflussnahme der Fürsten bei der Besetzung von Pfründen und der Durchführung von Klosterreformen gekommen. Freilich standen dem die diözesanen Rechte der Erzbischöfe und Bischöfe sowie die Selbstständigkeit mancher Stifte und Klöster entgegen, die als reichsunmittelbare Stände eigene Territorien auszubilden vermochten. Das Obrigkeitsdenken Luthers kam dem Bestreben der Fürsten entgegen, weil der Reformator schon sehr früh auf den funktionierenden Landesstaat als Träger der kirchlichen Reform gesetzt hatte. Aus der Einsicht, dass eine die einzelnen Gemeinden übergreifende Ordnung den Verwaltungsapparat der weltlichen Obrigkeit braucht, entwickelte Luther die Konzeption vom fürstlichen Landesherrn als Notbischof. Auf Dauer wurde so der Landesherr zum obersten Bischof (Summepiskopat), der alle kirchlichen Rechte in seiner Hand vereinigte und für die Organisation des Kirchenwesens in seinem Territorium verantwortlich war. Die protestantischen Kirchenordnungen der evangelischen Fürsten und Obrigkeiten regelten das Schul- und Bildungswesen ebenso wie die Armenversorgung und die Pfarrbesoldung. Alle kirchlichen Pfründen, Klostergüter und Stiftungen wurden zugunsten der fürstlichen Finanzen eingezogen und in einem „gemeinen Kasten" angelegt, aus dem die kirchlichen Ausgaben bestritten wurden. Konkurrierende Ansprüche der zuständigen Bischöfe wurden sukzessive und systematisch verdrängt.

Fürstenreformation

Seit der Mitte der 1530er-Jahre befand sich das Reich in einer Phase der schnellen Ausbreitung der Reformation in fürstlichen Territorien (Brendle 1998, S. 335). 1534 gingen Württemberg und Pommern zum neuen Glauben über, mit Kurbrandenburg und dem Herzogtum Sachsen fielen 1539 wichtige Säulen der alten Kirche.

Ausbreitung der Reformation

Pfalzgraf Ottheinrich von Pfalz-Neuburg demonstrierte auf dem Regensburger Reichstag 1541 gleichfalls seine protestantische Gesinnung, das Fürstentum Braunschweig-Calenberg wurde nach dem Tod Herzog Erichs I. 1540 von dessen Witwe kontinuierlich der Reformation zugeführt, ebenso wurde den klevischen Herzögen eine evangelische Gesinnung nachgesagt. Im Reich herrschte für die Ausbreitung der Reformation ein günstiges Klima, es entstand der Eindruck, als ob alle Dämme gebrochen wären, als hätte die Reformation endgültig ihren Durchbruch erreicht.

5.4 Reformationskriege und Religionsfriede

Offensives Vorgehen Karls V.

Der unaufhaltsam scheinende Fortgang der Reformation mag ein Grund dafür gewesen sein, dass der Kaiser sich zu einem offensiven, gewaltsamen Vorgehen gegen die Protestanten entschloss. Mitte der 1540er-Jahre schienen die Voraussetzungen dafür günstig zu sein. Denn Karl V. hatte im Frieden von Crépy 1544 den letzten Krieg mit Frankreich siegreich beendet und die Unterstützung des französischen Königs und des Papstes für den Protestantenkrieg erhalten. Der politische Kopf der deutschen Protestanten, Landgraf Philipp von Hessen (1504–67), war gleichzeitig selbst bei den eigenen Glaubensgenossen durch eine Bigamieaffäre diskreditiert. Zudem gelang es dem Kaiser, nicht nur die katholischen Reichsstände, sondern auch Herzog Moritz von Sachsen für sich zu gewinnen. Das Angebot der sächsischen Kurwürde war für diesen verlockender als konfessionelle Solidarität.

Schmalkaldischer Krieg 1546/47

Karl V. vermied es sorgfältig, sein militärisches Vorgehen gegen die Protestanten im Schmalkaldischen Krieg 1546/47 als einen Religionskrieg gegen Ketzer darzustellen. Ohne Zweifel war für Karl V. der wahre Kriegsgrund die Glaubensfrage. Nach dem Scheitern der Religionsgespräche auf dem Reichstag von Regensburg 1541 wollte er die Glaubensfrage mit militärischer Gewalt lösen. Aber der „Glaubenskrieg" durfte nicht als solcher erscheinen. Karls Vorgehen gegen die Schmalkaldener sollte ein Krieg zur Landfriedenswahrung sein, weil Herzog Heinrich von Braunschweig-Wolfenbüttel 1542 vom sächsischen Kurfürsten und Landgrafen Philipp von Hessen aus dem Land vertrieben worden war. Doch auch von protestantischer Seite war die Möglichkeit einer kriegerischen Lösung von Glaubensstreitigkeiten bewusst wahrgenommen worden. Diese „Reformationskriege" wurden von den protestantischen Reichsständen offensiv als

Religions- und Reformationskriege

Religionskriege geführt, um das Anliegen der Reformation voranzubringen. Die religiösen Motive, nämlich der Erhalt und die Ausbreitung der Reformation, hatten eine Hauptrolle bei der Rückführung des protestantischen Herzogs Ulrich nach Württemberg 1534 und dem Konflikt um Braunschweig-Wolfenbüttel 1542 gespielt (Brendle 2010b). In den offiziellen Verlautbarungen standen allerdings die Fragen der fürstlichen Libertät und der Reputation des Reichsfürstenstandes im Vordergrund der Argumentation, auch hier wurden die wahren Kriegsgründe dissimuliert (verschleiert).

Der Schmalkaldische Krieg 1546/47 endete mit einem überwältigenden Sieg des Kaisers; Karl V. befand sich auf dem Höhepunkt seiner Macht. Auf dem sogenannten Geharnischten Reichstag von Augsburg 1548 scheiterte der Kaiser jedoch mit seinem Plan, das Reich in einen strafferen und zentralistischer organisierten Bund umzuwandeln, am Widerstand der Reichsstände, auch der katholischen. Das Interim als eine Art kaiserliche Zwischenreligion bis zur Entscheidung eines Konzils gestand den Evangelischen bis zur Entscheidung durch das Generalkonzil Laienkelch und Priesterehe zu, machte aber die bischöfliche Jurisdiktion, die katholische Ekklesiologie (Lehre von der Kirche) und den traditionellen Frömmigkeitsapparat wieder verbindlich. Die geistlichen Reichsstände verpflichtete Karl V. in der *Formula reformationis* zu Reformmaßnahmen.

> Geharnischter Reichstag 1548

Gegen die unumschränkte kaiserliche Machtstellung wandte sich der Fürstenaufstand unter Führung des Kurfürsten Moritz von Sachsen, der im Passauer Vertrag 1552 ein Ende fand. Trotz des Widerstandes Karls V. verhandelten unter der Führung des römischen Königs Ferdinand nicht nur die protestierenden, sondern auch zahlreiche neutrale Fürsten, geistliche wie weltliche, um eine endgültige Beilegung der strittigen Religionsangelegenheit.

> Fürstenaufstand

Für den Verlauf der Passauer Verhandlungen wurde die Haltung König Ferdinands (1503–64) besonders wichtig. Seine Interessen galten nun vorrangig der Sicherung Ungarns und der österreichischen Erblande; dafür aber bedurfte es des Friedens im Reich. Dass dieses Ziel dauerhaft nur erreicht werden könnte, wenn das Reich selbst verbindlich auf jede Anwendung von Gewalt zur Wiederherstellung der kirchlichen Einheit verzichtete, war ihm bewusst, und er war bereit, daraus auch die politischen Konsequenzen zu ziehen. Dahinter stand ein sehr grundsätzlicher Überzeugungswandel: Im Gegensatz nämlich zu Karl V. fühlte sich Ferdinand spätestens seit 1552 nicht mehr an das traditionelle Ketzerrecht von Kirche und Reich gebunden. Er schuf einen politischen Grundkonsens mit der Mehrheit der

> König Ferdinand

Reichsstände, der stark genug war, um – auch gegen den Willen des Kaisers – den Religionsfrieden zu tragen. Am 23. Juni 1552 wurde man sich in Passau darüber einig, dass katholische und evangelische Reichsstände gegenseitig ihre konfessionellen Besitzstände anerkennen und darauf verzichten sollten, einander wegen der Religion künftig in irgendeiner Weise zu beschweren oder gar mit Krieg zu überziehen (Passauer Vertrag). Bereits der nächste Reichstag sollte darüber hinaus einen neuen Anlauf zu einem Vergleich in der Glaubensfrage selbst unternehmen. Dazu erteilte Karl V. seinem Bruder Ferdinand weitgehende Vollmachten, weil er selbst nicht daran teilnehmen und unausweichlich scheinende Zugeständnisse an die Protestanten bewilligen wollte.

Passauer Vertrag

An den Passauer Vertrag konnte der Augsburger Religionsfrieden anknüpfen, der mit der reichsrechtlichen Anerkennung des Augsburger Bekenntnisses und dem Schutz des Landfriedens für Katholiken und Lutheraner einen gewissen Abschluss der deutschen Reformation bedeutete. Der Religionsausgleich zwischen Katholiken und Lutheranern wurde als Teil des vom Augsburger Reichstag erneuerten Wormser Landfriedens zum Reichsgesetz erklärt und unterlag jetzt bei Ausklammerung der theologischen Wahrheitsfrage der Rechtsgarantie der Reichsinstitutionen, also des Reichstags, der Reichskreise und der obersten Gerichtsbarkeit von Reichskammergericht und Reichshofrat (→ KAPITEL 4.2). Das Friedenswerk von 1555 gab eine rechtlich-politische Friedensgarantie, die weder die kirchlich-theologische Auseinandersetzung beendete noch den Absolutheitsanspruch der jeweiligen religiösen Partei berührte. Diese staatskirchenrechtliche Ordnung hatte sich bereits auf den Reichstagen der Reformationszeit angekündigt und sich seitdem immer deutlicher als einzig tragfähiger Rahmen eines politischen Friedens zwischen den Konfessionen im Reich herauskristallisiert.

Augsburger Religionsfrieden

Der Augsburger Reichstag regelte die Religionsproblematik vor allem im Interesse der weltlichen Fürsten. Allen erbfürstlichen Inhabern von Landesherrschaft wurde das *ius reformandi* zugesichert, das heißt die Entscheidung über die in den Kirchen des Territoriums zu befolgende Konfession. Ein halbes Jahrhundert später wurde diese Regelung von dem Greifswalder Universitätsjuristen Joachim Stephani mit der berühmten Formel *cuius regio, eius religio* (wessen Land, dessen Religion) beschrieben. Eingeschränkt war das Reformationsrecht der weltlichen Fürsten dadurch, dass es nur für die Alte Kirche und die Anhänger der Augsburger Konfession galt, also nicht für die reformierten Schweizer und die Zwinglianer im Reich, geschweige

Ius reformandi

Cuius regio, eius religio

denn für die aus der radikalen Reformation hervorgegangenen religiösen Randgruppen, wie die Täufer und Schwenckfeldianer. Eine weitere Begrenzung des landesfürstlichen Religionsbannes stellte das Emigrationsrecht des Augsburger Reichsabschieds dar, das dem einzelnen Untertanen die Freiheit einräumte, bei einer von dem Landesfürsten abweichenden Glaubensüberzeugung auswandern zu dürfen – freilich nach der herkömmlichen Leistung aller Verpflichtungen gegenüber der bisherigen Landesherrschaft. War das landesherrliche Reformationsrecht ein Ausdruck territorialstaatlichen Zwangs, bildete demgegenüber das *ius emigrandi* ein Individualrecht, das als erstes allgemeines Grundrecht der deutschen Geschichte gilt (Heckel 2001, S. 48). Hinsichtlich des Besitzes der Kirchengüter sollte das Normaljahr 1552, also der Zeitpunkt des Abschlusses des Passauer Vertrags, gelten. Für die freien Reichsstädte waren die Bestimmungen des Augsburger Religionsfriedens jedoch uneindeutig. Eigentlich sollten sowohl Katholiken als auch Augsburger Konfessionsverwandte in ihnen das Recht zur öffentlichen Religionsausübung erhalten. Faktisch setzte sich jedoch der Obrigkeitsanspruch der reichsstädtischen Räte durch und begünstigte einen Konfessionszwang für die Bürgerschaft.

Ius emigrandi

Für die geistlichen Fürsten hatte Ferdinand in langwierigen Verhandlungen den sogenannten Geistlichen Vorbehalt (*reservatum ecclesiasticum*) durchzusetzen versucht. Die Protestanten wünschten jedoch die „Freistellung" im Sinne einer Gleichstellung der geistlichen Fürsten mit den weltlichen hinsichtlich des *ius reformandi*. Nachdem die protestantischen Reichsstände ihre Zustimmung zum Geistlichen Vorbehalt verweigert hatten, wurde er vom König aus eigener Machtvollkommenheit in den Reichsabschied gerückt. Er besagte, dass ein geistlicher Fürst für seine Person zwar den evangelischen Glauben annehmen dürfe, in diesem Fall aber auf sein Amt und seine Würden zu verzichten habe, damit das Domkapitel einen Mann alten Glaubens zum Bischof wählen könne. Die Protestanten empfanden es als keine ausreichende Kompensation, dass König Ferdinand ihnen in einer Nebenerklärung, der *Declaratio Ferdinandea*, zugestand, dass der Adel und die Städte in den geistlichen Territorien beim evangelischen Bekenntnis bleiben dürften. So zeichnete sich der Streit um die Auslegung schon in den Bestimmungen des Augsburger Religionsfriedens ab. Denn von protestantischer Seite wurde der Friedensschluss im Sinne einer grundsätzlichen Freiheit in Religionsangelegenheiten interpretiert, während viele Katholiken darin nur einige wenige Ausnahmen vom ansonsten weiterhin gültigen kanonischen Recht erblickten.

Geistlicher Vorbehalt

Auslegungen des Friedensschlusses

Fragen und Anregungen

- Beschreiben Sie den Zustand der spätmittelalterlichen Kirche.
- Warum hatte die Reformationsbewegung Martin Luthers Erfolg?
- Stellen Sie die unterschiedlichen Zugänge zur Reformation dar.
- Welche Rechte leiteten die Fürsten aus der Neuorganisation der Kirche ab?
- Erläutern Sie die Bestimmungen des Augsburger Religionsfriedens.

Lektüreempfehlungen

Quellen
- Heiko A. Oberman (Hg.): Die Kirche im Zeitalter der Reformation, Neukirchen-Vluyn 1981. *Schlüsseltexte zur Kirchen- und Reformationsgeschichte in europäischer Perspektive.*
- Martin Luther: An den christlichen Adel deutscher Nation von des christlichen Standes Besserung, in: Martin Luther Studienausgabe, hg. von Hans-Ulrich Delius, Band 2, Berlin 1982, S. 89–167.

Forschung
- Martin Brecht: Martin Luther, 3 Bände, Stuttgart 1986/90. *Umfassende wissenschaftliche Biografie Martin Luthers.*
- Erwin Iserloh: Luther zwischen Reform und Reformation. Der Thesenanschlag fand nicht statt, 3. Auflage Münster 1968. *Löste die Debatte um die Historizität des Thesenanschlags aus.*
- Armin Kohnle: Reichstag und Reformation. Kaiserliche und ständische Religionspolitik von den Anfängen der Causa Lutheri bis zum Nürnberger Religionsfrieden, Gütersloh 2001. *Umfassende Darstellung zur Behandlung des Wormser Edikts auf der Ebene des Reichs und der Territorien.*
- Anton Schindling/Walter Ziegler (Hg.): Die Territorien des Reichs im Zeitalter von Reformation und Konfessionalisierung. Land und Konfession 1500–1650, 7 Bände, 1./3. Auflage Münster 1989/97. *Überblicksdarstellungen zu den reformatorischen Bewegungen in den wichtigsten Territorien im Reich.*
- Heribert Smolinsky/Heinz Schilling (Hg.): Der Augsburger Religionsfrieden 1555, Münster 2007. *Sammelband aus Anlass des Jubiläums von 2005, der den neuesten Forschungsstand zu zahlreichen Aspekten des Religionsfriedens widerspiegelt.*

6 Kirche und Staat in Europa

Abbildung 6: François Dubois: *Le Massacre de la St-Barthelémy, (Die Bartholomäusnacht)* (1572–84)

Das Ölbild „Le Massacre de la Saint-Barthelémy" zeigt ein zentrales Ereignis der französischen Religionskriege: In der sogenannten Bartholomäusnacht zum 24. August 1572 wurden anlässlich der Hochzeit des protestantischen Königs Heinrich von Navarra mit seiner katholischen Gemahlin Margarethe von Valois die in Paris anwesenden Führer der Protestanten und ihre Anhänger ermordet. Das Bild versucht eine vollständige Darstellung der Ereignisse in Paris zu geben, wenngleich einzelne Szenen hervorgehoben werden, um die Schuldigen zu kennzeichnen. In der Mitte des Bildes wird Admiral Coligny, einer der Führer der Hugenotten, wie die französischen Protestanten genannt wurden, aus dem Fenster geworfen, enthauptet und schließlich auf der rechten Seite nackt aus der Stadt geschleift. Hinter seinem Leichnam haben sich die Häupter der katholischen Partei, die Herzöge von Guise, versammelt. In der linken Bildhälfte, vor dem Louvre, beugt sich die Königinmutter, Katharina von Medici, als eine weitere Hauptverantwortliche für die „Bluthochzeit", über eine Gruppe erschlagener Protestanten. Der Maler François Dubois wollte nicht nur eine vollständige Darstellung des grausamen Geschehens in Paris geben, sondern auch ein Erinnerungsbild für die Opfer der konfessionellen Auseinandersetzungen schaffen.

Wenngleich sich gerade in Frankreich die Religionskriege zwischen den verfeindeten Konfessionen über eine lange Dauer erstreckten und mit einer besonderen Schärfe ausgefochten wurden, so stellen sie doch im frühneuzeitlichen Europa keine Ausnahme dar. Vielmehr führte die Kirchenspaltung in zahlreichen Ländern Europas zu blutigen Religionskriegen. Da jede Konfession für sich in Anspruch nahm, den allein wahren und seligmachenden Glauben zu vertreten, wurden Gewalt und Krieg für die Durchsetzung des eigenen Standpunktes als legitim angesehen. Die Religionskriege endeten entweder mit der Durchsetzung einer Konfession, die dann den Charakter einer Staatsreligion annahm, oder der Etablierung von mehrkonfessionellen Gesellschaften. Dies beinhaltete jedoch lediglich die Duldung anderer Großkirchen, kein individuelles Religionsrecht. Erst mit der Aufklärung konnte sich der Gedanke der religiösen Toleranz auf breiter Front durchsetzen.

6.1 **Europäische Reformationen und Trienter Konzil**
6.2 **Monokonfessionalität in West- und Nordeuropa**
6.3 **Mehrkonfessionalität in Ostmitteleuropa**

6.1 Europäische Reformationen und Trienter Konzil

Reformationen gab es in vielen Ländern Europas am Beginn der Neuzeit. Das war eine Folge der Bewegungen, die – vom Heiligen Römischen Reich deutscher Nation ausgehend – verschiedene Regionen Europas erfassten, deren kirchlich-religiöses Leben einschneidend veränderten und Gesellschaft und Politik stark beeinflussten. Die im 16. Jahrhundert von Martin Luther, Huldrych Zwingli und Johannes Calvin initiierten Reformationen gaben Europa ein völlig neues religiöses Gesicht. Auf katholischer Seite spielten die Reformdekrete des Trienter Konzils (1545–63) eine ähnliche Rolle, indem sie zu einer Erneuerung der katholischen Kirche beitrugen. Wie die katholische Kirche, die auf ihrer Tradition beharrte, erhoben die aus der Reformation hervorgegangenen Kirchen ebenfalls den Anspruch, den allein wahren und seligmachenden Glauben zu verkünden.

<small>Reformationen in Europa</small>

Viele Männer lernten Luthers Lehre als Studenten oder Besucher in Wittenberg kennen und setzten sich später in ihrer Heimat für deren Verbreitung ein. Die größte Bedeutung erlangten indes seine Druckschriften. Sie waren das Kommunikationsmittel, das die Entfaltung der reformatorischen Bewegungen am nachhaltigsten beeinflusste. Der Straßburger Theologe Wolfgang Capito schrieb schon im Jahr 1519 an Luther, seine Schriften seien in Italien und Frankreich, in Spanien und England bekannt. Er hätte auch Böhmen, Polen und weitere Länder hinzufügen können. Über den deutschsprachigen Raum hinaus wirkten in erster Linie die lateinischen Texte, die von Theologen und Gelehrten zur Kenntnis genommen wurden. Wenn andere Kreise angesprochen werden sollten, bedurfte es der Vermittlung oder der Übersetzung in die Volkssprachen. So wurde die Bibelübersetzung in der Volkssprache nicht nur in Deutschland für die Entwicklung des Neuhochdeutschen wichtig, sondern sie trug auch in anderen Teilen Europas zur Ausbildung der Schriftsprache bei.

<small>Druckschriften</small>

Aus den konkurrierenden reformatorischen Strömungen gingen verschiedene evangelische Kirchen und Bekenntnisse hervor. Während sich der Protestantismus in Deutschland, Skandinavien und Teilen Osteuropas von Luther herleitet, ging der neue Glaube in Westeuropa in der Hauptsache auf Johannes Calvin (1509–64) zurück. Geprägt vom Straßburger Reformator Martin Bucer (1491–1551) hatte Calvin seit 1542 die Reformation in Genf vorangetrieben. Sein Abriss der christlichen Lehre *Institutio Christianae religionis* (Unterweisung in der christlichen Religion) von 1536 wurde zum Hauptwerk des Reformiertentums. Die reformierte Genfer Kirche gründete

<small>Johannes Calvin</small>

sich auf die Gemeinde, getragen von den vier Ämtern der Pastoren, Lehrer, Diakone und Ältesten. Mit seiner Lehre von der Prädestination, der Vorherbestimmung des Menschen, setzte er sich ebenfalls deutlich von den lutherischen Kirchen ab. Doch gelang 1549 im *Consensus Tigurinus* (Zürcher Übereinkunft) die Vereinigung mit den Zwinglianern in der Schweiz. Die Hohe Schule in Genf wurde ab 1559 zum Zentrum der zahlreich reformierten Glaubensflüchtlinge Westeuropas. Als Flüchtlingskirche musste sich der Calvinismus vielfach in Opposition zu fremdkonfessionellen Staaten organisieren. Aus dieser Situation entwickelte sich einerseits eine spezifische Widerstandslehre der Reformierten, andererseits eine internationale Verflechtung der calvinistischen Gemeinden, die ein gemeinsames politisches Handeln aller Protestanten propagierten.

Oftmals konnte der Calvinismus auf bereits erfolgten lutherischen Reformationen aufbauen. In diesen Fällen markierte die lutherische Lehre nur ein Durchgangsstadium – zum Zwinglianismus, Calvinismus, Antitrinitarismus –, der reformatorische Prozess war insofern ein stufenweises Fortschreiten; auf die lutherische folgte eine „Zweite Reformation". Das sahen schon manche Zeitgenossen so. Die polnischen Antitrinitarier, die wegen der Ablehnung der traditionellen Dreifaltigkeitslehre so genannt wurden, meinten, Luther habe als Erster die Hand gegen den babylonischen Turm des Antichristen erhoben: Luther trage das Dach ab, Zwingli und Calvin vernichteten die Mauern, die Antitrinitarier zerstörten die Fundamente und ermöglichten so den Aufbau der neuen, reinen Kirche. Wenngleich viele Theologen, Gelehrte und Politiker nicht Luther folgten, sondern das Evangelium auf eigene Weise interpretierten, so lassen sich doch trotz aller Unterschiedlichkeit in der Lehre Gemeinsamkeiten aller reformatorischen Bewegungen feststellen: die Rechtfertigung des Sünders allein aus dem Glauben, die alleinige Autorität der Schrift, die Gegnerschaft zum Papsttum und der Laienkelch.

Solange Zwingli, Luther und Calvin lebten, waren noch nicht alle Entscheidungen gefallen, die den reformatorischen Prozess unumkehrbar machten. Mit der Veranstaltung von Religionsgesprächen und dem lange erwarteten Konzil von Trient wurde noch versucht, die Kircheneinheit wiederherzustellen. In zahlreichen Friedensverträgen wurde dieses Ziel weiter aufrechterhalten. Doch sollten alle derartigen Bemühungen scheitern. Der Weg zur Konfessionalisierung zeichnete sich schon ab, als während des Augsburger Reichstags von 1530 verschiedene evangelische Bekenntnisschriften vorgelegt wurden, denen in den folgenden Jahrzehnten weitere in anderen Ländern folgten. Sie fixierten Glaubensnormen, die für die Gläubigen der Konfessionskirchen verbindlich waren und die Konstituierung eigenständiger Kirchengemeinschaften einleiteten. In einigen Ländern hatte die Reformation durchschlagenden Erfolg und führte zur Gründung evangelischer Staatskirchen (England und Schottland, Skandinavien), in anderen entwickelte sich ein System konfessioneller Pluralität (Reich, Schweiz, Böhmen, Ungarn, Siebenbürgen). Manchmal dominierte ein Bekenntnis, ohne Staatskirche zu werden (Niederlande), in anderen Fällen wurden zeitweilig starke reformatorische Einflüsse zurückgedrängt (Frankreich) oder verkümmerten angesichts ständiger Bedrohung und Verfolgung (Habsburgische Erblande, Italien, Spanien). Schließlich gab es eine verdeckte Rezeption reformatorischer Lehren, die gesellschaftlich nicht relevant wurde (Russland). Trotz humanistisch beeinflusster Bemühungen, die Einheit der Kirche zu bewahren bzw. wiederherzustellen, wurde die Spaltung zur irreversiblen Realität.

Unterschiedliche Entwicklungen in Europa

Daran konnte auch das Trienter Konzil, das in insgesamt drei Sitzungsperioden zwischen 1545 und 1563 tagte, als allgemeines Konzil der Christenheit nichts ändern. Die Konzilsforderung war ursprünglich protestantischen Ursprungs gewesen, weil man weder Papst noch Kaiser die letzte Entscheidung in der Glaubensfrage überlassen wollte; so lag die Präferenz bei einem Nationalkonzil der Deutschen, auf dem die Protestanten eine Mehrheit zu finden hofften. Im universalistischen Denken Karls V. war dafür jedoch kein Platz. Wie er sich selbst als weltlichen Schutzherrn der Gesamtkirche sah, so wollte er auch das Problem der Glaubensspaltung gesamtkirchlich beraten und gelöst wissen. Deshalb war für ihn die einzig denkbare Lösung ein allgemeines Konzil der abendländischen Christenheit. Für dieses Ziel konnte er nach langem Ringen schließlich den Papst, der sich lange gegen eine Kirchenversammlung gewehrt hatte, und die katholischen Monarchen Europas gewinnen, allen voran Frankreich. Entsprechend wurde das Trienter Konzil aber von den Protestanten als parteiisch wahrgenommen und, von wenigen Ausnahmen abgesehen, nicht besucht. So mussten etwa die württembergischen Theologen daran teilnehmen, weil ihr Landesherr, Herzog Christoph, von den Habsburgern aufgrund seiner Beteiligung am Schmalkaldischen Krieg in einen gefährlichen Prozess wegen Lehensuntreue (Felonie) verwickelt wurde und daher auf den Kaiser Rücksicht zu nehmen hatte.

Trienter Konzil

War mit dem Konzilswunsch ursprünglich die Hoffnung auf die Wiederherstellung der Einheit verbunden gewesen, so wurde diese Absicht durch das Konzil in ihr Gegenteil verkehrt. Die Konzils-

Konzilsbeschlüsse   beschlüsse führten nämlich zu einer scharfen Abgrenzung der Papstkirche zu den Kirchen der Reformation, indem sie noch einmal die strittigen Punkte eindeutig im Sinne der katholischen Glaubenslehre pointiert zuspitzten. Die Forderungen protestantischer Gesandter aus dem Reich, vor allem die Befreiung der Bischöfe vom Treueid gegenüber dem Papst, die Unterwerfung des Papstes unter das Konzil und die Wiederaufnahme der Verhandlungen über die Glaubensinhalte wurden nicht berücksichtigt. Das Konzil betonte stattdessen die Gleichberechtigung von apostolischer Tradition und Heiliger Schrift, es kanonisierte die lateinische Bibelübersetzung, die „Vulgata" des Kirchenvaters Hieronymus, und schrieb die katholische Werkgerechtigkeit fest. Gleichzeitig wurde die Dogmatisierung der sieben traditionellen Sakramente und der Transsubstantiationslehre bekräftigt. Nur schwer griffen die vom Konzil beschlossenen Reformmaßnahmen, die auf die Abstellung der kirchlichen Missstände zielten (→ KAPITEL 10.1). So ließ sich die bischöfliche Residenzpflicht durch das Verbot der Kumulierung mehrerer Bistümer in einer Hand nicht durchsetzen und die Errichtung von bischöflichen Priesterseminaren zur Hebung der Bildung der Priester ließ ebenfalls meist sehr lange auf sich warten. Überregional stellte vor allem das Wirken der Jesuiten, die sich in der Seelsorge und weltweit in der Heidenmission engagierten, den wichtigsten Beitrag zur katholischen Reform dar. Daran hatten auch die Reformpäpste nach 1563 einen wichtigen Anteil, die den kurialen Behördenapparat reformierten und eine innere Erneuerung der Kirche in Angriff nahmen.

Bekenntnisschriften   Jede der großen Kirchen – Katholiken, Lutheraner und Calvinisten – artikulierte ihr Glaubensverständnis in Bekenntnisschriften. Die dogmatische Fixierung diente der Abgrenzung und inneren Festigung der eigenen Konfessionspartei und stellte damit ein wesentliches Element der Konfessionsbildung dar. Für den Katholizismus waren die Beschlüsse des Konzils von Trient, vor allem die *Professio fidei Tridentina* (1564), maßgebend. Das Luthertum verknüpfte seine theologische Ausformung mit der *Confessio Augustana* (1530) und der Konkordienformel (1577). Dagegen gab es keine Einheitlichkeit der Bekenntnisschriften innerhalb der reformierten Kirchen. Als die wichtigsten galten die *Confessio Helvetica Posterior* (1566) von Heinrich Bullinger, für Schottland die *Confessio Scotica* (1560) von John Knox und die *Canones* der Dordrechter Synode (1619). Auch die

Organisation der Großkirchen   organisatorischen Prinzipien der drei Großkirchen unterschieden sich grundlegend. Während sich die Calvinisten vornehmlich am Modell der selbstständigen Gemeinde orientierten, schufen die lutherischen

Kirchen eine hierarchische Ordnung mit dem Landesherrn als (Not-) Bischof, wie auch die katholische Kirche an ihrer althergebrachten Struktur mit dem päpstlichen Oberhaupt in Rom festhielt.

6.2 Monokonfessionalität in West- und Nordeuropa

In West- und Nordeuropa hatte sich – anders als im Heiligen Römischen Reich und in Ostmitteleuropa – das Modell eines weitgehend zentralisierten monarchischen Staates durchgesetzt. Für dessen Stabilität wurde die Einheit des Glaubens als eine wesentliche Voraussetzung angesehen. Ziel war der homogene Konfessionsstaat, der unter der Leitung des erstarkenden Königtums bleiben sollte. Entsprechend stand überall die Durchsetzung eines prinzipiell intoleranten Monokonfessionalismus auf der Tagesordnung. Am konsequentesten wurde dieser in den katholischen Königreichen auf der Iberischen Halbinsel und den lutherischen Reichen Skandinaviens durchgesetzt. Dagegen trug die englische Staatskirche viele Elemente eines konfessionellen Kompromisses in sich.

<small>Homogener Konfessionsstaat</small>

Mit der Suprematsakte König Heinrichs VIII. und der Proklamation des Titels eines „Supreme Head in Earth of the Church of England" (Irdisches Oberhaupt der Kirche von England) wurde 1534 der Akt der Lossagung einer englischen Staatskirche von Rom vollzogen. Der König übernahm alle jurisdiktionellen und liturgischen Vollmachten; als *summus episcopus* (oberster Bischof) fungierte er als weltliches Oberhaupt der Kirche nach lutherischem Vorbild, während der Erzbischof von Canterbury die Rolle des geistlichen Oberhaupts einnahm. Eine dogmatische Ausformung der Church of England erfolgte jedoch erst mit dem *Book of Common Prayer* (1549 und 1552) und dessen Erweiterung um die sogenannten 39 Artikel (1563) als maßgebliche Bekenntnisschriften. Theologisch-dogmatisch vereinigte die Church of England katholische Messriten und Liturgieformen in englischer Sprache mit einer lutherischen Rechtfertigungs- und einer calvinistischen Abendmahlslehre; sie stellte ein quasi protestantisches Staatskirchentum mit hierarchischer Episkopalverfassung dar. Der konfessionelle Kompromisscharakter der Church of England führte seit den 1560er-Jahren unter Elisabeth I. (1558–1603) zur immer stärker werdenden Forderung fundamentalistischer Gruppen innerhalb der englischen Staatskirche nach konsequenter Durchsetzung der Reformation in England. Auf den britischen Inseln stieß eine entsprechende Politik der englischen Könige auf Wider-

<small>Englische Staatskirche</small>

Schottland und Irland — stände in Schottland und Irland; vor allem gegenüber den katholischen Iren kam es zu keiner dauerhaften Lösung des Konflikts. Die inneren Auseinandersetzungen in England, die zwischen 1640 und 1649 in der ersten Revolution einen Höhepunkt erreichten, stellten nicht nur einen Konflikt zwischen Krone und Parlament dar, sondern trugen auch Züge eines Religionskrieges.

Skandinavische Königreiche — In den skandinavischen Königreichen dominierte der politische Charakter der Reformation in einem hohen Maße. Hier wurde die kirchliche Erneuerung vor allem dazu genutzt, das Kirchengut einzuziehen und die Macht des Königtums gegenüber ständischen und landschaftlichen Sonderrechten zu stärken. So wurde in Dänemark und Schweden jeweils ein striktes Staatskirchentum praktiziert. Seit 1527 erfolgte in Schweden unter Olaus Petri (1493–1552) eine vorsichtige Reform des Kirchenwesens nach lutherischem Vorbild. Ebenfalls von Wittenberg geprägt war die Kirchenordnung Johannes Bugenhagens (1485–1558) von 1537 für Dänemark. Lediglich als Herzog von Holstein gewährte der dänische König an bestimmten Orten wie Altona Religionsfreiheit.

Italien — In Italien konnte die Reformation dagegen nur in geringem Umfang Fuß fassen, wofür zahlreiche Gründe maßgeblich waren. Neben der territorialen Vielfalt wirkte sich auch der Umstand strukturell hemmend aus, dass Italien als altes christliches Land zahlreiche, oft winzige Bistümer besaß, die vor allem für den Süden eine kirchliche Uneinheitlichkeit zur Folge hatten. Für die ganze Halbinsel erwies sich die Anwesenheit des Papstes als Bischof von Rom und geistliches Oberhaupt der Kirche von besonderem Gewicht, vor allem als es darum ging, nach dem Konzil von Trient der katholischen Reform zum Durchbruch zu verhelfen. Daneben gab es wohl eine gewisse Toleranz, die sich offensichtlich vor dem Hintergrund eines verbreiteten Antiklerikalismus in Italien – auch innerhalb kirchlicher Kreise – entwickelte. Evangelische Bewegungen kamen über solche Reformansätze kaum hinaus, wie sie etwa in erasmischen Zirkeln oder im Viterbo-Kreis um Kardinal Reginald Pole gepflegt wurden. Hier konnte man eine protestantische Rechtfertigungstheologie vertreten, aber auch den Wunsch der Zugehörigkeit zur alten Kirche betonen. Mit Sicherheit lässt sich feststellen, dass die neuen Ideen in Italien zwar zahlreiche Persönlichkeiten ergriffen, jedoch kaum über die gesellschaftliche Elite hinaus wirksam waren.

Spanien — In Spanien kam es lediglich in Sevilla und Valladolid zur Bildung von zwei evangelischen Gemeinden bzw. Kreisen Mitte der 1550er-Jahre. Beide Gemeinden mussten völlig im Untergrund leben, Treffen waren nur in Privathäusern möglich. Eine feste organisatorische Form war deshalb ebenso unmöglich wie die Ausbildung einer eigenständigen theologischen Position (Wolfgang 1989). Sehr schnell wurden beide Gemeinden entdeckt und von der spanischen Inquisition zerschlagen. Nach ihrem Ende lebten in Spanien fast 300 Jahre lang keine evangelischen Christen mehr. Es gab allerdings spanisches Herrschaftsgebiet, in dem sich der Protestantismus behaupten, ja sogar weitgehend durchsetzen konnte, nämlich in Holland. Hier verband sich die neue calvinistische Lehre mit den Unabhängigkeitsbestrebungen im Land, die sich für eine Loslösung von Spanien einsetzten (→ KAPITEL 3.4).

In den habsburgischen Niederlanden und im Königreich Frankreich kam es in der zweiten Hälfte des 16. Jahrhunderts zu blutigen Religionskriegen, da die katholische Konfessionspolitik der Monarchen gegen die starken protestantischen Minderheiten nicht durchgesetzt werden konnte. Die spanische Unterdrückungspolitik in den Niederlanden führte zum Aufstand, zum achtzig Jahre währenden „Freiheitskampf" und zur Abspaltung der sieben nördlichen Provinzen, die sich als Republik der Vereinigten Niederlande konstituierten. In der Republik herrschte ein weitgehender konfessioneller Pluralismus, der zwar die Calvinisten als „öffentliche Kirche" privilegierte, aber eine Vielzahl von christlichen Konfessionen und Gemeinschaften stillschweigend tolerierte und auch den Juden große Freiräume beließ. Im verbleibenden südlichen Teil der spanischen Niederlande wurde jedoch der Katholizismus mit allen Mitteln rigoros durchgesetzt.

<small>Habsburgische Niederlande</small>

Die französischen Religionskriege dauerten mehr als dreißig Jahre und gehörten zu den blutigsten Glaubenskämpfen in Europa mit dem publizistisch viel beachteten Höhepunkt der Bartholomäusnacht. Sowohl an diesen Hugenottenkriegen als auch am niederländischen Freiheitskampf beteiligten sich protestantische deutsche Reichsstände, vor allem Kurpfalz und Nassau-Dillenburg. Die Kriege in Frankreich wurden immer wieder von Anläufen zu einer rechtlichen Regelung des Nebeneinanders zweier Konfessionen unterbrochen. Jedoch erst mit dem Edikt von Nantes gelang 1598 eine dauerhafte Gesetzgebung. König Heinrich IV. (1562–1610), der selbst vom Calvinismus zum Katholizismus konvertiert war, gewährte den französischen Hugenotten eine staatlich garantierte Minderheitenposition, die den Monokonfessionalismus der katholischen Monarchie durch Sonderregelungen aufbrach. Nachdem die politischen Sonderrechte der Hugenotten bereits in der ersten Hälfte des 17. Jahrhunderts ausgehöhlt worden waren, kehrte Ludwig XIV. endgültig wieder in die Bahnen

<small>Französische Religionskriege</small>

des strikten Glaubenszwangs zurück und hob 1685 mit dem Revokationsedikt von Fontainebleau das Toleranzedikt des Großvaters auf. Erst die Auswirkungen der Aufklärung und in Frankreich die Revolution schufen in den nationalen Monarchien West- und Nordeuropas die Voraussetzungen für ein mehr oder weniger friedliches Nebeneinander der christlichen Konfessionen (→ ASB MEYER, KAPITEL 10), wie es in Deutschland und Ostmitteleuropa damals bereits seit längerem Bestand hatte.

6.3 Mehrkonfessionalität in Ostmitteleuropa

Mehrkonfessionalität

Das Heilige Römische Reich deutscher Nation, die Schweizer Eidgenossenschaft und ostmitteleuropäische Länder wie die Adelsrepublik Polen-Litauen, Ungarn und Siebenbürgen haben das Problem der Mehrkonfessionalität im Sinne einer Duldung der Minderheitenkonfession sehr viel früher gelöst als die westeuropäischen Monarchien und die skandinavischen Königreiche. Die noch kaum entwickelte Nationalstaatsbildung und die wenig fortgeschrittene Zentralisierung haben Kompromisse regelrecht erzwungen, wenn die staatliche Einheit trotz des konfessionellen Zwiespalts erhalten werden sollte. In der Schweiz konstituierten die beiden Kappeler Landfrieden nach den Religionskriegen zwischen Zürich und den katholischen Innerschweizern bereits zu Beginn der 1530er-Jahre ein rechtlich geregeltes dauerhaftes Nebeneinander von katholischen und reformierten Kantonen. Konflikte gab es freilich noch bis ins 18. Jahrhundert immer wieder in und um die gemeinsam regierten Herrschaften, in denen bikonfessionelle Verhältnisse aufrechterhalten wurden.

Habsburgische Erblande

In den habsburgischen Erblanden kann man für die Zeit Kaiser Maximilians II. (1564–76) von einer Hochblüte des evangelischen Glaubenslebens sprechen. Der Adel war, besonders in Oberösterreich, fast völlig evangelisch; jedoch gehörten den Ständen auch die katholischen Prälaten an. Wichtig war aber vor allem, dass Wien, die größte Stadt und das entscheidende Zentrum, mehrheitlich altgläubig blieb. Maximilian lehnte 1565 zwar die Forderung der Stände nach Freistellung der Augsburger Konfession strikt ab, doch erreichten die Stände 1568 gegen eine besonders hohe Steuer die sogenannte Religionskonzession, in der dem Herren- und Ritterstand – nicht den Städten – bis zu einer künftigen Religionsvergleichung die Ausübung der Augsburger Konfession zugelassen wurde, unter der Voraussetzung, dass die Altgläubigen und ihr Kirchenwesen nicht geschmäht und angetastet würden und dass eine Ordnung für den evangelischen Gottesdienst geschaffen werde.

Kroaten und Slowenen

Bei den Kroaten hing das Vordringen der Reformation eng mit der Entwicklung unter den Slowenen im Süden Österreichs, im Herzogtum Krain, zusammen. Primoz Trubar (1508–86), ein Kanoniker aus Laibach (Ljubljana), wurde zum Apostel der Reformation, zum slowenischen Luther. Trotz starker Widerstände, die Trubar für lange Zeit ins Exil zwangen – nur von 1561–65 konnte er, von den Krainer Landständen gerufen, als Superintendent in Laibach wirken – erreichte er wohl das Ziel, das er sich gesteckt hatte: seinem Volk das Evangelium und die christliche Glaubenslehre in der eigenen Sprache vertraut zu machen. So übersetzte er den Katechismus und die lutherischen Bekenntnisschriften ins Slowenische und errichtete dazu mithilfe Hans von Ungnads (1493–1564), eines hohen kaiserlichen Beamten, eine Druckerei in Urach in Württemberg. 1584 erschien in Wittenberg die vollständige Bibel in slowenischer Sprache, übersetzt durch Georg Dalmatin. Sie wurde zu einem klassischen Text, den bald auch die Katholiken benutzten. Diese Drucke, die in Württemberg und in Sachsen entstanden, waren der Anfang einer slowenischen Literatursprache.

Ungarn

Die Regelungen in Ostmitteleuropa gingen zum Teil sehr viel weiter als im Heiligen Römischen Reich. In Ungarn bestimmte die Lage des dreigeteilten Landes nach der Katastrophe von 1526 auch die Ausbreitung und Form der Reformation. Die politische Verworrenheit der Situation ließ die geistige Verelendung der Kirche verstärkt in den Vordergrund treten. Zur territorialen Teilung kamen die Folgen der Reformation: In der Mehrzahl schlossen sich die Ungarn dem Calvinismus, die Deutschen dem Luthertum an, im habsburgischen Teil sicherte die Gegenreformation der römisch-katholischen Kirche die Vorherrschaft. Mit der Niederlage in der Schlacht von Mohács (1526) erledigte sich zunächst der Topos von Ungarn als Bollwerk der Christenheit, das Scheitern verlangte nach Erklärungen für die Krise des Stephansreiches. Dies scheint in weitaus größerem Maße den protestantischen Predigern gelungen zu sein, die mit der mittelalterlichen Formel des *flagellum dei* (Geißel Gottes) die Strafe Gottes begründeten und die eigentliche Ursache in der Sündhaftigkeit und dem Unglauben der Menschen sahen. Doch ähnlich wie im Reich zeigte sich auch in Ungarn, dass die reformatorische Bewegung nicht aus königlicher Machtvollkommenheit zu unterdrücken war. Die politischen Verhältnisse wirkten auch hier entscheidend auf die konfessionelle Entwicklung ein.

Zur Zeit der habsburgischen Herrschaft erlebte Ungarn zahlreiche Adelsaufstände, bei denen Protestanten, insbesondere Calvinisten, führend beteiligt waren, die sich ebenso gegen die von Wien ausgehenden Bestrebungen einer katholischen Gegenreformation wie gegen die Einschränkung ständischer Freiheiten richteten. Im Wiener Frieden von 1606, der den Aufstand Stephan Bocskays beendete, wurde gegen die Habsburger die Religionsfreiheit für den ungarischen Adel, die königlichen Freistädte und die Soldaten der Grenzburgen an der Türkenfront durchgesetzt, und es wurden die antireformatorischen ungarischen Reichsgesetze aus den 1520er-Jahren aufgehoben (→ KAPITEL 3.3). Auf dem nachfolgenden Reichstag zu Pressburg 1608 wurde diese ständisch-gebundene Religionsfreiheit analog dem Augsburger Religionsfrieden fortgeschrieben. Im selbstständigen Fürstentum Siebenbürgen hatten Katholiken, Lutheraner, Calvinisten und sogar die Antitrinitarier einen öffentlich-rechtlichen Status, die orthodoxen Rumänen wurden toleriert. Hier wurde die Entscheidung für ein evangelisches Bekenntnis stark von ethnischen Gegebenheiten beeinflusst. So nahm die sächsische Bevölkerung die lutherische Reformation an, während sich die Magyaren mehrheitlich den Calvinisten oder Antitrinitariern anschlossen. Inseln des Katholizismus bildeten manche Adelsfamilien.

Fürstentum Siebenbürgen

Die polnisch-litauische Adelsrepublik sicherte mit der Warschauer Generalkonföderation von 1573 jedem Adeligen die Bekenntnisfreiheit zu und ging damit ebenso wie Ungarn deutlich über das Territorialprinzip des Augsburger Religionsfriedens hinaus. Trotz dieser schon im 16. Jahrhundert gewährten, sehr viel weitergehenden Rechte konnte sich die Reformation anders als im Heiligen Römischen Reich jedoch in Polen-Litauen nicht dauerhaft etablieren. Dafür sind sicher viele Gründe maßgeblich. Einer der wichtigsten scheint die fehlende Anbindung an die Reichsinstitutionen zu sein. Während sich der Augsburger Religionsfriede ausschließlich auf die Katholiken und die Anhänger der *Confessio Augustana* bezog, ging die polnische Generalkonföderation keine derartige Bindung ein. Augsburg stellte in den Territorien das Kirchenwesen unter den Schutz der Obrigkeit, aber Warschau sicherte den Protestanten lediglich zu, ihren Kultus nicht anzutasten. Vor diesem Hintergrund waren die Ausgangsbedingungen für die Gegenreformation in Polen weitaus günstiger.

Polen-Litauen

Auch in Ostmitteleuropa wurden jedoch religiöse Randgruppen wie die judaisierenden Sabbatarier ausgegrenzt – ein Zeichen dafür, dass immer noch ideell an der Einheit der christlichen Kirche festgehalten wurde. Auch hier war die Glaubensfrage keine persönliche

Religiöse Randgruppen

Angelegenheit, infolgedessen wurde keine individuelle Toleranz im modernen Sinne gewährt, sondern ein System des Nebeneinanders von privilegierten Konfessionen geschaffen. Dagegen duldeten einzelne Magnaten (wie auch Territorialfürsten im Alten Reich) Minderheiten wie Täufer, Mennoniten oder Böhmische Brüder – aber eben außerhalb des jeweiligen Reichsrechts. Die Gemeinschaft der Böhmischen Brüder weist auf die besonders vielgestaltigen und komplexen Verhältnisse in Böhmen und Mähren hin, die seit dem 15. Jahrhundert durch das Nebeneinander von römischen Katholiken und Utraquisten geprägt waren. In Böhmen ist es einerseits durch den Majestätsbrief Kaiser Rudolfs II. 1609 zu einer Gesetzgebung gekommen, die den Ständen Religionsfreiheit gewährte, andererseits wurde hier nach dem katholischen Sieg am Weißen Berg 1620 von den Habsburgern eine besonders rigide Form der Gegenreformation mit dem Ziel eines geschlossenen katholischen Konfessionsstaates durchgeführt. Böhmen

Elemente von Religionskriegen hatten die anhaltenden militärischen Auseinandersetzungen in den baltischen Ländern, die nach der Auflösung des Deutschordensstaates in Livland in den drei nordischen Kriegen zwischen Polen-Litauen, Schweden und Russland ausgetragen wurden. Zwischen Schweden und Polen stand nicht nur der konfessionelle, sondern auch der dynastische Gegensatz der beiden Wasa-Linien, und mit den Expansionsabsichten des russischen Zarenreiches kam der jahrhundertealte tiefgreifende Gegensatz zwischen Ostkirche und Westkirche ins Spiel. Trotz der voranschreitenden Rekatholisierung in Polen-Litauen gewährte die Adelsrepublik jedoch vor allem im Preußen königlichen Anteils (Westpreußen) und in den zu ihr gehörenden Teilen der baltischen Länder Religionsfreiheit für Protestanten und garantierte ein Nebeneinander der Konfessionen. Baltische Länder

Die gemeinsame Gegnerschaft zu Rom ließ in protestantischen Kreisen immer wieder Pläne aufkommen, Verbindungen zur orthodoxen Kirche aufzunehmen. Zu größeren reformatorischen Bewegungen oder gar zu einer dauerhaften Etablierung protestantischer Kirchenwesen im Einflussbereich der Orthodoxie ist es allerdings nicht gekommen. In den 1580er-Jahren versuchten die Tübinger Theologen Jakob Andreae (1528–90) und Martin Crusius (1526–1607) mit Jeremias II., dem Ökumenischen Patriarchen von Konstantinopel, in Verbindung zu treten, um eine Vereinigung der Kirchen zu erreichen (Brendle 2001). Doch der Patriarch zog die Lehre und den Glauben der Protestanten überhaupt nicht in Betracht. Die Einigung war nach Auffassung der Autoritäten in Konstantinopel nur unter einer Bedingung möglich: vollständige Annahme der Lehren, Glau- Orthodoxe Kirche benssätze und Dogmen der griechischen Kirche, die als einzige den Glauben der frühchristlichen Kirche unverfälscht bewahrt habe. Ohne Erfolg verlief auch das Religionsgespräch zwischen Zar Iwan dem Schrecklichen (1530–84) und dem protestantischen Theologen Jan Rokyta im Mai/Juni 1570 (Chumicheva 2004). Es fand vor dem Hintergrund der polnischen Reformation und den Ansprüchen Russlands auf den polnischen Thron statt. Jan Rokyta trat als Vertreter der Böhmischen Brüder auf mit der Bitte an den Zaren, den Bau protestantischer Kirchen in Moskau zu gestatten. Doch Iwan der Schreckliche verurteilte die Lehre seines Opponenten eindeutig und verbot deren Verbreitung in Russland. Nur kurzfristig war dem gebürtigen Griechen Jakobus Heraklides Despota im Donaufürstentum Moldau zwischen 1561 und 1563 Erfolg beschieden. Der Heraklide, der in Wittenberg die Reformation kennengelernt hatte, wollte in der Moldau ein Bollwerk eines evangelischen Staates aufrichten, von dem aus die türkische Herrschaft erfolgreich zurückgedrängt werden sollte. Das Reformationswerk erregte auch die Aufmerksamkeit des Druckers Hans Ungnad, der in der Moldau sogleich ein Absatzgebiet für seine kyrillischen Drucke sah und sich erbot, eine Druckerei für Übersetzungen reformatorischer Schriften in die walachische Sprache einzurichten. Doch Heraklides Despota scheiterte schließlich mit seinem Reformationsversuch am Widerstand des Sultans; aber auch der eingesessene Adel und die Landbevölkerung hielten zäh am althergebrachten, orthodoxen Kirchenwesen fest.

Dennoch funktionierte seit 1648 der Religionsfrieden der drei christlichen Konfessionen in weiten Teilen Mittel- und Osteuropas. Dies hatte das Heilige Römische Reich mit der Schweiz, der Republik der Vereinigten Niederlande, Polen-Litauen, Ungarn und Siebenbürgen gemeinsam. Rein chronologisch kann festgehalten werden, dass der Kappeler Landfrieden in der Schweiz von 1531 sowie der Augsburger Religionsfrieden im Reich 1555 die ersten Gesetze in Europa waren, die das durch die Reformation entstandene Problem des Nebeneinanders mehrerer christlicher Bekenntnisse politisch regelten. Dies erfolgte freilich nur wenige Jahre vor den Siebenbürger Landtagsbeschlüssen von Thorenburg/Torda. In Westeuropa und Nordeuropa blieb demgegenüber noch bis in das 18. Jahrhundert das Prinzip der Monokonfessionalität für die staatliche Politik allein maßgebend. Der Grundsatz *religio vinculum rei publicae* (Die Religion ist die Klammer des Staates) wurde als Zwang zur Intoleranz gegenüber konfessionellen Minderheiten und Dissidenten verstanden und praktiziert. Ein Nebeneinander der öffentlichen Kultausübung der christlichen Konfessionen – oft auf engem Raum wie im Heiligen Römischen Reich – war in Spanien, Portugal, Frankreich, Großbritannien und den skandinavischen Königreichen nur schwer denkbar.

Die Ausbildung christlicher Konfessionen als Folge der evangelischen Reformationen und der katholischen Reform und die konfessionelle Überformung der Gesellschaft und Politik vertieften die Spaltungen und begünstigten die Regionalisierung Europas. Durch die Ausbildung nationalkirchlicher Strukturen wurde auch der universale Anspruch der katholischen Kirche mit dem Papst als Oberhaupt infrage gestellt. Verlierer der Entwicklung waren in der Auseinandersetzung von Großmächten und Konfessionen aber ebenso die Erben des christlichen Pazifismus des Erasmus von Rotterdam. Dieser Pazifismus lebte in kleinen religiösen Gruppen fort, die aus der „radikalen Reformation" hervorgingen, nämlich den verschiedenen Gemeinschaften der Täuferbewegung, die eine grundsätzliche Waffenlosigkeit und Friedfertigkeit lehrten. Die Mennoniten und verwandte täuferische Gemeinden, wie die Hutterer, führten in den Niederlanden, der Schweiz, Mähren, Russland und Nordamerika ihre Evangeliumsinterpretation einer grundsätzlichen christlichen Verweigerung von Kriegsdienst und Waffengewalt weiter.

Christlicher Pazifismus

Fragen und Anregungen

- Nennen Sie wichtige Faktoren, die dafür verantwortlich sind, dass ein Staat oder Territorium die Reformation einführt.
- Welche Auswirkungen hatte das Konzil von Trient?
- Beschreiben Sie Gemeinsamkeiten und Unterschiede der Großkirchen in der Frühen Neuzeit.
- Warum kann sich die Reformation im Einflussbereich der orthodoxen Kirche nicht durchsetzen?
- Erläutern Sie den Unterschied zwischen frühneuzeitlichen Religionsfriedensschlüssen und religiöser Toleranz.

Lektüreempfehlungen

- Albrecht P. Luttenberger (Hg.): Katholische Reform und Konfessionalisierung, Darmstadt 2006.

Quellen

Forschung
- **Franz Brendle / Anton Schindling (Hg.): Religionskriege im Alten Reich und in Alteuropa**, 2. Auflage Münster 2010. *Sammelband, der zahlreiche Beispiele religiöser Auseinandersetzungen im Zuge der Reformationsbewegungen in den einzelnen Ländern Europas behandelt.*

- **Geoffrey R. Elton: Europa im Zeitalter der Reformation 1517–1559**, 2. Auflage München 1982. *Einige der wenigen Gesamtdarstellungen der europäischen Reformationsbewegungen in deutscher Sprache.*

- **Márta Fata: Ungarn, das Reich der Stephanskrone, im Zeitalter der Reformation und Konfessionalisierung. Multiethnizität, Land und Konfession 1500–1700**, hg. von Franz Brendle und Anton Schindling, Münster 2000. *Beschreibt die religiösen Bewegungen in allen Teilen des Stephansreiches über zwei Jahrhunderte hinweg und ordnet sie in die Gesamtentwicklung Ostmitteleuropas ein.*

- **Gerhard Podskalsky: Griechische Theologie in der Zeit der Türkenherrschaft (1453–1821). Die Orthodoxie im Spannungsfeld der nachreformatorischen Konfessionen des Westens**, München 1988. *Eine der wenigen Darstellungen in deutscher Sprache, die sich mit den Beziehungen der Orthodoxie zu den westlichen Kirchen beschäftigt.*

- **Volker Reinhardt: Die Tyrannei der Tugend. Calvin und die Reformation in Genf**, München 2009. *Neue Calvinbiografie aus Anlass des Jubiläums, die einen schnellen Zugang nicht nur zum Leben, sondern auch zur Wirkung seines Werks ermöglicht.*

- **Georg Schreiber (Hg.): Das Weltkonzil von Trient. Sein Werden und Wirken**, 2 Bände, Freiburg i. Br. 1951. *Älteres, aber immer noch unverzichtbares Sammelwerk zu wesentlichen Aspekten des Trienter Konzils.*

7 Stand und Ordnung

Abbildung 7: Thomas Borup: *Die Buchdrucker* (1766)

Der kolorierte Holzschnitt von Thomas Borup aus dem Jahre 1766 zeigt die Arbeit von Buchdruckern, welche die Lettern mit Druckerschwärze einfärben. Er entstammt einem Bilderbogen aus einer Serie mit Darstellungen von Handwerkern, der in Kopenhagen entstanden ist. Die Folge von Holzschnitten liefert nicht nur eine Beschreibung verschiedener Stände, sie verweist auch auf die streng ständische Stufung der Gesellschaft, wie sie noch bis ins 18. Jahrhundert hinein andauerte. An der Spitze der frühneuzeitlichen Gesellschaftspyramide standen der Papst und die Geistlichkeit, ihnen folgte der weltliche Adel unter Führung des Kaisers. Erst danach kamen die Vertreter des dritten Standes, der im Wesentlichen von den Handwerkern repräsentiert wurde. Am unteren Ende dieses Modells stand die zahlenmäßig stärkste Gruppe, nämlich die ländliche Bevölkerung. Der hier dargestellte Beruf des Buchdruckers nahm eine herausgehobene Stellung ein, weil er für die Verbreitung der Literatur und Kunst eine zentrale Rolle spielte und damit auch für die höheren Stände wichtig war.

In der Darstellung des Ständebuches spiegelt sich eine gewachsene Bedeutung des dritten Standes wider, über den man zuvor doch eher im Tone der Geringschätzung oder des Spottes gesprochen hatte: Der dritte Stand äußert sich nun auch selbst. Dieser Umstand kann jedoch nicht darüber hinwegtäuschen, dass die frühneuzeitliche Gesellschaft eine geburtsständische Gesellschaft war, d. h. der Rang, den man innerhalb dieser Ordnung einnahm, wurde durch die Geburt festgelegt. Sie war im Verständnis der Zeitgenossen eine gottgewollte Ordnung, welche die Welt und die in ihr lebenden Menschen zusammenhielt. Jeder Einzelne hatte darin seine eigene, ihm vorbestimmte Aufgabe und Funktion zu erfüllen, um das menschliche Zusammenleben zu gewährleisten. Diese frühneuzeitliche Ständegesellschaft bot kaum Möglichkeiten für soziale Mobilität. Vielmehr betonten Konnubium (Heiratskreis) und soziale Kontakte die Grenzen eines Standes. Das Standesmoment wurde den Menschen in Ständepredigten immer wieder ausdrücklich nahegebracht. Bis in die Kleider- und Speiseordnungen hinein setzte sich so die Vorstellung von der rechtlichen und sozialen Ungleichheit der Menschen durch.

7.1 **Adel**
7.2 **Stadt und Gewerbe**
7.3 **Bauern**
7.4 **Gesellschaftliche Randgruppen**

7.1 Adel

In der Hierarchie der altständischen Gesellschaft galt der Klerus als der erste Stand, dem der Adel als zweiter, die Bürger als dritter und unter Umständen die Bauern als vierter Stand folgten. Im Sprachgebrauch des 16. Jahrhunderts konnten allerdings auch Adel, Bürger und Bauern als weltliche Stände dem geistlichen Stand gegenübergestellt werden, der sich wiederum in den niederen und hohen Klerus aufteilte. Insbesondere der hohe Klerus verfügte über institutionalisierte politische Macht und bildete ein wichtiges Glied in allen europäischen Ständevertretungen. Die eigentliche Herrschaftsschicht bildete der Adel, obwohl er zahlenmäßig mit durchschnittlich etwa einem Prozent die kleinste Bevölkerungsgruppe darstellte. Die Existenzgrundlage des Adels war die Herrschaft über das Land und über die Menschen, die das Land bewirtschafteten. Durch zahlreiche Funktionen und Ämter versuchte der Adel seinen Platz an der Spitze der Ständehierarchie zu bewahren. Wichtige Stellen bei Hof und in der landesfürstlichen Verwaltung, im Militärdienst und im Ständewesen wurden von Adligen eingenommen. Seit dem 16. Jahrhundert musste sich der Adel gegen bürgerliche Aufsteiger verteidigen und sah sich dem Zwang zur Anpassung ausgesetzt. Die Verdrängung aus den höfischen Diensten erfolgte meist durch bürgerliche Beamte, die ein Studium der Rechte absolviert hatten. Die Adelsgesellschaft selbst war internen Differenzierungen unterworfen, wobei die Herkunft und das Alter des eigenen Adelsgeschlechts für das Selbstverständnis entscheidend waren.

Abstufungen innerhalb des Adels beruhten auf dem Umfang der Privilegien und des Besitzes sowie vor allem auf dem politischen Gewicht und der verfassungsmäßigen Stellung. Ein Kurfürst mit einem großen Territorium zählte ebenso zum Adel wie ein kleiner landsässiger Ritter, dessen Besitz nicht viel mehr als ein Gutshof ausmachte. Fast überall in Europa bildete sich eine hochadelige Schicht heraus, welche als Granden in Spanien, als Peers in England, als *noblesse de race* in Frankreich, als Magnaten in Ungarn und Polen oder als Bojarenadel in Russland an der Spitze der Adelspyramide und der Gesellschaft stand. Dagegen hoben sich die zahlreichen Kleinadeligen ab, die vom Konnubium des Hochadels ausgeschlossen blieben und vielfach Funktionen in der lokalen Herrschaftsverwaltung wahrnahmen. Dennoch legte auch diese Adelsgruppierung großen Wert auf die Distanz zum Bürgertum.

Im Heiligen Römischen Reich galt die alte Dreiteilung des Adels in Fürsten, Grafen und Ritter, die durch die Lehenspyramide vorgegeben war. Sozialgeschichtlich gehörten Fürsten und Grafen dem hohen Adel an, während die Ritterschaft als Niederadel einen eigenen Heiratskreis bildete. Nicht nur den Fürsten, sondern auch den Reichsgrafen gelang der Aufstieg zur Landesherrschaft. Die Versuche der Landesherren, den niederen Adel in ihr Territorium zu integrieren, waren regional unterschiedlich erfolgreich. In Schwaben, Franken und am Rhein gelang es dem niederen Adel, sich dem Werben der Fürsten zu entziehen, unabhängig zu bleiben und zur unmittelbaren Reichsritterschaft aufzusteigen. Während im Zentrum des Reichs damit sogar Teile des niederen Adels reichsunmittelbar waren, wurden in den habsburgischen Erblanden sogar Teile des hohen Adels wie die Grafen landsässig.

Reichskirche Sozialgeschichtlich war die deutsche Reichskirche eng verbunden mit dem Adel, der in fast allen Reichsbistümern das Besetzungsrecht auf die Domherrenstellen und Bischofsstühle innehatte. Adelige Familien, die zur Reformation übergingen, verloren diese Möglichkeit und mussten sich nach anderen Versorgungsmöglichkeiten umschauen, die meist in fremden Fürstendiensten gefunden wurden. In den reichsritterschaftlichen Familien der drei Ritterkreise in Schwaben, Franken und am Rhein war eine besondere reichspatriotische und adelige Gesinnung lebendig. Sich als „Zierde der deutschen Nation" zu verstehen, war für den reichsunmittelbaren ritterschaftlichen Adel durchaus selbstverständlich, wobei Dienst am Kaisertum und in der Reichskirche die Koordinaten des Selbstbewusstseins boten. Da eine Standeserhöhung allein durch den Kaiser erfolgen konnte, bestimmte das Reichsoberhaupt die Möglichkeiten für Mobilität innerhalb der Adelsgesellschaft.

Adelsgesellschaft Die Adelsgesellschaft Europas bildete eine wesentliche soziale Trägerschicht für das Offizierskorps in den Kriegen und die führenden Diplomaten auf den Friedenskongressen. Gerade der Kriegsdienst wurde ursprünglich als die eigentliche Bestimmung des Adels verstanden. Gemeinsame Verhaltensmuster, Ehrbegriffe, Wertorientierungen und Bildungsstandards der Akteure schufen so eine Basis für die Verständigung auch unter feindlichen Mächten beim Austragen der zahlreichen staatlichen Interessenkonflikte in Europa. Der Adel aller europäischen Länder zwischen Portugal und Schweden erkannte sich im Prinzip in ständischer Hinsicht an, obwohl keineswegs zwischen allen das Konnubium bestand. Auch gab es wesentliche Unterschiede im adeligen Profil, wenn dem französischen Adel etwa – anders als in England und Italien – die Gewerbetätigkeit strikt verboten war.

7.2 Stadt und Gewerbe

Obwohl die altständische Gesellschaft agrarisch dominiert war, besaßen die Städte in der Frühen Neuzeit eine wachsende Attraktivität. Zwar war die große Zeit der Städtebünde vorbei, die im Spätmittelalter noch die sich herausbildende Landesherrschaft herausgefordert hatten. Dennoch entwickelten sich die Städte im konfessionellen Zeitalter zu Zentren einer Protoindustrialisierung. Ausgehend von den oberitalienischen und niederländischen Städtelandschaften hatten sich zahlreiche Städte in West- und Mitteleuropa weitgehende Autonomierechte gegenüber weltlichen und geistlichen Stadtherren erkämpft, während diese Unabhängigkeitsbestrebungen in Osteuropa sehr viel weniger weit gediehen waren. Hier gab es wie in Skandinavien zudem deutlich weniger Städte. Auch in Frankreich und auf den britischen Inseln hatten sich die Städte dem wachsenden Zugriff des institutionellen Flächenstaats zu erwehren. In Spanien wurde die Unabhängigkeit der Städte nach zahlreichen Unruhen in den 1520er-Jahren vom Königtum eingeschränkt. Für England war die enge Verbindung mit dem niederen Adel charakteristisch. Im Reich hatten sich im 16. Jahrhundert etwa 65 Reichsstädte vor allem in Südwestdeutschland herausgebildet, während in Mittel- und Norddeutschland einige Städte zumindest autonome Rechte gegenüber den Landesherren behaupten konnten.

<small>Städtelandschaften</small>

Zur Oberschicht in den Städten zählten die alteingesessenen Geschlechter, das Patriziat und die reichen Großhandelskaufleute. Diese Schicht versuchte sich zunehmend nach unten abzugrenzen und strebte den Aufstieg in den Adelsstand an. Zur Mittelschicht rechneten sich die kleineren Kaufleute und die Handwerker, die in Zünften organisiert waren und das Wirtschaftsleben in der frühneuzeitlichen Stadt bestimmten. Zu den städtischen Unterschichten zählten alle Stadtbewohner, die kein Bürgerrecht besaßen. Als Zusammenschlüsse der einzelnen Handwerksberufe regelten die Zünfte die Zahl der Betriebe, die Preise und die Aufnahme in die Zunft und somit auch in die Stadt. Damit sicherten die Zünfte das Ein- und Auskommen des einzelnen Handwerkers und verhinderten eine Überproduktion. Allerdings wurde dadurch der Wettbewerb weitgehend ausgeschlossen und Preisabsprachen waren an der Tagesordnung. Auch für die kulturelle und kirchliche Gestaltung des städtischen Lebens spielten die Zünfte eine herausragende Rolle. Die Zünfte haben in den meisten Reichsstädten eine Teilhabe an der Stadtherrschaft erkämpft. Nach dem Schmalkaldischen Krieg 1548 versuchte Kaiser

<small>Städtische Schichten</small>

<small>Zünfte</small>

Karl V. durch Verfassungsänderungen diese Entwicklung rückgängig zu machen und die alten Patriziergeschlechter wieder in ihre hergebrachte Stellung einzusetzen, weil er – zu Recht – die Zünfte für die Einführung der Reformation verantwortlich machte. Seit dem Spätmittelalter sind Tendenzen zur sozialen Verengung der Zünfte durch strenge Zugangskontrollen (ehrliche Herkunft, eheliche Geburt, guter Leumund, Vermögensnachweise, Einführung von Ausbildungsbestimmungen wie Lehr- und Wanderjahre oder Meister- und Gesellenstück) erkennbar.

Protoindustrialisierung — Neben dem zünftischen Handwerk bildeten sich in der Frühen Neuzeit neue Produktionsformen aus, die oftmals unter dem Stichwort der Protoindustrialisierung gefasst werden. Unter Umgehung des restriktiven und wirtschaftlich hemmenden Zunftwesens wurde insbesondere das Textil- und Montangewerbe im Verlagssystem organisiert, das auf der Trennung von Produktion und Vermarktung beruhte. Kapitalkräftige Kaufleute sorgten im Textilwesen für die Beschaffung der Rohstoffe, die von zunftfreien bäuerlichen Heimarbeitern verarbeitet wurden, bevor der Kaufmann als Verleger wiederum die fertigen Produkte vermarktete. Das exportorientierte Textilgewerbe für den überregionalen Markt war in besonderem Maße für ein enormes wirtschaftliches Wachstum verantwortlich. Leineweber- und Baumwollzentren in Italien, Flandern, Oberschwaben, Nordwestdeutschland, im Rheinland und in Schlesien bekamen im 17. Jahrhundert zunehmend Konkurrenz, vor allem von der englischen Tuchindustrie. Auch die Ausbeutung von Bodenschätzen entzog sich den Handwerkern, da sie sehr kapitalintensiv und deswegen nur für reiche Kaufmannsfamilien möglich war. Die Verpachtung des einträglichen fürstlichen Bergregals (Bergrechts) schuf ein blühendes Montangewerbe in Schweden, Obersachsen, Tirol, Steiermark, Böhmen und Ungarn, wo lohnabhängige Bergknappen den Silber- und Kupferbergbau betreiben mussten. Die Weiterverarbeitung zu Gebrauchsgütern und Waffen machte die Kaufmannsfamilien wiederum zu begehrten Handelspartnern.

Handelsfamilien — Seit dem 15. Jahrhundert erfolgte ein steiler Aufstieg der oberdeutschen Handelsfamilien durch den transalpinen Handel mit Italien und die Teilnahme am Welthandel. Familien wie die Fugger und Welser führten Handelshäuser, die nach dem Prinzip der gemeinschaftlichen finanziellen Beteiligung am Geschäft und der gemeinschaftlichen Haftung bei Verlusten als Kapitalgesellschaften organisiert waren. Der Kapitalbestand wurde durch stille Teilhaber ständig erweitert. So gliederten sich die Unternehmen in zentrale und auswärtige Faktoreien und Agenturen und bauten ein Netz von festen Niederlassungen in ganz Europa auf. Auf der Grundlage von geschickten Geld- und Kreditoperationen entwickelten sich die kapitalkräftigen Großhandelskaufleute zu wichtigen Partnern von Monarchen und Fürsten. Durch die Kriegsfinanzierung und als Geldgeber bei Königswahlen der Habsburger erhielten die Fugger zahlreiche Privilegien und Pfandschaften und stiegen sogar in den Adelsstand auf, riskierten aber auch umgekehrt den eigenen Ruin durch die spanischen Staatsbankrotte. Im sogenannten Konquistadorenvertrag 1528 übertrug Karl V. dem Handelshaus der Welser das Monopol zur wirtschaftlichen Nutzung der westlichen Küste Venezuelas gegen die Errichtung von Forts und Siedlungen sowie der Abgabe des königlichen Fünftels. Dagegen kam es zu einem Niedergang der Hanse im 16. Jahrhundert durch das Erstarken der national- und territorialstaatlichen Gewalten an der Ostsee. Die Folgen waren der Verlust der exklusiven Handelsprivilegien in Skandinavien und England sowie eine Globalisierung des Handels durch die Konkurrenz aus England und den Niederlanden, die mit ihren Manufakturen einen wirtschaftlichen Aufschwung zu verzeichnen hatten.

Fugger

Welser

Um 1600 kam es zur Entstehung eines internationalen Wirtschaftssystems durch Verbindung bisher weitgehend isolierter Wirtschafts- und Handelsräume, vor allem durch Kaufleute aus England und den Niederlanden. Drei große Handelsräume kristallisierten sich heraus: der Mitteleuropahandel mit den Zentren Antwerpen und Amsterdam, der Ostseehandel mit den Zentren Hamburg, Lübeck und Danzig sowie der Mittelmeerhandel mit den Zentren Genua, Venedig, Marseille, Sevilla und Cádiz. Im Überseehandel mit Luxusgütern aus Ost- und Westindien spielten die Handelskompanien eine besondere Rolle. Dabei handelte es sich um staatlich geschützte, privilegierte, monopolisierte Handelsorganisationen von zusammengeschlossenen Großkaufleuten, die befestigte Stützpunkte mit eigener Flotte, Münz- und Gerichtshoheit unterhielten. Die Wichtigsten waren die englische Ostindische Kompanie (1600), die niederländische Ostindische Kompanie (1602) und die niederländische Westindische Kompanie (1621) sowie die französische Ost- und Westindische Kompanie (1664). In den Zentren des internationalen Warenaustausches entstanden selbstständige Wirtschaftszweige für das Kreditgeschäft und den Geldhandel. 1530 eröffnete Antwerpen eine Börse zum freien Geldverkehr, von Italien ausgehend entwickelte sich der Typ der Bank mit öffentlichem Charakter.

Internationales Wirtschaftssystem

Handelskompanien

7.3 Bauern

Bäuerliche Gesellschaft

Die Gesellschaft der Frühen Neuzeit war eine überwiegend bäuerliche Gesellschaft. Zwischen 80 und 90 Prozent der Bevölkerung lebten in und von der Landwirtschaft. Der bäuerliche Sozialstatus war in erster Linie von Landbesitz und rechtlicher Stellung abhängig. So gab es eine quasi-ständische Schichtung auf dem Lande zwischen landbesitzenden Großbauern, landarmen Kleinbauern mit der Notwendigkeit einer Nebenbeschäftigung und landlosen Landarbeitern. Fast immer stand der Bauer in einem rechtlichen Abhängigkeitsverhältnis zu den Eigentümern von Grund und Boden, dem Adel und der Kirche als Grundherren. Die Form der Grundherrschaft war in weiten Teilen West- und Mitteleuropas verbreitet, während sich östlich der Elbe die Grundherrschaft zur Gutswirtschaft weiterentwickelte. Zwar gab es in Schweden, an der Nordsee und in einigen Alpenregionen freie Bauern, doch blieb dies in der Gesellschaft der Frühen Neuzeit eher die Ausnahme. Immerhin gelang es den Bauern in Teilen Oberdeutschlands, eine gewisse Autonomie auszubauen und ihre Mitspracherechte verfassungsrechtlich abzusichern. Mit den bäuerlichen Landschaften in den kleinen Territorien Südwestdeutschlands verfügten die Bauern über quasi-ständerechtliche Institutionen und repräsentierten das Land gegenüber dem jeweiligen Regenten (Blickle 1973).

Grundherrschaft

Die ursprüngliche Form der bäuerlichen Abhängigkeit war die Grundherrschaft, die in verschiedenen Regionen unterschiedliche Formen annahm. Sie beruhte auf der rechtlichen Bindung des untertänigen Bauern zu seinem Herrn. Der Bauer erhielt von seinem Herrn Grund und Boden zur Nutzung und hatte dafür zu bestimmten Terminen Abgaben und Dienste zu leisten. Häufig waren damit auch Zwing- und Bannrechte des Grundherrn verbunden, welche dem Herrn das alleinige Brauerei- oder Jagdrecht zugestanden oder den Bauern zwangen, bestimmte handwerkliche Tätigkeiten nur in den Einrichtungen seines Herrn auszuüben. Eine rechtlich schärfere

Leibeigenschaft

Form des Abhängigkeitsverhältnisses war die Leibeigenschaft, die den Bauern persönlich an seinen Herrn band. Die persönliche Bindung kam in der Zahlung der sogenannten Todfallabgabe zum Ausdruck, die beim Tod des Bauern das beste Kleid („Gewandfall") und das beste Stück Vieh („Besthaupt") einforderte. Neben den Belastungen aus Grund- und Leibherrschaft drückte die Bauern zudem der Zehnt, der auf Getreide und Vieh erhoben wurde. Ursprünglich eine kirchliche Abgabe, war der Zehnt meistenteils in die Hände der weltlichen Obrigkeiten gelangt und wurde von diesen ebenso eingezogen wie die Reichs- und Landessteuern, die auf die Untertanen umgelegt wurden.

Während in den Zonen der Grundherrschaft das Nebeneinander verschiedener Herrschaftsrechte typisch war, zeichnete sich die ostelbische Gutsherrschaft durch die Vereinigung aller Rechte in einer Hand aus. Die ostelbischen Bauern waren Opfer einer verhängnisvollen Personalunion von Leib-, Grund-, Gerichts- und Patronatsherrschaft, die sie zu hörigen Untertanen machte. Von einer „neuen Leibeigenschaft" war deshalb schon die Rede, da die Bauern als Arbeitskräfte in die Domänenwirtschaft des Gutsherrn einbezogen und an ihre Scholle gebunden waren. Damit einher gingen Spann- und Handdienste, der Zwang zur Einholung einer Heiratserlaubnis sowie verschiedene Gesindezwangsdienste. Die Form der russischen Leibeigenschaft kann als die schärfste Ausprägung bäuerlicher Abhängigkeit gelten. Der Weg in die städtische Gesellschaft war deshalb für die Bauern im 16. Jahrhundert nur noch schwer möglich. Stadtluft macht frei – dieser berühmte Satz gilt für die Frühe Neuzeit nicht (mehr). Denn längst hatten auch die Grundherren die Schollenpflicht eingeführt, sodass die Bauern an den ihnen übertragenen Grund und Boden gebunden blieben.

<small>Gutsherrschaft</small>

Die landwirtschaftliche Produktion diente zu etwa zwei Dritteln dem Anbau der Grundnahrungsmittel, nur zu einem Drittel der Tieraufzucht. Butter, Käse und Fleisch galten daher als Luxusprodukte. Regionale Besonderheiten prägen die europäische Agrarproduktion. In England und Spanien intensivierte man die Schafzucht, dänische und ungarische Ochsenherden wanderten über den Kontinent, Käse wurde aus Italien exportiert und das polnische Getreide wurde ebenfalls zu einem geschätzten Handelsobjekt. Die Zunahme der Bevölkerung und die wachsende Nachfrage nach landwirtschaftlichen Produkten führten nicht nur zu Rodungen und zur Erschließung neuen Landes, sondern auch zu steigenden Getreidepreisen seit dem 16. Jahrhundert. Üblicherweise erfolgte der Getreideanbau in Form der Dreifelderwirtschaft, wobei der herrschaftliche Zwang die Brachzeit oftmals verkürzte. Umso wichtiger wurden für die Bauern die „Allmenden", die gemeinschaftlich genutzten Gebiete von Wald, Weide, Seen und Bächen, um den wachsenden Druck zu vermindern. Doch schränkten die adeligen Grundherren im Interesse ihrer Jagd und Fischerei diese bäuerlichen Rechte ein.

<small>Landwirtschaftliche Produktion</small>

<small>Allmenden</small>

Immer wieder versuchte der Bauernstand deshalb in zum Teil blutigen Erhebungen, seine Rechte zu verbessern. Insofern sind Bauernunruhen Teil der altständischen Gesellschaft. Bauernaufstände gab es seit dem Spätmittelalter. Die Bundschuherhebungen am Oberrhein

<small>Bauernaufstände</small>

oder der „Arme Konrad" in Württemberg an der Wende zum 16. Jahrhundert blieben jedoch begrenzt und konnten keine überregionale Dynamik entfalten. Mit der Reformation erhielten die Bauernunruhen eine neue Dynamik. Hatte man bis dahin das alte Recht eingefordert, das selten schriftlich fixiert war, so beriefen sich die Aufständischen nun auf das göttliche Recht, das sie aus der Bibel ableiteten. Am großen deutschen Bauernkrieg von 1525 waren jedoch nicht nur Bauern, sondern auch Bergknappen und städtische Unterschichten beteiligt, sodass man von der „Revolution des gemeinen Mannes" gesprochen hat (Blickle 2006). Dieser Bauernkrieg fand vor allem in den Regionen territorialer Zersplitterung statt, in Südwestdeutschland, in Franken und in Thüringen. Mit den in Memmingen entstandenen 12 Artikeln hatte die Aufstandsbewegung einen überregionalen Forderungskatalog, der die bestehende Gesellschaftsordnung nicht grundsätzlich ablehnte, aber die Rechte des Bauernstandes zu verbessern suchte. Auf dem Höhepunkt des Aufstandes standen 300 000 Bauern unter Waffen. Der Bauernkrieg endete mit dem Sieg der fürstlichen Heere, die in blutigen Schlachten den Aufstand niederschlugen. In seiner Schrift *Wider die räuberischen und mörderischen Rotten der Bauern* hatte Luther das Vorgehen der Fürsten legitimiert und die soziale Interpretation des Evangeliums durch die Bauern strikt abgelehnt. Damit war im Sinne des Kommunalismus die große Chance vertan, das demokratische Modell in der Gesellschaft zu etablieren (→ KAPITEL 2.3). Nicht haltbar ist dagegen die These von der völligen Entmündigung der Bauern nach dem Ende des Bauernkriegs. Immerhin wurden ihre Rechte auf dem Speyrer Reichstag 1526 festgeschrieben und damit schriftlich fixiert. Damit hatten die Bauern zum ersten Mal eine Handhabe gegen fürstliche Willkür, die ihnen sogar den Rechtsweg ermöglichte. Soziale und politische Ungleichheit, Unterdrückung und Ausbeutung erzeugten auch im übrigen Europa häufige Konflikte. Bauernerhebungen in Ungarn 1514, in Slowenien und Kroatien 1573 oder in Russland 1606 fügen sich in das Bild einer bäuerlichen Welt, die gegen ihre Obrigkeit aufbegehrte.

7.4 Gesellschaftliche Randgruppen

Außerhalb des dreigliedrigen Ständemodells standen städtische und ländliche Unterschichten, die Gruppe der „Unehrlichen" sowie andere Randgruppen, die aufgrund ihrer Zugehörigkeit zu einer anderen

Religion oder Ethnie diskriminiert wurden, wie die Juden und Zigeuner. Zu den städtischen Unterschichten zählten die städtischen Armen und die Bettler, abgedankte Soldaten und niedere Bedienstete. Sie besaßen kein Bürgerrecht und waren damit aller politischen und wirtschaftlichen Gestaltungsmöglichkeiten innerhalb der Gemeinde beraubt. Der Mangel an Vermögen und Einkommen bewirkte eine große Unsicherheit der existenziellen Lebenslage mit der Erfahrung der sozialen Unterlegenheit. Die Unterkünfte der städtischen Unterschichten lagen oft am Stadtrand und waren aufgrund ihrer hohen Wohndichte und ihres niedrigen Hygienestandards besonders seuchenanfällig. Die hohe Sterblichkeitsrate in diesen Bezirken ist darauf zurückzuführen. Zur bäuerlichen Unterschicht zählten in erster Linie die besitzlosen Landarbeiter, die sich als Tagelöhner verdingten oder von der Beschäftigung durch die Dorfgemeinde etwa als Hirten abhängig waren. Als „unehrlich" schließlich galten eine ganze Reihe von Handwerken und Berufen wie Scharfrichter, Totengräber, Abdecker, Prostituierte und umherziehende Kleingewerbetreibende wie die Kesselflicker. Unehrlichkeit meinte dabei keine moralische, sondern vielmehr eine soziale Stigmatisierung, denn sie bedeutete letztlich eine eingeschränkte Zugehörigkeit zur Gesellschaft aufgrund des normabweichenden Verhaltens.

„Unehrliche Berufe"

Zu den gesellschaftlichen Unterschichten zählten schließlich die Armen, die ihr Leben am Rande des Existenzminimums fristeten. Die Ursachen für Armut in der Frühen Neuzeit waren vielfältiger Art: mangelnde Arbeitsfähigkeit, fehlender Arbeitswille, individuelle und kollektive Schicksalsschläge wie Teuerungs- oder Hungerkrisen, die durch das Fehlen sozialer Absicherungssysteme besonders existenzbedrohend wirkten. Es wurde deutlich zwischen ehrbarer, weil unverschuldeter, und unwürdiger, weil selbstverschuldeter Armut unterschieden. Menschen, die als arbeitsunwillig galten, wurden deshalb konsequent aus der Armenfürsorge ausgeschlossen. Denn angesichts der Massenhaftigkeit der Armut gab es immer wieder Versuche von Privatleuten, Kirchen und weltlicher Obrigkeit, aus christlicher Nächstenliebe drängendste Nöte abzustellen, wobei eine deutliche Tendenz von der individuellen milden Gabe zu einer kollektiv organisierten und staatlich verwalteten Armenfürsorge und Sozialpolitik auszumachen ist. Im katholischen Bereich spielte auch die traditionelle kirchliche Lehre vom Bettler als Ebenbild Christi, das im Ideal der Bettelorden zum Ausdruck kam, eine wichtige Rolle. Bei den Protestanten wurde die gemeindliche Armenfürsorge durch säkularisierte Kirchengüter (Gemeiner Kasten, Gotteskasten, Armenkasten) finanziert.

Armut

Armenfürsorge

Juden

Einen Sonderstatus innerhalb der christlichen Gesellschaft nahmen die Juden ein, die ständiger Verfolgung ausgesetzt waren. Mittelalterliche Vorwürfe wie Brunnenvergiftung, Hostienfrevel oder Ritualmorde hielten sich lange und hartnäckig, wurden im konfessionellen Zeitalter zum Teil sogar wiederbelebt. Die theologisch begründete Judenfeindschaft, der Antijudaismus, wurzelte in der Vorstellung von der Verstocktheit der Juden, die sich erst am Ende der Zeiten zu Christus bekennen würden und die es deshalb zu bekehren galt. Scharfen Stellungnahmen eines Martin Luther oder eines Erasmus von Rotterdam standen nur vereinzelte Zeugnisse für eine tolerantere Judenpolitik gegenüber, die etwa der Humanist Johannes Reuchlin (1455–1522) vertrat. 1492 begannen die Austreibungen in Spanien, ab 1525 wurden die Juden aus dem Königreich Neapel und ab 1597 aus dem Herzogtum Mailand vertrieben. In den Vereinigten Niederlanden mit dem Zentrum Amsterdam und in Altona erhielten sie ebenso Zuflucht wie in Böhmen und Polen-Litauen, das den Juden weitgehende Rechte einräumte und deshalb zahlreiche Flüchtlinge anzog. Eine bedeutende Rolle spielte die Prager Judengemeinde mit dem gelehrten Rabbi Löw und dem Finanzier Mordechai Meisl, die in engem Kontakt zum Kaiserhof standen. In Südosteuropa bildete das unter osmanischer Herrschaft stehende Thessaloniki ein Zentrum jüdischen Lebens. Die Juden wohnten mit Schutzbriefen ausgestattet oft in abgegrenzten Bezirken der Städte, den Gettos, und waren überwiegend im Geld- und Warengeschäft tätig. Diese Tätigkeiten brachten ihnen die erbitterte Feindschaft der städtischen Zünfte ein, die in ihnen unliebsame Konkurrenten sahen. In der Regel genossen die Juden jedoch eine gewisse Autonomie und verfügten über eigene Vorsteher und Richter, da die weltliche Obrigkeit nicht in ihre religiösen Konflikte eingriff.

Austreibung der Juden

Im Reich war die mittelalterliche Kammerknechtschaft der Juden unter dem Kaiser auf die Landesherrschaft übergegangen, wobei die größeren Territorien das Judenregal zur Austreibung nutzten. Die Juden wichen auf die Dörfer aus und konnten sich in den kleineren Territorien der Reichsgrafen, Reichsprälaten und Reichsritter sowie unter dem Schutz des Kaisers in zahlreichen Reichsstädten halten. In Regensburg und Rothenburg ob der Tauber wurden sie jedoch noch 1519 vertrieben. Einen dauerhaften überregionalen Zusammenschluss bildete die Judenschaft nicht aus; im Reich konnte lediglich der aus der Elsässer Landjudenschaft stammende Rabbi Josel von Rosheim (um 1478–1554) zu Beginn des 16. Jahrhunderts zeitweise als „gemeiner Jiddischheit Vorsteher" eine Art Sprecherrolle einnehmen. Eine herausgehobene Funktion hatte die Judengemeinde in

Frankfurt am Main inne. Hier kam es 1614 zum Pogrom der Handwerkerzünfte unter Führung des Lebkuchenbäckers Vinzenz Fettmilch gegen den Rat der Stadt und die Judengemeinde. Doch wurden die vertriebenen Juden unter dem Schutz des Kaisers in die Stadt zurückgeführt, ihre Privilegien bestätigt und Fettmilch hingerichtet. Der Antijudaismus verband breite gesellschaftliche Gruppen und versetzte die jüdischen Gemeinden in latente Furcht vor Übergriffen und Pogromen. Dennoch gestaltete sich das Verhältnis von christlicher und jüdischer Bevölkerung über weite Strecken des konfessionellen Zeitalters als friedliches Auskommen, weil gerade die Obrigkeiten die finanziellen und ökonomischen Vorteile des Judenschutzes begriffen.

Einer oft lebensbedrohenden Diskriminierung waren auch die Zigeuner ausgesetzt, die seit dem 15. Jahrhundert vor allem in Mittel- und Südosteuropa durch ihre sprachliche Fremdheit und ihre Nichtsesshaftigkeit den ständigen Verdacht von Kriminalität auf sich zogen. Zahlreiche Polizeiordnungen belegten sie mit einem Aufenthaltsverbot und nicht selten kam es zu Fällen von Lynchjustiz ohne jegliches Gerichtsverfahren. Ein weitverbreiteter Vorwurf beschuldigte sie der Nichtachtung der Religion und der Spionage für die Türken, da sie oftmals enge Kontakte zu ihren unter osmanischer Herrschaft lebenden Sippen aufrechterhielten. Diese Vorurteile mussten sie ebenso ertragen wie andere Nichtsesshafte, die als umherziehende Gaukler, Spieler und Musikanten ein Leben am Rand der Gesellschaft fristeten. In Rom gab es regelrechte Zünfte, in denen sich Gauner und Bettler organisierten. Eine Gegengesellschaft mit einem eigenen, unangepassten Wertesystem haben diese Vaganten jedoch nur in Ansätzen entwickelt (Ammerer 2006, S. 171). Ebenso wie die Umherziehenden ihre Lebensweise an die vorgegebenen Zwänge anpassten, wurden sie umgekehrt von der Gesellschaft als notwendiges Übel angesehen, solange sie bestimmte Spielregeln einhielten.

Zigeuner

Nichtsesshafte

Fragen und Anregungen

- Beschreiben Sie die Kennzeichen der adeligen Gesellschaft.
- Erläutern Sie die Funktionsweise des frühneuzeitlichen Verlagssystems.
- Nennen Sie Gründe für die Entstehung der Bauernaufstände.
- Stellen Sie die Hauptforderungen der Bauern im Jahr 1525 dar.
- Wer zählt zu den Außenseitern der christlichen Gesellschaft?

Lektüreempfehlungen

Quellen
- Jost Amman: Das Ständebuch, 11. Auflage Frankfurt a. M. 1995. *In 133 Holzschnitten und Beschreibungen wird die frühneuzeitliche Ständegesellschaft differenziert dargestellt.*

- Hans-Otto Mühleisen / Theo Stammen / Michael Philipp (Hg.): Fürstenspiegel der Frühen Neuzeit, Frankfurt a. M. / Leipzig 1997. *Europäischer Querschnitt für die politische Erziehung zukünftiger Herrscher.*

Forschung
- Ronald G. Asch: Europäischer Adel in der Frühen Neuzeit. Eine Einführung, Köln u. a. 2008. *Überblicksdarstellung, die hervorragend zum Einstieg in das Thema geeignet ist.*

- Friedrich Battenberg: Die Juden in Deutschland vom 16. bis zum Ende des 18. Jahrhunderts, München 2001. *Überblicksdarstellung über die verfassungsrechtliche, soziale und wirtschaftliche Situation der jüdischen Minorität im Alten Reich.*

- Horst Buszello / Peter Blickle / Rudolf Endres (Hg.): Der deutsche Bauernkrieg, 3. Auflage Paderborn u. a. 1995. *Sammelband, der in einem regionalen Zuschnitt den Bauernkrieg von 1525 behandelt.*

- Volker Press: Adel im Alten Reich. Gesammelte Vorträge und Aufsätze, hg. von Franz Brendle und Anton Schindling, Tübingen 1998. *Enthält Lebensbilder ritterschaftlicher Rebellen und strukturelle Überblicksdarstellungen vor allem zur Reichsritterschaft.*

- Bernd Roeck: Außenseiter, Randgruppen, Minderheiten. Fremde im Deutschland der Frühen Neuzeit, Göttingen 1993. *Beschreibt und analysiert die gesellschaftlichen Unterschichten in der Frühen Neuzeit.*

- Helga Schultz: Handwerker, Kaufleute, Bankiers. Wirtschaftsgeschichte Europas 1500–1800, Frankfurt a. M. 1997. *Ausgezeichnete Darstellung des europäischen Wirtschaftssystems in der Frühen Neuzeit.*

8 Mentalität und Gesellschaft

Abbildung 8: *Ein erschröckliche Geschicht, so zu Derneburg in der Grafschaft Reynstein am Harz gelegen von dreien Zauberinnen [...] des Monats Oktober 1555 ergangen,* Zeitgenössisches Flugblatt mit Holzschnitt (Ausschnitt) (1555)

Die Verfolgung von Hexen war signifikanter Ausdruck einer frühneuzeitlichen Gesellschaft, die von Angst, Gewalt und Krisen geprägt war. Das Flugblatt aus dem Ort Derneburg in der Grafschaft Reinstein, im Harzvorland gelegen, zeigt eine Hexenverbrennung aus dem Jahre 1555 und erläutert sie mit traditionellen Motiven des Hexenglaubens. Das Bild illustriert den typischen Vorwurf eines sexuellen Verhältnisses mit dem Teufel, verbunden mit Ehebruch und Zauberei. Drei Frauen und Männer hatten sich, angeblich vom Teufel besessen, verschiedener Vergehen einschließlich Mordes schuldig gemacht und wurden dafür hingerichtet. Der Bericht kolportiert den Wahn, der um die Hexen entstanden war: Zwei der Frauen hätten nach ihren Missetaten um das Feuer getanzt – bildlich auf der rechten Seite dargestellt. Vor dem Haus liegt der tote Ehemann, den eine der beiden Frauen mithilfe des Teufels umgebracht habe. Während der Verbrennung der beiden Frauen sei für jedermann erkennbar der Teufel selbst erschienen und habe eine der Frauen entführt, wie links oben dargestellt. Für den Berichterstatter war das der Anlass, mahnend an die Existenz des Teufels zu erinnern.

Der Glaube an Hexen war die folgenreichste Ausformung eines magischen Weltbildes, welches das Wirken übernatürlicher Kräfte oder böser Geister am Werk sah. Die Vorstellung von Hexen und ihrem Einfluss konnte in der Frühen Neuzeit die verschiedenartigsten Formen annehmen. Dazu zählte auch die Verwandlungsfähigkeit in Tiere wie Katzen, Kröten oder Eulen. Insbesondere wurde ihnen aber die Fähigkeit zugesprochen, durch einen Pakt mit dem Teufel ihre Umwelt schädigen zu können. Viehseuchen, Missernten, körperliche Gebrechen, ja sogar Unwetter und Naturkatastrophen waren ihrem Tun zuzuschreiben. Zwar war und ist der Hexenglaube in vielen Ländern und Kulturen verbreitet, doch entwickelte er sich gerade im konfessionellen Zeitalter in Mitteleuropa zu einem mörderischen Massenwahn. Damit war er der verhängnisvollste Ausdruck eines Weltbildes, das noch ganz in mittelalterlichen Denkmustern verhaftet war und sich erst allmählich von naturmagischen Vorstellungen löste.

8.1 **Natur und Welt**
8.2 **Individuum und Familie**
8.3 **Körper und Geschlecht**
8.4 **Magisches Weltbild und Hexenglauben**

8.1 Natur und Welt

Das Verständnis des Menschen von seiner Umwelt und von der Natur war im 16. Jahrhundert noch in hohem Maße von religiösen Vorstellungen geprägt. In den Dingen dieser Welt Beziehungen und Zeichen zu sehen, die über die erfahrbare Welt hinauswiesen, gehörte zur Denkweise der Menschen. In einem solchen Weltbild hatte die Wissenschaft vor allem die Aufgabe, im Erforschen der Natur Gott als ihren Schöpfer zu verherrlichen. Obwohl die Gelehrten die Welt und das All als eine große harmonische Sphäre verstanden, gehörte doch gleichzeitig die Erfahrung der eigenen Begrenztheit zu den existenziellen Erfahrungen der Zeit. Nur langsam löste sich die Wissenschaft von den überkommenen traditionellen Vorstellungen und emanzipierte sich auf den Gebieten der Mathematik, der Physik, der Astronomie und der Medizin. Indem sie das Autoritätsargument infrage stellte und zu einer empirisch gedeckten Erforschung allgemeiner Gesetzmäßigkeiten in der Welt überging, beschwor sie den Konflikt mit der traditionellen Autorität der Kirche und ihrem Erklärungsmonopol herauf. Der Physiker, Mathematiker und Astronom Galileo Galilei (1564–1642) kam aufgrund von exakten Beobachtungen und Messungen zu der Auffassung von der Umdrehungsbewegung der Erde um die Sonne. Weil diese wissenschaftlich gewonnene Erkenntnis dem in der Bibel beschriebenen Sonnenstillstand vermeintlich widersprach, wurde sie von der römischen Inquisition als Irrlehre abgetan, Galilei selbst 1633 verurteilt und zum Schweigen verdammt. Auch der Astronom Johannes Kepler (1571–1630) geriet in Schwierigkeiten mit seiner lutherischen Amtskirche, weil er sich aus sachlicher Überzeugung für den – bis heute gültigen – Gregorianischen Kalender einsetzte, den die protestantischen Kirchen aus konfessionellen Gründen ablehnten. Papst Gregor XIII. hatte 1582 durch das Weglassen von zehn Tagen den alten Julianischen Kalender an die astronomische Wirklichkeit angepasst. Technische Entwicklungen und Erfindungen gingen mit den wissenschaftlichen Vorstößen einher. Galilei baute Fernrohre, Otto von Guericke (1602–86) konstruierte das Barometer und die Luftpumpe, während die holländischen Brillenschleifer erste Mikroskope herstellten.

Doch war dies das Weltverständnis einer kleinen Gelehrtenwelt. Der Großteil der Menschen war in der Landwirtschaft tätig und lebte damit in einem Umfeld, in dem der Lebens- und Arbeitsrhythmus von der Natur und den Jahreszeiten vorgegeben war. Jahr und Tag gliederten sich zwar nach christlichen Festen und Heiligengedenktagen, doch bestanden gerade im ländlichen Bereich noch viele Brauchtumstermine weiter, die in den Städten längst aufgegeben worden waren. Sonnwendfeiern hatten im bäuerlichen Jahr ebenso einen festen Platz wie die Rauhnächte und das Austreiben des Winters. In Teilen Skandinaviens blieben bis ins 17. Jahrhundert geschnitzte Kalenderstäbe üblich, auf denen neben den christlichen Festen noch die vorchristlichen eingetragen waren. Vielen Menschen war ein Weltbild zu eigen, das zwar in christlichem Sinne Natur und Welt als Schöpfung Gottes ansah, das aber gleichzeitig von magischen Gestalten, von guten und bösen Geistern und unkontrollierbaren Mächten durchsetzt war. Diese galt es durch Gebete und rituelles Handeln zu besänftigen. Das eigene Haus, der eingefriedete Garten stellten einen privaten Rückzugsraum dar, der Sicherheit bot gegenüber den in der wilden Natur, in Wäldern, Mooren und Gebirgen lauernden Räubern, wilden Tieren, aber auch Kobolden und Feen.

Magie und Geister

Die Beziehung der bäuerlichen Welt zu der sie umgebenden Landschaft war weniger von ästhetischen als vielmehr von ökonomischen Gesichtspunkten geprägt. Es ging um die Nutzung des Raumes, um Getreideanbau, Bau- und Brennholz, Weiden und Viehwirtschaft. Es war für die Menschen eine existenzielle Erfahrung, dass diese Ressourcen begrenzt waren und dass nur eine bestimmte Menge an Lebensmitteln produziert werden konnte. Man spricht deshalb von einer Knappheitsgesellschaft, das heißt, dass die Bevölkerungsentwicklung traditioneller Gesellschaften entsprechend dem Nahrungsspielraum sowie dem Verhältnis zwischen Bevölkerung und sozioökonomischen Umfeld verlief. In allen europäischen Gesellschaften führte dieser Umstand zu einem zwar stetigen, aber nur sehr geringen Bevölkerungswachstum bis in die Mitte des 18. Jahrhunderts hinein. Weitere Faktoren trugen zu dieser Bevölkerungsentwicklung bei: die hohe Kindersterblichkeit, die mangelnde Hygiene und schlechte medizinische Versorgung, immer wiederkehrende Seuchen und Pestwellen, die Europa bis zu Beginn des 18. Jahrhunderts heimsuchten und oftmals eine verheerende Nebenwirkung der Kriege darstellten. Gleichzeitig war eine Bevölkerung, die am Existenzminimum lebte oder sogar zu wenig zum Essen hatte, sehr viel anfälliger für Seuchen, da der Körper geschwächt war.

Knappheitsgesellschaft

Geringes Bevölkerungswachstum

Nach modernen Schätzungen stieg die europäische Bevölkerung von etwa 60 Millionen Einwohnern im Jahr 1500 auf etwa 90 Millionen um 1600 an, in England von etwa 3 auf 5, in Frankreich von etwa 14 auf 21 und im Reich von etwa 10 auf 15 Millionen. Durch

Bevölkerung in Europa

den Dreißigjährigen Krieg, der sich hauptsächlich auf deutschem Boden abspielte, entstand im Heiligen Römischen Reich eine Sonderentwicklung mit einem drastischen Bevölkerungseinbruch in der Mitte des 17. Jahrhunderts, der regional jedoch sehr unterschiedlich ausfallen konnte (→ KAPITEL 12.1). Die durchschnittliche Lebenserwartung betrug in dieser Zeit zwischen 25 und 35 Jahren, wobei ein hohes Lebensalter nicht so selten war. Denn der statistische Mittelwert verdeckt die Tatsache, dass nicht das normale Krankheitsrisiko das Lebensalter senkte, sondern in erster Linie die hohe Kindersterblichkeit. Zwischen 30 und 50 Prozent der Säuglinge erreichten nicht das Erwachsenenalter.

Die demografische Situation wurde verschärft durch eine allgemeine Klimaverschlechterung, die nicht nur das Reich und Europa, sondern die gesamte nördliche Hemisphäre erfasste. Zwischen 1560 und 1630 sorgte die sogenannte Kleine Eiszeit für eine Senkung der jährlichen Durchschnittstemperatur um 2 bis 3 Grad. Der Begriff „Kleine Eiszeit" stammt aus der Geologie und Glaziologie (Wissenschaft von Eis und Schnee) zur Beschreibung des Phänomens der Zunahme der Gletscher in den Alpen und in Skandinavien; er wurde dann von historischen Klimaforschern übernommen. Verregnete Sommer und lange Winter schränkten die landwirtschaftlichen Anbaumöglichkeiten erheblich ein, die Gletscher in den Alpen drangen vor, die Vegetationsgrenze wich zurück. Dort, wo der Wein nicht mehr gedieh, wurde nun Bier getrunken, anspruchsvolle Getreidesorten wie Weizen konnten nur noch reduziert angebaut werden. Die Folgen dieses Klimawandels waren für die Menschen des 16. Jahrhunderts, die an der Grenze ihres Auskommens lebten, dramatisch. Immer wiederkehrende Missernten, ansteigende Getreidepreise und damit verbundene Hungerkrisen führten zu einer Stagnation des Bevölkerungswachstums und der Agrarkonjunktur, die seit etwa 1470 zu einem Aufschwung der bäuerlichen Produktion beigetragen hatte. Der Zusammenhang zwischen Bevölkerungszahl und Nahrungsressourcen war eng und zeigte sich in der Krisenzeit deutlich. Zeiten der Agrarkonjunktur führten zu Absatzkrisen, Zeiten der Agrarkrise umgekehrt zu Nahrungsmangel und Hungersnöten, Ernteausfall zu Teuerungs- und Notzeiten. Die altständische Gesellschaft entwickelte damit einen Mechanismus der Selbstregulierung, der Bevölkerungszahl und Einkommensgrundlagen ausbalancierte.

In Frankreich hat die Erforschung dieser Materien und damit großer Zeithorizonte eine lange Tradition, die auf die 1929 von Lucien Febvre (1878–1956) und Marc Bloch (1896–1944) gegründete Zeit-

Kleine Eiszeit

Bevölkerungszahl und Nahrungsressourcen

Annales — schrift *Annales* zurückgeht. Die beiden französischen Historiker strebten eine weit gefasste Sozial-, Wirtschafts- und Kulturgeschichte an, um die bis dahin dominierende thematische Begrenzung auf die Ereignis- und Ideengeschichte aufzusprengen. Ausgehend von der Vorstellung der menschlichen Umwelt als einer zwar unmittelbar vorgegebenen, aber doch mittel- und langfristig wandelbaren Struktur, befasste sich die Annales-Schule vorwiegend mit längerfristigen gesellschaftlichen Entwicklungen und Phänomenen, der *longue durée* als Zeit langsamer, geografischer, klimatischer und biologischer Veränderungen.

Umweltgeschichte — In Deutschland hat sich in den letzten Jahren als neues Teilfach die Umweltgeschichte dieser Themen angenommen, indem sie die Beziehungen des Menschen zu seiner Umwelt in ihren historischen Veränderungen untersucht (→ ASB GOSCHLER / GRAF, KAPITEL 12.1). Es geht jedoch nicht nur um Langzeitstudien zu Landschaft, Klima, Land- und Forstwirtschaft, Verkehr und Handel, sondern auch um die gesellschaftliche Wahrnehmung von Umwelt. Dabei tritt einerseits deutlich zutage, dass sich die romantische Vorstellung einer unbeschädigten Umwelt der Vormoderne, die durch die Industrialisierung zerstört worden ist, nicht halten lässt. Vielmehr sind oftmals gerade Naturidyllen, die uns als Ideallandschaften vorschweben, durch und unter menschlichem Einfluss entstanden. Damit kann andererseits der enge Zusammenhang zwischen der Umwelt und frühneuzeitlichen Herrschaftspraktiken hergestellt werden. Die seit dem 16. Jahrhundert verstärkt erlassenen Forstordnungen dienten der Beseitigung des drohenden Holzmangels ebenso wie der Durchsetzung der Territorialstaatsinteressen in der Forstverwaltung und Forstwissenschaft (Radkau 2000).

8.2 Individuum und Familie

Das Haus und der Haushalt stellten die Grundlage bäuerlichen Lebens und Wirtschaftens dar. In seiner idealtypischen Form setzte sich der frühneuzeitliche Haushalt aus drei sozialen Gemeinschaften zusammen: der ehelichen Verbindung zwischen Mann und Frau, der elterlichen Gemeinschaft mit den Kindern und der Arbeitsgemeinschaft zwischen der Herrschaft des Hauses und seinem Gesinde. Diese den gesamten Haushalt umfassende rechtliche Gemeinschaft wird

Ganzes Haus — unter dem Begriff des „Ganzen Hauses" zusammengefasst (→ ASB MÜLLER, KAPITEL 3.1). Das „Ganze Haus" war der zentrale Sozialisationsort in der Gesellschaft und entwickelten sich zum familiären Leitbild in der Frühen Neuzeit. Die Ordnung des Hauses war gleichsam die Grundordnung für alle anderen Herrschaftsmodelle und gewann somit eine Vorbildfunktion für den wohl organisierten Landesstaat, der Hausvater stellte den Idealtypus des Landesherrn dar. Protestantische Theologen haben maßgeblich zur Durchsetzung dieses Bildes beigetragen, das in der sogenannten Hausväterliteratur eine große Verbreitung fand. Die Gründung eines eigenen Haushaltes wurde zur Grundbedingung und Voraussetzung für die Eheschließung. Dies implizierte umgekehrt zum einen Heiratsverbote für bestimmte Bevölkerungsgruppen wie Studenten, Handwerksgesellen oder Dienstboten, zum anderen die kirchliche und soziale Stigmatisierung unehelicher Kinder.

Die Vorstellung von der vorindustriellen Großfamilie ist in den letzten Jahren von der historischen Familienforschung allerdings als Legende entlarvt worden. Insgesamt war die Zahl derjenigen, die sich um die Kernfamilie als abhängig Beschäftigte in den Haushalten gruppierten, doch wesentlich geringer als man ursprünglich annahm. Im städtischen Handwerk arbeiteten Lehrlinge und Gesellen, im ländlichen Betrieb Knechte und Mägde bei den Familien, denen sie zugeordnet waren. In der Regel lebten sie unverheiratet im jeweiligen Haushalt und erweiterten damit die Familie zur Hausgemeinschaft. Oftmals blieb jedoch die Kernfamilie unter sich. Der Hausvater war für den Hausfrieden verantwortlich und übte ein patriarchalisches Regiment über die Angehörigen des „Ganzen Hauses" aus. Er übernahm damit auch die Verpflichtung zur Fürsorge aller, die ihm unterstellt waren.

_{Haushalt}

Die Gesellschaft der Frühen Neuzeit war ein patriarchalisches Ordnungsgefüge, in dem die Frau dem Mann untergeordnet war (→ KAPITEL 9.3). Dies spiegelt sich in der rechtlichen Stellung, in wissenschaftlichen Diskursen und im Ordnungsdenken der Zeit wider. Die Ehe galt als die einzige gottgewollte Lebensform, legitime Alternativen dazu gab es im protestantischen Europa nicht. Dagegen blieb im katholischen Bereich die Ehelosigkeit des Welt- und Ordensklerus bestehen. Luther selbst erklärte die Ehe zum vornehmsten Stand aller Menschen, wenngleich er sie ihres sakramentalen Charakters entkleidete. Unter bestimmten Bedingungen wurden in der protestantischen Kirche Ehescheidung und Wiederverheiratung möglich, was die katholische Kirche strikt ablehnte. In scharfem Gegensatz zur alten Kirche zählte der Ehestand auf einmal mehr als Askese, Zölibat und Jungfräulichkeit. Das Gebot gegenseitiger Achtung der Eheleute sah

Ehe

Mann und Frau in der Praxis aber eine Unterordnung der Frau unter den Hausvater vor. Nach zahlreichen Kirchenordnungen des 16. Jahrhunderts beinhaltete dies auch das Recht zur Züchtigung bei untugendhaftem Verhalten. Das Bild der züchtigen und braven Ehefrau, die ehrerbietig zu ihrem Mann aufschaut, wurde in der Hausväterliteratur der Zeit vielfach gezeichnet und beschworen. Dies konnte jedoch nicht darüber hinwegtäuschen, dass Ehen im bürgerlichen und bäuerlichen Bereich vor allem aus einem Nützlichkeitsdenken heraus oder in fürstlichen Kreisen zur Untermauerung politischer Koalitionen geschlossen wurden.

Kinder und Alte Mann und Frau standen mit jeweils eigenständigen Kompetenzen ihrem Haus vor und sorgten sich um die Erziehung ihrer Kinder. Die Geburt eines Kindes war ein herausragendes Ereignis, das über das Haus in die Nachbarschaft hineinwirkte und entsprechend gefeiert wurde. Es gab im konfessionellen Zeitalter eine regelrechte Begeisterung für Kinder, die auch als „Ideologie der Kindheit" bezeichnet wurde (Reinhard 2004, S. 244). Zur Hausgemeinschaft gehörte meist auch die Generation der Alten, soweit sie noch am Leben war. Der Fluch des Alters wurde in der Frühen Neuzeit vor allem als Gegensatz zur Jugend aufgefasst. Für diese letzte Lebensphase bürgerte sich auch die Bezeichnung des Greises ein. Auf der anderen Seite wurde ideell die Weisheit des Alters gerühmt. Die im vierten Gebot verankerte Elternliebe erfuhr im Protestantismus eine enorme Aufwertung als Grundnorm für die Ordnung der Gesellschaft (Göckenjahn 2000, S. 36). In der Realität stellte sich vor allem das Problem der materiellen Versorgung. Nur ganz wenige Menschen waren in der Lage, sich aus dem Erwerbsleben zurückzuziehen und den Ruhestand zu genießen. Viele Alte, vor allem auf dem Land, waren gezwungen, bis zu ihrem Lebensende zu arbeiten, wollten sie nicht in die Bedürftigkeit absinken. Mit der Versorgung des „Altenteils" wurde in diesem Fall die Familie oder die staatliche Armenfürsorge belastet. Die in England gesetzlich vorgeschriebene Mindestrente blieb im Europa des 16. Jahrhunderts die Ausnahme.

8.3 Körper und Geschlecht

Die Erforschung der Geschlechterverhältnisse, bei der weibliche und männliche Körperbilder in ihrer Wechselwirkung sowie ihren gesellschaftlichen Auswirkungen untersucht werden, nimmt in der neueren Forschung einen breiten Raum ein. Dabei wurden aus der angelsächsischen Forschung zur Unterscheidung zwischen Geschlecht als biologischem und Geschlecht als sozialem Phänomen die Begriffe „sex" und „gender" übernommen. Das biologische Geschlecht (sex) wird beim Menschen aufgrund von körperlichen Geschlechtsmerkmalen festgestellt. Auf dieser Grundlage wird der Mensch zu einer Geschlechtskategorie (männlich oder weiblich) zugeordnet. Diese Zuordnung bewirkt eine soziokulturelle, diskursiv bedingte Geschlechterrolle (gender), die gesellschaftlich strukturbildend wirkt und die Organisation und Wahrnehmung gesellschaftlicher Wirklichkeit formt. Die Kritik an diesem Konzept hat sich einerseits daran entzündet, dass die Zuweisung des sozialen Geschlechts immer auf der Basis der biologischen Kategorie erfolgt und damit deterministisch einen natürlichen Geschlechtscharakter als soziale Tatsache ausgibt. Andererseits wurde darauf hingewiesen, dass zur Ausbildung eines Individuums sehr viel mehr Einflüsse wirksam seien. So stehe der Mensch in einem weiten Beziehungsgeflecht, das nicht nur durch das soziale Geschlecht, sondern auch durch Ethnie, soziale Schicht und individuelle Faktoren der Identitätsbildung gekennzeichnet sei.

Sex und gender

Die unterschiedlichen Rollen von Mann und Frau wurden in erster Linie von den gesellschaftlichen Erwartungen an weibliche und männliche Verhaltensmuster geprägt. In der Frühen Neuzeit unterlag die Beziehung der Geschlechter strengen Reglements. Ehe und Keuschheit stellten für Frauen den einzigen Weg dar, um gesellschaftliche Achtung zu erhalten. Sexualität, Liebe und Leidenschaft hatten für die Frau, wenn überhaupt, hier ihren Platz zu finden. Die in der Ehe vollzogenen sexuellen Handlungen waren legitimiert und wiesen den Weg für die natürliche Bestimmung der Frau zur Mutterschaft (Wiesner 1998). Frauen ohne festen Wohnsitz, die auf den Straßen unterwegs waren, kamen sehr schnell in den Verdacht der Prostitution. Deshalb wurden illegitime sexuelle Beziehungen, uneheliche Schwangerschaften oder gar Kindsmord, auf den die Todesstrafe stand, scharf verfolgt und geahndet. Einrichtungen wie die Spinnstuben, in denen sich die Gelegenheit bot, nähere Kontakte zu knüpfen, wurden einer strengen obrigkeitlichen Kontrolle unterworfen oder verboten, da hier die jungen Leute erste sexuelle Erfahrungen sammeln konnten. Frauen warf man gern eine nicht kontrollierbare, überbordende Lust und eine weibliche Lasterhaftigkeit vor. Sexuelle Ausschweifungen drohten die gesamte sittliche Ordnung umzustoßen. Dagegen wurde sexuelles Fehlverhalten des Mannes weit weniger bestraft und oft sogar zustimmend toleriert. Auch wenn im konfessionellen Zeitalter die Versittlichung des alltäglichen Lebens

Sexualität

eingefordert wurde, so zielten das Schönheitsideal der Zeit ebenso wie die Mode doch auf das Körperliche, indem die Brüste der Frau betont wurden, während der Mann engsitzende Beinkleider trug und seine Geschlechtsteile durch eine eigene Schamkapsel geschützt wurden.

Schönheitsideal

Das mit der Renaissance verknüpfte neue Menschenbild führte im 16. Jahrhundert zu einer deutlichen Verweltlichung des Verhältnisses zum eigenen Körper. Die Anatomie des menschlichen Körpers, die Leonardo da Vinci zeichnerisch darstellte, wurde zum Gegenstand zumindest vereinzelter wissenschaftlicher Studien. Grundlage der frühneuzeitlichen Körpervorstellung war die antike Vier-Säfte-Lehre, die auf Hippokrates von Kos zurückging (460–375 v. Chr.). Sie bildete ein in sich geschlossenes System einer vorwissenschaftlichen Medizin. Danach beruht die Gesundheit des Menschen auf dem Zusammenwirken der vier Körpersäfte Blut, gelbe Galle, schwarze Galle und Wasser. Um gesund zu sein, mussten diese Säfte in einem ausgewogenen Mischungsverhältnis stehen. Kamen sie jedoch aus dem Gleichgewicht, wurde der Mensch krank. Aderlass und Schröpfen stellten deshalb die wirkungsvollste Methode dar, diese Krankheiten zu überwinden. Dafür sorgten nicht nur sich immer stärker professionalisierende Ärzte, sondern auch der frühneuzeitliche Staat, der mit Seuchenverordnungen und der Errichtung von Spitälern und Siechenhäusern eine systematische Gesundheitspolitik für Kranke und Alte zu entwickeln begann. Denn die Verletzlichkeit, ja Vergänglichkeit des menschlichen Körpers wurde besonders mit fortschreitendem Alter erfahren, was jedoch nur eine kleine Gruppe von Menschen betraf. Angesichts grassierender Pestwellen, für die man keine präzisen Erklärungen fand, setzten die Obrigkeiten Quarantänemaßnahmen durch, um den „Schwarzen Tod" einzudämmen. Mit der aus der Neuen Welt eingeschleppten Syphilis als einer weit verbreiteten Geschlechtskrankheit wurden zum ersten Mal Sittlichkeit und Gesundheit miteinander verknüpft, wurde unkeusches Sexualverhalten als Krankheitsauslöser gebrandmarkt. Die Ursache glaubte man im degenerierten Charakter einzelner Völker zu erkennen, weshalb die Syphilis in Deutschland gerne als „französische Krankheit", in Frankreich dagegen als „neapolitanische Krankheit" bezeichnet wurde.

Körper

Gesundheit und Krankheit

Beginnende Gesundheitspolitik

Die Vorstellung eines guten Sterbens und eines guten Todes bestimmte die Frühe Neuzeit. Denn die Vorstellung von der Unsterblichkeit der Seele und ein Weiterleben nach dem Tod gehörten zum unverrückbaren Wissenskanon des frühneuzeitlichen Menschen. Des-

Tod und Sterben

halb war es notwendig, nicht nur gut zu leben, sondern ebenso gut und wohl versehen zu sterben. Dazu zählten im katholischen Bereich die Krankensalbung als Sterbesakrament und damit verbunden die Beichte und die Absolution durch den Priester. Die reformatorische Rechtfertigungslehre brach mit der Vorstellung eines Fegefeuers und machte damit Totengebete und Seelenmessen funktionslos. Bestattungen wurden in Teilen der Schweiz nun sogar ohne kirchliche Mitwirkung möglich. Das *Book of Common Prayers* von 1552 schaffte die Gebete für die Toten ab, in den Testamenten englischer und französischer Protestanten gingen die religiösen Ausdrucksformeln zurück. Dass noch auf dem Totenbett der wahre Glaube bekannt wurde und der Sterbende dem Tod gefasst entgegensah, galt jedoch auch hier als Ausdruck eines guten Todes. Wenn sich Leichenpredigten gegen Vorwürfe verwahrten, der Verstorbene habe sich nichtchristlich gegen den Tod aufgelehnt, so zeigt dies, dass trotz aller christlichen Tröstungsangebote Todesangst und Lebenssehnsucht geläufige Begleitumstände des Sterbens waren.

Der Aufwand des Begräbnisses, das Teil der öffentlichen Gemeindekultur war, zeugte in der Regel von der gesellschaftlichen Stellung des Toten. Arme und Bedürftige konnten sich das christliche Sterben im „Ganzen Haus" ebenso wenig leisten wie Totenämter, jährliche Gedenkmessen oder einen großen Leichenzug. Stattdessen war die Form der Beisetzung nach unterschiedlichen Begräbnisklassen vorgesehen, die in Leichenordnungen festgelegt wurden. Die in den Pestwellen des Spätmittelalters aufgekommenen Totentänze, die Darstellung eines Reigens oder Tanzes des personifizierten Todes mit Personen der Ständegesellschaft, verdeutlichten dagegen den Gedanken der Gleichheit aller Menschen und Stände im Tod. Die Totentänze verbreiteten sich im 16. Jahrhundert in weiten Teilen Europas als monumentale Malereien auf Friedhofsmauern, Kapellen oder Beinhäusern. Ohne Rücksicht auf die Stellung, die eine Person in ihrem Leben innehat, bittet der Tod alle Menschen zum Tanz: Papst, Kaiser, König, Kardinal, Bürger oder Bettelmann. Die Gleichstellung vor dem Tod ist überhaupt erst bedeutsam vor dem Hintergrund der Ungleichheit im Leben. Doch bekommt die Idee, dass der Tod keine irdischen Unterschiede achtet und niemand ihm auszuweichen vermag (was zunächst nicht mehr als ein biologisches Faktum ist), ihren disziplinierenden Charakter in Bezug auf das Leben erst durch den christlichen Glauben an die Auferstehung, an das Leben nach dem körperlichen Tod. Zu fürchten war nicht das Sterben selbst, sondern die Stunde der Rechenschaft, in der sich entscheiden würde, an wel-

— Begräbnis

— Totentanz

chen Zustandsort die Seele gelangen würde. Besonderen Schrecken flößte das plötzliche, unerwartete Sterben ein, die *mors repentina*, die keine Zeit mehr zur Buße ließ. Wenn sich Karl V. am Ende seines Lebens in die Einsamkeit eines Klosters in der Estremadura zurückzog, so ist das nicht nur Ausdruck politischer Resignation, sondern auch ein bewusster Rückzug, um sich auf sein Sterben vorzubereiten.

8.4 Magisches Weltbild und Hexenglauben

Magische Weltvorstellungen

Magische Weltvorstellungen waren im konfessionellen Zeitalter überall anzutreffen. Abergläubische Vorstellungen gab es in Stadt und Land und in allen Schichten der Bevölkerung, bei kleinen Leuten, aber auch bei Herrschern und Gelehrten, wenngleich sie hier mitunter andere Ausdrucksformen annahmen. In den gesellschaftlichen Oberschichten spielten wohl Okkultismus, Alchimie und Astrologie eine sehr viel größere Rolle als zauberische Praktiken und Vorstellungen, die vor allem von einfachen Leuten geglaubt wurden. Herrscher wie Rudolf II. (1576–1612) wandten sich den „Teufelswissenschaften" zu, um Gold herstellen zu können. Die abenteuerlichen Fluchten des Kaisers aus der Wirklichkeit waren nicht nur seiner *melancholia* (Schwermut) geschuldet, sondern rührten auch daher, dass er sich verhext wähnte. Von Wallenstein, dem kaiserlichen Feldherrn im Dreißigjährigen Krieg, ist bekannt, dass seine Kriegsentscheidungen weniger von Heeresstärke und strategischer Lage, als vielmehr von den Voraussagen seines Hofastrologen bestimmt waren. Selbst große Gelehrte der Frühen Neuzeit wie Tycho Brahe oder Johannes Kepler waren nicht gänzlich frei von der Vorstellung, dass der Verlauf der Welt von den Konstellationen am Himmel abhängen könnte.

Aberglauben

Auch von weniger gebildeten Menschen wurden permanent die Zeichen und Vorgänge am Himmel, zum Teil sehr volkstümlich, gedeutet. Man fürchtete Kometen, feurige Drachen und Blutregen, glaubte liebliche Musik und schreckliches Donnergrollen zu hören und schenkte bereitwillig Gehör, wenn andere solche Phänomene wahrgenommen haben wollten. Der Aberglauben trug im konfessionellen Zeitalter viele und mitunter seltsame Früchte. Die Trennlinien zwischen Glaube und Magie waren oftmals äußerst unscharf, wenn man in der Welt das Wirken von Teufeln, Engeln, guten und bösen Geistern annahm. Vor allem waren viele Menschen von der Möglichkeit der Zauberei, sei es unmittelbar oder sogar über weite Strecken hinweg, überzeugt. Von Krankheiten und Epidemien dachte man oft, sie seien durch Zauberei herbeigeführt worden. Abergläubische Vorstellungen unterfütterten viele Gemeinschaftshandlungen, wie die von den Nachbarn abgehaltenen Totenwachen, mit denen das eigene Haus vor dem eben Verstorbenen geschützt werden sollte. Uhren wurden angehalten, Spiegel umgedreht und Fenster geöffnet, um den verstorbenen Seelen den Ausgang zu ermöglichen.

Am verhängnisvollsten äußerte sich das magische Weltbild im Massenphänomen der Hexenverfolgungen, mit denen Europa in der Frühen Neuzeit überzogen wurde. Der populäre Hexenglaube hatte einheimische und orientalische Wurzeln und ging von der Annahme aus, dass Menschen mit dem Teufel im Bunde stünden und deswegen in der Lage seien, ihren Mitmenschen Schaden zuzufügen. Eine zentrale Voraussetzung für die großen Verfolgungswellen der Frühen Neuzeit war die Verschmelzung des mittelalterlichen Zaubereivorwurfs mit dem Ketzervorwurf. Der 1487 vom Dominikanermönch Heinrich Institoris verfasste *Hexenhammer* (lateinisch *malleus maleficarum*) schuf die autoritative Grundlage für die Hexenverfolgungen, indem er nicht nur eine detaillierte Deliktbeschreibung, sondern auch Anweisungen zur Führung von Hexenprozessen lieferte. Institoris fasste die überkommenen Vorwürfe gegen die Hexen zu einer systematischen Lehre mit klaren Definitionselementen zusammen: Dazu zählten der Teufelspakt unter Abschwörung Gottes, die Teufelsbuhlschaft, indem der geschlossene Pakt durch sexuellen Verkehr besiegelt wurde, der Schadenzauber gegen Mensch und Vieh sowie der Hexentanz mit Gleichgesinnten. Der angeblich ausgeübte Schadenzauber war oftmals der Auslöser dafür, dass von der Bevölkerung Hexenbezichtigungen erhoben wurden. Entscheidend für das Zustandekommen von Hexenprozessen wurde jedoch die Haltung der städtischen oder fürstlichen Obrigkeit, die solche Hexenprozesse zu führen bereit war oder eben nicht. Dass sich die Prozesse sehr schnell zu großen Verfolgungswellen entwickelten, hing sehr stark mit dem Prozessverfahren selbst zusammen. Eine unter der Folter – die in den Hexenprozessen fast immer zur Anwendung kam – eingestandene Teilnahme am Hexensabbat löste in der Regel weitere Denunziationen aus und führte zu neuen Prozessen und Verhören. War der Beschuldigte erst einmal verhaftet, hatte er kaum noch die Möglichkeit, einer Verurteilung zu entkommen, die in der Regel auf dem Scheiterhaufen vollstreckt wurde. Mancherorts galt es als besonderer Gnadenerweis, vor der Verbrennung mit dem Schwert gerichtet zu werden.

Hexenglaube

Hexenhammer

Im 15. Jahrhundert von Frankreich, Savoyen und der Schweiz ausgehend steigerte sich der Hexenglaube im 16. Jahrhundert zum Massenwahn. Weitgehend davon frei blieben Spanien, Portugal und Italien, weil hier die Inquisition das Aufkommen konkurrierender Gerichtsinstanzen verhindern wollte. Der weltlichen Gerichtsbarkeit, welche die Prozesse durchführte, sollte dieser Bereich, den man der ureigensten religiösen Sphäre zurechnete, nicht überlassen werden. Im übrigen Europa kam es dagegen zu furchtbaren Exzessen, die bis nach England und Skandinavien und sogar bis nach Nordamerika reichten. Zwischen 1560 und 1590, 1611 und 1618 sowie 1626 und 1630 erreichten drei große Hexenverfolgungswellen das Reich. Die in der Forschung angegebenen Opferzahlen schwanken sehr stark; seriöserweise muss von fünfzig- bis siebzigtausend Opfern in ganz Europa ausgegangen werden – das ist die größte nicht kriegsbedingte Massentötung von Menschen in der Frühen Neuzeit. 80 bis 90 Prozent der Hingerichteten waren Frauen, doch wurden auch Männer als Zauberer und sogar Kinder als Hexen angeklagt und verurteilt. Bereits im 16. Jahrhundert erhoben sich einzelne Stimmen gegen die Verfolgungen. Im 17. Jahrhundert kritisierte der Jesuit Friedrich von Spee (1591–1635) die Methode der Hexenprozesse und stellte ihre Ungerechtigkeit fest, wenngleich er am generellen Hexenglauben festhielt. Im Reich war mit dem Ende des Dreißigjährigen Krieges eine Entspannung eingetreten; die letzten Hexenverbrennungen in Europa fanden 1775 in Kempten, 1782 in Glarus in der Schweiz und 1793 in Posen statt.

Verfolgungswellen

Monokausale Erklärungsmuster für die Hexenverfolgungen erwiesen sich letztlich als nicht haltbar. Der französische Historiker Jules Michelet hatte bereits im 19. Jahrhundert Hexen als Opfer feudaler Unterdrückung angesehen. Die vom Sprach- und Literaturwissenschaftler Jacob Grimm 1835 vorgelegte Interpretation von Hexen als „weisen Frauen" wurde von der Frauenbewegung der 1970er-Jahre als Symbol weiblicher Macht und sexueller Unabhängigkeit rezipiert und in der sozialhistorischen und feministischen Geschichtswissenschaft weiterentwickelt. So wird aus geschlechtergeschichtlicher Perspektive das Hexenphänomen als Ausdruck des Widerstands gegen patriarchale Herrschaftsformen gedeutet. Die sozialwissenschaftliche Hexenforschung fragt verstärkt nach den Mentalitäten und sozialen Praktiken sowohl der Hexerei als auch ihrer Verfolgung. Verallgemeinernde Aussagen erweisen sich zunehmend als schwierig. Vielmehr muss von einem ganzen Ursachenbündel ausgegangen werden, das staatliche, ökonomische, konfessionelle und sozialgeschichtliche

Erklärungsmuster

Faktoren umfasst. Generell kann von einer höheren Verfolgungsaktivität in Territorien mit politisch oder konfessionell labilen Obrigkeiten ausgegangen werden. Hier wurden Hexenverfolgungen als Instrument der Sozialdisziplinierung eingesetzt. Offenbar waren die Hexenverfolgungen abhängig vom Grad der staatlichen Verdichtung. Im Reich ist tendenziell ein höherer Verfolgungseifer in katholischen Gebieten, zumal in den geistlichen Territorien, zu konstatieren als in evangelischen, wenngleich dies nicht in allen Fällen zutrifft.

Fragen und Anregungen

- Beschreiben Sie das Wissenschaftsverständnis des 16. Jahrhunderts.
- Was versteht man unter der „Kleinen Eiszeit"?
- Erläutern Sie die unterschiedlichen Rollenverständnisse von Mann und Frau in der Frühen Neuzeit.
- Charakterisieren Sie das frühneuzeitliche Eheverständnis.
- Wie wurde eine Hexe definiert?

Lektüreempfehlungen

- Wolfgang Behringer (Hg.): **Hexen und Hexenprozesse in Deutschland**, München 1988. *Quellensammlung zur Geschichte der Hexenverfolgung in zahlreichen Beispielen.* — Quellen

- Wolfgang Behringer: **Hexenverfolgung in Bayern. Volksmagie, Glaubenseifer und Staatsraison in der Frühen Neuzeit**, München 1987. *Fallstudie für Hexenprozesse in einem weltlichen Territorium, die auch für das Gesamtphänomen entscheidende Aussagen macht.* — Forschung

- Peter Dinzelbacher (Hg.): **Europäische Mentalitätsgeschichte**, 2. Auflage Stuttgart 2008. *Vereinigt Einzeldarstellungen zu den Hauptthemen nach Epochen geordnet und hat damit Lexikoncharakter.*

- Lyndal Roper: **Das fromme Haus. Frauen und Moral in der Reformation**, Frankfurt a. M. 1995. *Klassiker der Geschlechtergeschichte.*

- Reinhard Sieder: Sozialgeschichte der Familie, 3. Auflage Frankfurt a. M. 1991. *Zeigt die Familie als Ordnungssystem nicht nur für die frühneuzeitliche Gesellschaft.*
- Verena Winiwarter / Martin Knoll: **Umweltgeschichte. Eine Einführung**, Köln u. a. 2007. *Enthält nicht nur einen ersten Überblick über Methoden und Theorien, sondern auch eine Darstellung der wichtigsten Themen und ihrer gesellschaftlichen Wahrnehmung.*
- Heide Wunder: **„Er ist die Sonn', sie ist der Mond". Frauen in der Frühen Neuzeit,** München 1992. *Standardwerk zur Rolle und zum Verständnis von Frauen in der frühneuzeitlichen Gesellschaft.*

9 Bildung und Erkenntnis

Abbildung 9: Hans Burgkmair der Ältere: *Konrad Celtis Epitaph* (1507)

Das Porträt des Konrad Celtis (1459–1508), ein Holzschnitt von Hans Burgkmair dem Älteren, zeigt den Humanisten mit pelzbesetztem Kragen und mit dem Dichterlorbeer bekränzt. Es wird häufig auch das „Sterbebild" des Celtis genannt, obwohl es noch zu Lebzeiten des Erzpoeten hergestellt und von ihm selbst an seine Freunde versandt wurde. Celtis selbst erteilte den Auftrag für das Epitaph (Totengedenktafel) und verfasste die untenstehende Grabinschrift, als er den Tod herannahen fühlte. Sie lautet übersetzt:

„Weinet, ihr frommen Dichter, und schlaget die Brust mit den Händen: Euren Celtis hat hier das Schicksal des Todes ereilt. Er starb zwar, doch dauert sein Werk für ewige Zeiten, denn zu Gebildeten spricht er stets durch das, was er schrieb."

Die Patrone des Dichters, Apoll und Merkur, betrauern den Dichter ebenso wie zwei Putten am unteren Bildrand, deren Klagen in Schriftbändern ausgedrückt werden. Der Humanist blickt auf seine Hauptwerke herab: Die Germania illustrata, die Amores, die Oden und Epigramme. Das sind die Verdienste des Dichters, die ewigen Bestand haben: Denn ihre Werke folgen ihnen nach („opera eorum sequuntur illos").

Der deutsche Humanist Konrad Celtis stammte aus Mainfranken und hieß mit bürgerlichem Namen Pickel, den er in bewährter Humanistenmanier latinisierte. Nach Studien in Köln und Heidelberg und einer Lehrtätigkeit in Ingolstadt wurde er 1497 von König Maximilian I. nach Wien berufen, wo er eine Professur für Rhetorik und Poetik erhielt und zum Haupt eines Humanistenkreises emporstieg, der weitreichende literarisch-wissenschaftliche Verbindungen knüpfte. Humanistenkreise wie der des Konrad Celtis in Wien wirkten nicht nur durch die Editionen und Übersetzungen der antiken Werke, sondern hatten auch Einfluss auf die Gestaltung der Lehrpläne an den Bildungseinrichtungen. So kam es seit der ersten Hälfte des 16. Jahrhunderts zur festen Etablierung humanistischer Disziplinen an Universitäten und Lateinschulen. Auch Celtis hat 1501 sein *Collegium poetarum et mathematicorum* (Kolleg der Dichter und Mathematiker) als eine Humanistenschule im Rahmen der Universität Wien gegründet. Damit war gleichzeitig das Privileg verbunden, Absolventen dieser Einrichtung das Recht zu verleihen, ihrerseits an Universitäten zu lehren.

9.1 **Humanismus**
9.2 **Universitäten**
9.3 **Schulen**
9.4 **Bildungslandschaften**

9.1 Humanismus

Ein Humanist ist nach einer klassischen Definition ein Mensch, der die *studia humanitatis* betreibt, die alten Sprachen, die Poesie und die Geschichte (Kristeller 1974). Dennoch stammte die Trägerschicht dieser pädagogischen Bewegung vor allem aus dem gehobenen Bürgertum, das in der humanistischen Bildung einen Katalysator für sozialen Aufstieg erblickte und mit dem Aufstieg in Führungsstellen der fürstlichen oder städtischen Verwaltung ihre Karriere krönte. Der Bildungskanon des Humanismus war durch die Hinwendung zu den klassischen Sprachen der Antike bestimmt, vor allem zum Latein, aber auch zu Griechisch und Hebräisch. Die Humanisten wollten die alten Sprachen lernen, um die klassischen Texte in ihrer Urform lesen zu können. Aufgrund der wissenschaftlichen Beschäftigung mit den alten Texten, ihrer Edition und Interpretation, kam es zu herausragenden wissenschaftlichen Leistungen wie der mehrsprachigen Gesamtausgabe der Bibel in Urtext und Übersetzungen von spanischen Gelehrten der Universität Alcalá, aber auch der griechisch-lateinischen Ausgabe des Neuen Testament von Erasmus von Rotterdam in den Niederlanden.

Die Sammlung und Sichtung von Handschriften, der Aufbau neuer Bibliotheken, die Edition und Kommentierung von literarischen Zeugnissen – so wichtig die Humanisten diese Aufgabe auch betrachteten, sie wollten dabei nicht stehen bleiben. Vielmehr strebten sie danach, eigene literarische Werke nach antikem Vorbild hervorzubringen, die Literatur der Alten nachzuahmen, wenn nicht sogar zu übertreffen, sich jedenfalls von ihr zu gleichen oder analogen Leistungen inspirieren zu lassen. Ziel der humanistischen Bemühungen war die ästhetisch vollkommene Darstellung ihrer Stoffe in einer adäquaten, schönen Sprache. Die Geschichte zählte neben der Poesie zu den bevorzugten Gegenständen des humanistischen Bildungsprogramms. In ihrer klassischen Funktion als *magistra vitae* (Lehrerin für das Leben) bot sie den Humanisten reichlich Material für alle von ihnen kultivierten Interessen: für innerweltliches Wissen ebenso wie für die ethisch-praktische Belehrung. Dem Stadtstaat der Renaissance in Italien, der sich gegenüber den universalen Mächten der mittelalterlichen Welt verselbstständigte, war es nach der Zerreißung der bisherigen Bindungen vordringlich um geschichtliche Legitimierung zu tun. Kaiser Maximilian I. betrieb eine richtige Geschichtspolitik, um seine Stellung im Reich und die Würde seines Hauses zu fundieren, während der Humanismus in Frankreich und Ungarn mit dem Aufstieg der Königsmacht verbunden war und an den königlichen Höfen eine Blüte erlebte.

Nationalgeschichte — Die Humanisten reflektierten stark auf die nationale Geschichte, sie identifizierten ihren Bildungsstolz oder auch ihr Ressentiment jeweils mit ihrer eigenen Nation. So setzten sie ihren Ehrgeiz daran, die Geschichte ihrer Nation zu schreiben, die sie immer als Ruhmesgeschichte verstanden. Den Anfang machte die *Italia illustrata* des Flavio Biondo (1392–1463), eine geografisch-historische Landesbeschreibung zur Ehre Italiens. Daran knüpft das Projekt der *Germania illustrata* an, das vornehmste und ambitionierteste historiografische Projekt des deutschen Humanismus. Konrad Celtis als Haupt des Wiener *Collegium poetarum et mathematicorum* sowie Beatus Rhenanus (1485–1547) und sein Elsässer Humanistenkreis in Schlettstadt wandten sich in patriotischer Begeisterung der deutschen Geschichte zu, kamen jedoch nicht über einen Entwurf hinaus. Die *Germania illustrata* steckte auch den Rahmen für eine humanistische Landesgeschichtsschreibung ab, die in den schwäbischen Annalen eines Martin Crusius (1526–1607) oder der bayerischen Chronik des Johannes Aventin (1477–1534) facettenreich ausgestaltet wurde. Schwäbische bzw. bayerische Geschichte wird hier im Zusammenhang der deutschen Geschichte dargestellt, die zugleich auf ihre weltgeschichtlichen Voraussetzungen zurückgeführt wird. Doch gerade in den nationalen Geschichten, die der Humanismus hervorbrachte, wird besonders eine kulturgeschichtliche Dimension deutlich. Es werden die Geschichte der Literatur und die Geschichte der Künste und Wissenschaften beschrieben, mithin eine Kulturgeschichte im umfassenden Sinn.

Träger der neuen Bewegung waren zunächst vagierende Humanisten, meist ehemalige Studenten an italienischen Universitäten, wie Ulrich von Hutten (1488–1523), die ihr erworbenes Wissen in die Heimat mitbrachten und verbreiteten. Sehr schnell bildeten sich nördlich der Alpen einzelne Humanistenkreise an Höfen und in den Städten.

Gelehrtensozietäten — Diese Gruppen entwickelten sich zu Gelehrtensozietäten, die in einem regen publizistisch-literarischen Austausch untereinander standen. Der Humanismus blieb lange Zeit ein städtisches Phänomen, wenngleich sich an den fürstlichen Höfen und teilweise sogar in den Klöstern humanistische Zirkel bildeten. Zum eigentlichen Betätigungsfeld für die Humanisten wurden jedoch die Universitäten und die Schulen (→ ASB KELLER, KAPITEL 9.1). Zwischen 1530 und 1560 fanden überkonfessionelle humanistische Bildungsreformen an Universitäten und Lateinschulen statt. In den Artistenfakultäten und Lateinschulen erfuhren die alten Sprachen, Rhetorik, Poesie, Moralphilosophie und

Geschichte eine neue Wertschätzung. Damit erweiterte sich der traditionelle Fächerkanon der Studenten und es kam zu Veränderungen in den Lehrplänen der Theologischen, Juristischen und Medizinischen Fakultäten. Das Altertum trat dabei vornehmlich in der Sprache und in literarischen Zeugnissen in Erscheinung. Künftige Laienchristen und künftige Seelsorger sollten dasselbe Fundament einer formalen sprachlichen Allgemeinbildung erhalten, damit sie später die an klassischen Vorbildern geschulte Kunst der weltlichen Rede und der Predigt beherrschten.

In Deutschland traten die Humanisten zum ersten Mal spektakulär an die Öffentlichkeit im sogenannten Pfefferkornstreit, der um die Frage der Verbrennung jüdischen Schrifttums geführt wurde. Die Humanisten hatten den Streit zum Anlass eines literarischen Frontalangriffs auf die Scholastik genommen. Unter dem Titel *Epistulae virorum obscurorum* (Dunkelmännerbriefe) erschienen 1515/17 zwei Sammlungen von fingierten Briefen, die mit glänzender Satirik die wissenschaftliche Unzulänglichkeit und die moralische Fragwürdigkeit der Kölner Dominikaner aufs Korn nahmen. Das Verfassergeheimnis der Dunkelmännerbriefe blieb gewahrt. Vermutlich geht ihr erster Teil auf den Erfurter Humanistenkreis um Crotus Rubeanus und Konrad Mutian zurück, während der zweite Teil mit seiner scharf antirömischen Wendung vor allem aus der Feder Ulrichs von Hutten stammte, der damit die Reihe seiner Angriffe gegen das Papsttum und gegen die weltlichen Ansprüche der Kirche eröffnete.

Dunkelmännerbriefe

Trotz aller Kirchenkritik gestaltete sich jedoch die Stellung der Humanisten zur beginnenden Reformation höchst unterschiedlich; es kam zur Trennung der humanistischen Bewegung durch die Glaubensspaltung. Dass der große Teil der Humanisten bei der alten Kirche verblieb, war das Werk des Erasmus von Rotterdam, der zwar selbst die kirchlichen Missstände scharf geißelte, allerdings keinen Zweifel an seiner Treue zu Rom aufkommen ließ. In der Frage des freien Willens lieferte er sich sogar eine heftige literarische Debatte mit Martin Luther und betonte in scharfer Wendung gegen den Reformator den freien Willen – Ausdruck auch des gesteigerten Selbstbewusstseins des mündigen Individuums. Der elitäre Anspruch des Humanismus blieb indes auf Klöster, Fürstenhöfe und städtische Patrizierzirkel begrenzt, er sickerte freilich allmählich in Universitäten und Schulen sowie in die fürstlichen und städtischen Kanzleien ein und ließ eine an der Antike geschulte Bildung mehr und mehr als ein prestigeträchtiges Merkmal erscheinen. Humanismus wurde so zum Kriterium sozialer Statusbestimmung und Abgrenzung.

Erasmus von Rotterdam

9.2 Universitäten

Gründungswelle

Gerade für Hochschul- und Schulneugründungen war das konfessionelle Zeitalter eine besonders fruchtbare Epoche. Zwischen 1500 und 1648 wurden zwanzig neue Universitäten und universitätsähnliche Hochschulen gegründet. In den Konfessionalisierungsprozessen seit der Mitte des 16. Jahrhunderts war von Anfang an die kulturpolitische Dimension wirkungsmächtig, da Bildung und Wissenschaft zu Waffen im Glaubenskampf geworden waren. Durch die neuen Bildungseinrichtungen kam es andererseits dahin, dass die Differenz über Glaubenslehren zu einer Auseinanderdifferenzierung von konfessionell geprägten Kultursystemen führte. In der zweiten großen Welle der landesherrlichen Universitätsgründungen spiegelt sich auch der Aufstieg des Territorialstaats wider. Der Bedarf des fürstlichen Territorialstaats wuchs mit dem Ausbau seiner Institutionen und seiner Verwaltung. In den Kanzleien der Territorialstaaten wie der unabhängigen Städte sowie in dem sich allmählich entwickelnden Gesandtschaftswesen (→ KAPITEL 1.2) im Reich und in Europa benötigte man wortgewandte Räte und Beamte, die die Kenntnis des rezipierten Römischen Rechts mit Fertigkeiten wirkungsvoller, adressatenorientierter Argumentation verbanden. Diese Entwicklung hing mit den fürstlichen Wünschen nach einer stärkeren Kontrolle der „Landesuniversitäten" zusammen.

Organisation und Aufbau

Der durch Humanismus und Reformation erzeugte Bildungsschub sorgte zwar für Lehrplanänderungen und Fächerausdifferenzierungen in den Fakultäten, brachte aber keine Veränderung des Lehrbetriebes und der mittelalterlichen Universitätsverfassung mit Rektor und Fakultäten. Rektor und Kanzler wurden in der Regel vom Landesherrn ernannt. Eine Volluniversität umfasste vier Fakultäten: Die Artisten, die Medizin, die Jurisprudenz und die Theologie als der Spitze der Wissenschaften. Das philosophische Grundstudium an der Artistenfakultät war für alle Studenten verbindlich. In Vorlesungen, Disputationen und Repetitionen entfaltete sich ein Wissenschaftsbetrieb, der zwar noch auf der mittelalterlichen Scholastik ruhte, sich aber immer stärker humanistischen Idealen öffnete. Anschauungsunterricht etwa in der Medizin war eher die Ausnahme; vielmehr konzentrierte sich die Wissensvermittlung auf die Disputation über Lehrbücher. Antike Schriften wie die Säftelehre des Galen besaßen nicht selten autoritativen Charakter. Universitäten verfügten meist über materielle Fundamente und übten eine eigene Gerichtsbarkeit über ihre Angehörigen aus. Ihre Professoren zählten zur Beamtenschaft und bildeten einen eigenen Heiratskreis aus, rangierten sozial jedoch hinter den fürstlichen Räten. Neben ihrer Lehr- und Forschungstätigkeit waren sie als Gutachter oder Leibärzte oft mit zusätzlichen Aufgaben im fürstlichen Dienst betraut.

Eine Universität musste Privilegien besitzen, damit die von ihr verliehenen Grade des Baccalaureus, Magisters und des Lizentiaten bzw. Doktors auch außerhalb des eigenen Territoriums anerkannt wurden. Die Privilegien konnten jedoch nur vom Kaiser oder Papst verliehen werden. Dies stellte gerade für die protestantischen Neugründungen ein Hauptproblem dar. Nur unter großen Schwierigkeiten gelang dies den deutschen Lutheranern für ihre Neugründungen in Marburg (1527), Königsberg (1544), Jena (1548) Helmstedt (1576) und Rinteln (1610/21). Im Falle von Gießen (1605), Straßburg (1621) und Altdorf/Nürnberg (1623) konnten ehemalige Gymnasien, die sich bereits zu Semi-Universitäten entwickelt hatten, zu Universitäten umgewandelt werden. Obgleich vom wissenschaftlichen Niveau den alten Universitäten meist ebenbürtig, konnten dagegen die Ausbildungsstätten der Calvinisten oftmals nur den Status Hoher Schulen ohne Privilegien erhalten. Im Reich, wo die Calvinisten lange Zeit außerhalb der Reichsverfassung standen, gelang zwar die Umwandlung Heidelbergs in eine reformierte Universität, doch blieb Herborn dieser Status lange versagt (Menk 1981). Und auch die berühmten Lehranstalten der ungarischen Calvinisten in Papa, Sarospatak und Debrecen und der französischen Hugenotten in Sedan und Saumur blieben ebenso ohne Privilegierung wie Genf, dessen Hohe Schule sich dennoch zu einem geistigen Zentrum des Reformiertentums in Europa entwickelte. Überregionale Bedeutung entfaltete auch das 1575 gegründete Leiden, das in den Niederlanden zu einem Anziehungspunkt auch für Angehörige anderer Konfessionen wurde, weil es sich im 17. Jahrhundert für neue naturwissenschaftliche und medizinische Entwicklungen öffnete.

Protestantische Neugründungen

Im Unterschied dazu hatten katholische Neugründungen kein Problem, Universitätsprivilegien zu erhalten. Im Bereich der katholischen Universitäten gelang es den Jesuiten, eine beinahe unbestrittene Monopolstellung zu erlangen. Zu Neugründungen durch den Jesuitenorden kam es vor allem in den geistlichen Hochstiften der Reichskirche: Dillingen (1551), Olmütz (1570), Würzburg (1582), Paderborn (1614), Osnabrück und Münster (1629) sowie Bamberg (1648). Daneben übernahm der Jesuitenorden bestehende Universitäten in katholischen Territorien wie Ingolstadt, Freiburg oder Köln vollständig oder zumindest die Theologische und Philosophische Fakultät. Zu ei-

Katholische Neugründungen

nem Zentrum der Gegenreformation entwickelte sich die Universität Graz, die 1585 von den Habsburgern gegründet und ebenfalls den Jesuiten übergeben wurde. Eine Ausnahme bildete die 1620/25 entstandene Universität Salzburg, die von den Benediktinern getragen wurde und für viele katholische Studenten eine Alternative zu den Jesuitenuniversitäten darstellte. Unter dem Einfluss Spaniens erlebte jedoch die von den Humanisten viel geschmähte Scholastik eine neue Blüte.

Lateinische Sprache — Am Beginn jeder gehobenen Ausbildung stand in der Frühen Neuzeit das Erlernen der lateinischen Sprache, die an den abendländischen Universitäten im Studium benutzt wurde. Lateinische Sprachkenntnisse wurden in der Regel bereits vor dem Gang zur Universität in den Lateinschulen und Gymnasien erworben. Das Gymnasium schuf einen allgemeinbildenden Unterbau für die Fachwissenschaften Theologie, Jurisprudenz und Medizin, die an den Universitäten gelehrt wurden. Hier wie in anderen Bereichen waren

Studienordnung — die Übergänge oftmals fließend, eine feste Studienordnung eher die Ausnahme. Ein Student hatte zunächst das Studium der *septem artes liberales*, der sieben freien Künste, zu absolvieren – frei deshalb, weil nur ein freier Mann würdig war, sie zu betreiben. Dieses philosophische Grundstudium gliederte sich in das Trivium mit den Fächern der Rhetorik, Grammatik und Dialektik sowie darauf aufbauend das Quadrivium mit der Geometrie, Arithmetik, Musik und Astronomie. Erst danach konnte der Student auf eine der drei höheren Fakultäten wechseln. Oftmals waren die Universitätsjahre mit Reisen und dem Besuch fremder Hochschulen verbunden. Bevorzugte Ziele waren Italien und Frankreich, hier vor allem Paris. In Italien bevorzugten die evangelischen Studenten das venezianische Padua, da dort kein Konfessionseid auf das Tridentinum (Konzil von Trient) verlangt wurde, wie dies im päpstlichen Bologna Pflicht war.

Kavalierstour — Die europäische Kavalierstour entwickelte sich zu einer weitverbreiteten Tradition unter den Adligen, die seit dem 16. Jahrhundert in zunehmender Zahl ein Studium aufnahmen, um der bürgerlichen Konkurrenz im Kampf um fürstliche Ämter Paroli bieten zu können. Selten schlossen Adelige ihr Studium mit einem akademischen Grad ab, da dieser durch die adelige Geburt kompensiert wurde. Das Adelsdiplom ersetzte den Doktorhut. Dennoch eigneten sich viele adelige Studenten den Bildungskanon der Zeit an und erweiterten auf den Bildungsreisen ihre Ausbildung und Sprachkenntnisse. Die Studienreisen führten in die Niederlande, nach Frankreich und Italien, seltener nach Spanien; bei den Protestanten war England das bevorzugte Ziel. An vielen Studienorten lebten die adeligen Studenten, von den bürgerlichen Studenten abgesondert, in eigenen Ritterakademien, in denen spezifische Kenntnisse für das Hofleben wie Reiten, Tanzen und Fechten eingeübt wurden. Berühmt und beliebt waren die hugenottische Akademie in Sedan und die savoyische in Turin.

9.3 Schulen

Als wichtigste Schultypen bildeten sich im frühneuzeitlichen Unterrichtswesen die Elementar- oder Volksschule und die Lateinschule heraus. In der Volksschule wurden den Kindern Grundkenntnisse im Lesen, Schreiben und Rechnen sowie der Katechismus vermittelt. Im ländlichen Bereich beschränkte sich allerdings der Unterricht in der Regel auf die Wintermonate, wenn die Arbeitskraft der Kinder auf dem Feld nicht benötigt wurde. Die Lehrer waren meist kaum ausgebildet und schlecht bezahlt; oftmals wurde das Amt von jungen Theologen oder in den Dörfern vom Mesner als Hilfslehrer versehen. Eine gründliche Ausbildung blieb hier meist in den Anfängen stecken, sodass eine durchgehende Alphabetisierung der Bevölkerung auf die höheren sozialen Schichten beschränkt blieb. Die Bestimmungen der Kirchen- und Schulordnungen spiegelten eher den Anspruch als die Wirklichkeit wider. Erst im 18. Jahrhundert bewirkten durchgreifende Volksschulreformen eine qualitative Veränderung zum Besseren.

<small>Volksschule</small>

Neben den Volksschulen gab es ein breit gefächertes höheres Schulwesen, das im konfessionellen Zeitalter einen gewaltigen Schub erhielt, sodass in den meisten Städten neue Lateinschulen eingerichtet wurden. Dieses *gymnasium illustre* als Unterrichtsanstalt verband mehrere Lateinschulklassen, die nach einem möglichst durchgehenden didaktischen Konzept aufeinander aufbauten, mit einem propädeutischen wissenschaftlichen Vorlesungsangebot. Protestanten wie Katholiken verband das humanistische Bildungsziel, das Streben nach Frömmigkeit, Gelehrsamkeit und eleganter lateinischer Ausdrucksfähigkeit (*sapiens et eloquens pietas*). Im protestantischen Deutschland waren Landesfürsten und Stadtmagistrate die Träger des neuen Schulwesens, in den katholischen Reichsteilen die Obrigkeiten zusammen mit geistlichen Orden, vor allem den Jesuiten, aber auch den Franziskaner-Observanten oder den Benediktinern.

<small>Lateinschule</small>

Für die Organisation des Gymnasiums waren auf protestantischer Seite vor allem zwei Persönlichkeiten verantwortlich: Philipp Melanchthon (1497–1560) mit seinen Studienreformen und der Schulrektor Johannes Sturm (1507–89) in Straßburg (Schindling 1977). Melanch-

<small>Melanchthon und Sturm</small>

thon und Sturm formulierten die Maßstäbe für eine auf evangelische Frömmigkeit wie auf antike Gelehrsamkeit und Beredsamkeit bezogene Bildung. Durch die reformatorischen Klostersäkularisationen erhielt das neue evangelische Bildungswesen eine großzügige finanzielle Basis. Mit der These, dass Klöster und Stifte ursprünglich einmal Schulen gewesen seien, hatte Martin Luther hierfür die Begründung gegeben und so für die Evangelischen das Problem der Finanzierung von Bildungsreformen gelöst. In Sachsen und in Württemberg entstanden evangelische Landesschulen, die vom Fürsten eingerichtet und mit dem eingezogenen Klostergut ausgestattet wurden. Die sächsischen Fürstenschulen von Grimma, Meißen und Pforta und die württembergischen Klosterschulen von Maulbronn, Hirsau, Blaubeuren und Bebenhausen waren vor allem für die Ausbildung des Theologennachwuchses verantwortlich, der nach Absolvierung der Lateinschulen auf die Universität wechselte.

Jesuiten Die personellen Träger der katholischen Bildungsreform waren jetzt vor allem die Jesuiten, die humanistische Motive in ihre Pädagogik und Didaktik integrierten und mit ihren Gymnasien den protestantischen Neugründungen erfolgreich Konkurrenz machten. 1599 publizierte der Ordensgeneral Claudius Aquaviva (1543–1615) die für den Orden geltende Studienordnung, die bis zur Auflösung der Societas Jesu 1773 in Kraft blieb. Wegweisend war das 1548 gegründete Kolleg von Messina, das als Vorbild für die in ganz Europa entstehenden Jesuitengymnasien diente. Das jesuitische Schulsystem war straff konzipiert und durch starke Disziplinierungstendenzen gekennzeichnet. Ständige Übungen, Repetitionen, Aufsätze und Deklamationen trugen zu einem effizienten Unterricht bei, der allgemein große Anerkennung genoss. Vielfach nahmen die Kollegien sogar Teile der universitären Ausbildung vorweg und fungierten somit als ideales Bindeglied zur Hochschule. Äußerst beliebt war das Jesuitentheater, das viele Schulen unterhielten und das bei Schülern wie Zuschauern großen Anklang fand.

Lateinschulen waren Einrichtungen der Landesherrschaften, Kirchen oder Städte, die korporativ (körperschaftlich) aufgebaut waren. In ganz Europa wurden hier die Grundlagen für die universitäre Ausbildung durch die Vermittlung des klassischen Bildungskanons gelegt. Die Träger der Lateinschulen organisierten häufig eine effektive *Stipendien* Studienförderung mit Hörgeldfreiheit, Stipendien, Mensen und Konvikten, vor allem für die Heranbildung der Pfarrerschaft – hier können die Fürstenschulen in Kursachsen, die Klosterschulen in Württemberg und das Tübinger Stift ebenso angeführt werden wie die Begabtenförderung der Jesuiten etwa in Bayern. Der große Zulauf, den die Jesuiten zu verzeichnen hatten, lag auch darin begründet, dass dort grundsätzlich kein Schulgeld verlangt wurde. Neben der Heranziehung des eigenen Ordensnachwuchses wurden die Jesuitenschulen so auch für Laienstudenten interessant.

Jesuitenkollegien und protestantische Gelehrtenschulen besaßen viele Gemeinsamkeiten. In den Gymnasien gab es die Einteilung in Klassen, die in abgetrennten Räumen von den jeweils zuständigen Lehrern unterrichtet wurden. Im 17. Jahrhundert kamen Bestrebungen auf, das einseitige sprachliche Pensum durch die Aufnahme weiterer Fächer wie der Mathematik und der Geografie aufzulockern. Daneben wurde gefordert, den Lehrstoff nicht nur einzupauken, sondern durch klare Erläuterungen verständlich zu machen. Amos Comenius, ein Gelehrter von europäischem Rang aus Mähren, plädierte 1627 dafür, den Unterricht nicht mehr auf Latein, sondern in der Muttersprache abzuhalten. Am Typus und an der Aufgabe der Gymnasien änderte sich jedoch nur wenig. Die Ausbildung zum Zwecke der Rekrutierung von Beamten und Theologen war damit ein Faktor, der sowohl sozial stabilisierende als auch dynamisierende Elemente in sich barg, der Aufstiegschancen durch Bildung ebenso eröffnete wie er Bildungsprivilegien etablierte und tradierte. Ausgeschlossen von den Bildungsmöglichkeiten der Gymnasien und Universitäten blieben die Frauen (→ KAPITEL 8.2). Daran konnten auch die Unterrichtsangebote der Ursulinen und Englischen Fräulein in zahlreichen katholischen Ländern und Territorien Europas nichts ändern.

Gemeinsamkeiten

Frauen

9.4 Bildungslandschaften

Die Reichsverfassung führte in den deutschen Territorien und Städten zu einer weitgehenden Konfessionalisierung des religiösen und geistig-kulturellen Lebens im Sinne der sich herausbildenden Konfessionen. Das Modell der jesuitischen Gymnasien und Universitäten für die katholische Seite und die Unterrichtsmethoden Wittenberger oder Straßburger Prägung für die evangelische Seite verfestigten die konfessionelle Spaltung auch auf dem Bildungssektor. Die neu gegründeten Gymnasien und Universitäten in den evangelischen und in den katholischen Reichsteilen sorgten, gerade auch in der konfessionellen Konkurrenz, für eine Verbreitung gelehrter Bildung und eine Akademisierung in der Gesellschaft. Um 1600 gab es deutlich mehr Studenten an den Universitäten als um 1500. Ebenso kam den Bildungseinrichtungen eine wichtige Funktion bei der Abfassung kon-

Konfessionelle Spaltung im Bildungssektor

fessioneller Normsetzungen zu, etwa in Form universitärer Gutachten und Urteile. Universitäten und Lateinschulen wurden vom konfessionalisierenden Landesstaat gezielt in Dienst genommen. Daneben konnten sich Bildungsregionen herausbilden, die jenseits der politisch-dynastischen Grenzen eigene Raumbezüge ausprägten, die in der studentischen oder schulischen Migration ihren Niederschlag fanden (Töpfer 2009). Die Bildungseinrichtungen der Frühen Neuzeit waren allerdings nicht nur in überregionale Kontexte eingebunden, sondern auch in ihrer spezifisch lokalen, territorialen und regionalen Umgebung verankert.

Bildungsregionen

Durch die Bindung an die kaiserlichen Privilegien und die institutionelle Ausbildung der deutschen Landesstaaten bildete sich im Reich eine einheitliche Universitätsstruktur heraus, die in der Regel vier Fakultäten umfasste und eine korporative Verfassung und Graduierungsrechte besaß. Für die Protestanten ergaben sich hierdurch vor dem Westfälischen Frieden (1648) manche Schwierigkeiten, während die katholischen Stände für neue Jesuitenuniversitäten, vor allem in geistlichen Fürstentümern der Reichskirche, im Vorteil waren. Dagegen entstanden in West- und Südeuropa neue Organisationstypen für Lehre und Forschung, etwa die Kollegien der Jesuiten in den romanischen Ländern oder die Forschungsakademien des 17. Jahrhunderts in Paris und London. Durch die Fortgeltung der universitären Tradition wurde es für die Katholiken leichter, den bildungsreformerischen Vorsprung, den die Evangelischen in der ersten Hälfte des 16. Jahrhunderts erzielt hatten, in dessen zweiter Hälfte annähernd aufzuholen.

Universitätsstruktur

In den Wissenschaftsinhalten gab es Konfessionen übergreifende Gemeinsamkeiten, vor allem durch die grundlegende humanistische Antikerezeption in Bildung und Wissenschaft. Der griechische Philosoph Aristoteles (384–322 v. Chr.) erlebte in der Neuscholastik um 1600 seine letzte große Geltungsepoche an den deutschen Universitäten, der römische Staatsmann und Redner Cicero (106–43 v. Chr.) war für alle das Maß der zu imitierenden Beredsamkeit. Die Geschichtswissenschaft blieb geprägt von den antiken Historikern und der gerade auch von ihnen entwickelten textkritischen philologischen Methode. So gab es einen harten Kern humanistischer Antike-Rezeption und wissenschaftlicher Philologie, der sich der Konfessionalisierbarkeit entzog. Hier konstituierte sich eine säkulare Bildungswelt neben dem Konfessionalismus, hier lag eine Grenze der Konfessionalisierbarkeit mit Motiven für die Wahrnehmung und die Mentalität der gebildeten Führungsschichten aus Adel und Bürgertum. In Ver-

Wissenschaftsinhalte

bindung vor allem mit der konfessionsneutralen Rezeption des Römischen Rechts konstituierte die humanistische Bildungsbasis an Gymnasien und Universitäten eine profane Wissens- und Denktradition, die von dem vorreformatorischen Renaissancehumanismus zur Aufklärung hinüberreicht.

Auf dem Höhepunkt des konfessionellen Zeitalters um 1600 hat diese säkulare Strömung kräftige Impulse erhalten durch den Späthumanismus mit seinen Tendenzen des Lipsianismus, Neustoizismus und der Tacitus-Rezeption, wie sie von den neu gegründeten nordniederländischen Universitäten, vor allem aus Leiden, in das Reich hineinwirkten. Die sich während des Dreißigjährigen Krieges (1618–48) entwickelnde Lehre vom *ius publicum* (lateinisch für: Staatsrecht) des Heiligen Römischen Reiches, wenngleich an protestantischen Universitäten beheimatet, verstärkte die säkularisierenden Tendenzen. An Höfen, in fürstlichen Räten und Kanzleien und im aufkommenden europäischen Gesandtschaftswesen wurden diese Diskurse gepflegt und fanden Eingang in die gelehrte Gesellschaft. Durch die erfolgreiche Etablierung des säkularen Völkerrechts und Reichsrechts in der Friedensordnung des Westfälischen Friedens von 1648 wurde ein Eckdatum gesetzt, das zugleich die Situation des Übergangs vom Späthumanismus zur Frühaufklärung markiert.

Säkulare Strömung

Fragen und Anregungen

- Was ist ein Humanist?
- Erläutern Sie die Veränderungen, die der Humanismus in der Bildungsgeschichte der Frühen Neuzeit bewirkte.
- Beschreiben Sie Aufbau und Inhalt eines Universitätsstudiums.
- Woher rührt der große Erfolg der Gymnasien?
- Nennen Sie konfessionsübergreifende Elemente frühneuzeitlicher Bildungseinrichtungen.

Lektüreempfehlungen

- Nicolette Mout (Hg.): **Die Kultur des Humanismus. Reden, Briefe, Traktate, Gespräche von Petrarca bis Kepler**, München 1998. *Quellenband mit zentralen Texten europäischer Humanisten.*

Quellen

- Briefe der Dunkelmänner. Vollständige Ausgabe, übersetzt von Wilhelm Binder, mit Anmerkungen und einem Nachwort versehen von Peter Amelung, München 1964. *Zeigt die große Auseinandersetzung der Humanisten mit den Kölner Dominikanern um die Existenz jüdischen Schriftguts.*

Forschung
- Franz Brendle / Dieter Mertens / Anton Schindling / Walter Ziegler (Hg.): Deutsche Landesgeschichtsschreibung im Zeichen des Humanismus, Stuttgart 2001. *Sammelband zu Grundproblemen der humanistischen Historiografie und einzelnen Vertretern der Landesgeschichte des 16. Jahrhunderts.*

- Helmut Flachenecker / Rolf Kiessling (Hg.): Schullandschaften in Altbayern, Franken und Schwaben. Untersuchungen zur Ausbreitung und Typologie des Bildungswesens im Spätmittelalter und Früher Neuzeit, München 2005. *Sammelband, der an süddeutschen Fallbeispielen besonders das Verhältnis von Städte- und Schullandschaft erörtert.*

- Karl Hengst: Jesuiten an Universitäten und Jesuitenuniversitäten. Zur Geschichte der Universitäten in der Oberdeutschen und Rheinischen Provinz der Gesellschaft Jesu im Zeitalter der konfessionellen Auseinandersetzung, Paderborn u. a. 1981. *Standardwerk zur jesuitischen Universitätslandschaft.*

- Julian Kümmerle: Luthertum, humanistische Bildung und württembergischer Territorialstaat. Die Gelehrtenfamilie Bidembach vom 16. bis zum 18. Jahrhundert, Stuttgart 2008. *Die Fallstudie zeichnet das Porträt einer Gelehrtenfamilie als Ergebnis von bildungs-, wissenschafts- und sozialgeschichtlichen Prozessen.*

- Anton Schindling: Humanistische Hochschule und freie Reichsstadt. Gymnasium und Akademie in Straßburg 1538–1621, Wiesbaden 1977. *Exemplarische Studie über ein städtisches Gymnasium, das den Rang einer Volluniversität erreicht.*

- Paul Gerhard Schmidt (Hg.): Humanismus im deutschen Südwesten. Biographische Profile, 2. Auflage Stuttgart 2000. *Sammelband mit zahlreichen Biografien, die einen leichten Einstieg in das Denken und die Lebenswelt bekannter Humanisten geben.*

10 Konfession und Konfessionalisierung

Abbildung 10: Jacob Gerritsz Loef: *Das Schiff der Kirche* (um 1645)

Das Gemälde „Das Schiff der Kirche" war im 17. Jahrhundert ein gängiges Propagandabild des erneuerten Katholizismus, mit dem der Wahrheitsanspruch der eigenen Konfession untermauert wurde. Das Schiff ist bevölkert von Gestalten des Alten und Neuen Testaments, von Kirchenvätern, Mönchsorden und Heiligen. An Bord werden alle sieben Sakramente gespendet, welche die katholische Kirche in Abgrenzung zu den protestantischen Kirchen betont. Die Gegner der Kirche bedrängen aus dem umgebenden Meer das Schiff. Darunter sind frühchristliche „Häretiker" wie Arius und Simon Magus, aber auch Kritiker und Reformatoren der jüngeren Zeit wie Jan Hus, Martin Luther und Johannes Calvin. Die Gegner versuchen, mit ihren Waffen und Schriften die ‚wahre' Kirche Jesu Christi anzugreifen. Doch sie können sie nicht wirklich gefährden, da die katholische Kirche letztlich durch die Hilfe Gottes siegreich bleibt.

Die konfessionelle Bildpropaganda konnte darauf setzen, dass religiöse Fragen für die Menschen des 16. und 17. Jahrhunderts von existenzieller Bedeutung waren. Man meinte, nur in der eigenen Konfession den jeweils wahren Glauben zu finden, den es zu verteidigen und durchzusetzen galt. So ist der Begriff des konfessionellen Zeitalters mittlerweile als Epochenbezeichnung (→ KAPITEL 1.1) fest in der Frühneuzeitforschung verankert. Der Terminus der Konfessionalisierung dient darüber hinaus als Forschungsbegriff zur Umschreibung eines Prozesses, im Zuge dessen sich eigenständige katholische, lutherische und reformierte Kirchentümer im Reich und in Europa herausbildeten. Dieses Konzept geht von einer engen Verflechtung von Religion und Politik aus, wie sie insbesondere im 16. und frühen 17. Jahrhundert zu beobachten ist. Mit dem Prozess der kirchlichen Institutionalisierung geht der Ausbau der politischen Kompetenzen des Staates einher. Er stellt die Konfession, die sich geistig und organisatorisch verfestigt, in seine Dienste und macht sie für seine Interessen nutzbar. Staatsbildung auf der einen und konfessionelle Institutionalisierung und Abgrenzung auf der anderen Seite sind die beiden Hauptelemente des Konfessionalisierungsprozesses, der sich in und zwischen den deutschen Territorien sowie im Reich und in Europa abgespielt hat.

10.1 **Protestantische Konfessionalisierung**
10.2 **Katholische Konfessionalisierung**
10.3 **Die konfessionelle Konfrontation im Reich**
10.4 **Grenzen der Konfessionalisierung**

10.1 Protestantische Konfessionalisierung

Schon bald nach dem Tod des großen Reformators Martin Luther 1546 und dem Wegfall seiner Autorität entstanden zwei Strömungen innerhalb des deutschen Luthertums: zum einen die sogenannten Philippisten oder Kryptocalvinisten, benannt nach Philipp Melanchthon und Johannes Calvin, die eine Annäherung an den Calvinismus forderten; zum anderen die sogenannten Gnesiolutheraner (von griechisch *gnesio* = echt), die an der Reinheit der Lehre festhalten wollten. Die Streitigkeiten um die richtige Lehre, vor allem um das Abendmahlsverständnis, dauerten schon länger an (→ KAPITEL 5.2). Die Verschärfung des Konflikts hatte ihre Problematik in der doppelten Frontstellung, in der sich das deutsche Luthertum befand. Es musste sich gegenüber der alten Kirche und zugleich von den anderen Strömungen im Protestantismus abgrenzen. Nicht nur der aus der Schweiz mit Macht nach vorne drängende Calvinismus, sondern auch Schwärmer, Spiritualisten und weitere aus der Reformation hervorgegangene Splittergruppen galt es dogmatisch in die Schranken zu weisen. Zentren der lutherischen Orthodoxie (Rechtgläubigkeit) waren Kursachsen und Württemberg, das mit der Tübinger Universität über eine weite Ausstrahlungskraft verfügte.

Spaltung des Luthertums

Seit dem Tod Melanchthons 1560 war es zu zahlreichen Einigungsversuchen innerhalb des deutschen Luthertums gekommen. Wichtige Stationen dieses Prozesses stellten bereits die sogenannte schwäbisch-sächsische Konkordie, eine 1574 abgeschlossene theologische Übereinkunft, sowie das *Torgauer Buch* von 1576, eine Bekenntnisschrift zur lutherischen Abendmahlslehre, dar. Unter der Federführung Kursachsens und Württembergs kam es dann 1577 zur Durchsetzung der Konkordienformel. Die führenden Theologen des Luthertums, Jakob Andreae (1528–90), Nikolaus Selnecker (1530–92), Martin Chemnitz (1522–86) und David Chytraeus (1530–1600) hatten darin unter anderem die *Confessio Augustana*, die Apologie des Augsburger Bekenntnisses, die Schmalkaldischen Artikel, Luthers Katechismen, aber auch Schriften Melanchthons vereinigt. Die Konkordienformel wurde im Umlaufverfahren von 86 Fürsten und Reichsständen sowie 900 Theologen unterschrieben. Das darauf aufbauende, im Jubiläumsjahr der *Confessio Augustana*, 1580 herausgegebene Konkordienbuch sollte als lutherisch-orthodoxer Bekenntniskanon Gültigkeit behalten. Von nun an konnte mit einem Eid auf das festgelegte Bekenntnis die konfessionelle Loyalität von Staatsdienern und Theologen eingefordert werden.

Konkordienformel

Die protestantischen Instrumente der Konfessionalisierung (→ KAPITEL 10.4) bewegten sich ganz im Rahmen des neu entstandenen Kirchenwesens. Die evangelischen Reichsfürsten bildeten ihre faktisch oft schon vor der Reformation gegebene Kirchenherrschaft mit dem Summepiskopalismus, basierend auf der Lehre vom Amt des „Notbischofs", weiter aus: Der lutherische Landesherr trat bei der Umgestaltung der Kirchenverfassung an die Spitze seiner Landeskirche. Martin Luthers „Zwei-Reiche-Lehre" hatte eigentlich auf eine saubere Trennung von weltlichen und geistlichen Belangen gezielt. Doch im Zuge der Reformation unter Führung der Territorialfürsten wurde in den evangelischen Teilen des Reiches die Errichtung lutherischer Landeskirchen als Ausfluss weltlicher Landeshoheit zur Normalität. Die evangelischen Fürsten bestimmten für ihre Territorien die Aufhebung der geistlichen Gerichtsbarkeit der Bischöfe, kontrollierten die geistliche Amtsführung (Kirchenvisitationen) und legten die kirchlichen Lehrnormen fest, sie erließen Kirchen- und Schulordnungen und sanktionierten Bekenntnisschriften. Die reformatorischen Theologen als Ratgeber der Landesfürsten legitimierten diese Vorgehensweise, da ohne die Tatkraft des vornehmsten Glieds der christlichen Gemeinde – des Landesfürsten – die kirchliche Erneuerung im Sinne der Predigt des „reinen Evangeliums" nicht möglich gewesen wäre. An die Stelle der altkirchlichen Hierarchien traten neue Kirchenbehörden, die in die vorhandene territoriale Verwaltungsstruktur eingebunden wurden. Neben dem Hofrat und der Hofkammer wurde der Kirchenrat oder das Konsistorium als dritte Zentralbehörde geschaffen, die auch als Aufsichtsbehörde für die leitenden Geistlichen eines Kirchenkreises (Superintendenten) fungierte.

Die protestantischen Fürsten zogen in ihren Territorien von Anfang an landsässige Kirchengüter (wie z. B. Klöster) vor allem auf zwei Wegen ein: Sie säkularisierten (verweltlichten) diese Güter entweder zum Vorteil der fürstlichen Domäne oder des Adels bzw. zur Sanierung der fürstlichen Finanzen, oder sie gaben ihnen im Sinne der evangelischen Landeskirche eine neue Zweckbestimmung, etwa als Schule, Universität oder Wohlfahrtseinrichtung. Dazu zählte auch die Neuordnung der Pfarrbesoldung auf Grundlage des „gemeinen Kastens": Alle eingezogenen kirchlichen Pfründe und Stiftungen, Zinsen und Gefälle gingen in eine gemeinsame Kasse, aus der dann die Ausgaben für Kirchen- und Schuldienst sowie für das städtische Armenwesen zu bestreiten waren. Insbesondere die Reform des höheren Bildungswesens durch Universitäts- und Lateinschulgründungen erforderte gewaltige Anstrengungen.

Doch sorgten Bildungseinrichtungen wie das Straßburger Gymnasium des Johannes Sturm (1507–89), die fürstlichen Gelehrtenschulen von Pforta, Grimma und Meißen oder die württembergischen Klosterschulen für einen Bildungsvorsprung der protestantischen Territorien, der erst durch die Jesuitenschulen auf katholischer Seite wettgemacht wurde (→ KAPITEL 9). Die Bemühungen um eine direkte Einflussnahme auf das Volk äußerten sich schließlich in der Verbreitung von protestantischen Bibeln und Erbauungsbüchern. Mit der Entstehung von deutschsprachigen Kirchenliedern wurde der evangelische Gottesdienst zu einem Massenmedium, in dem die neuen Ideen an große Teile der Bevölkerung vermittelt werden konnten.

Schulen

Auch die Einführung des calvinistischen Bekenntnisses, die sogenannte Zweite Reformation, wurde in einigen Territorien wie der Kurpfalz (1563) mit Methoden des obrigkeitlichen Kirchenregiments von Fürsten durchgesetzt. Die stärker auf die Gemeinde zugeschnittenen Organisationsformen der Genfer Kirchenordnung kamen deshalb in den meisten reformierten Territorien im Reich nur obrigkeitlich modifiziert zur Anwendung. Mit der kurpfälzischen Presbyterial- und Synodalordnung entstand ein eigenständiges, dem Luthertum nahestehendes Kirchenwesen. Dennoch unterschied sich dieses Reformiertentum deutlich vom lutherischen Konzept, und zwar durch die Reinigung der Kirche von allen Bildern und Altären mit Ausnahme eines schmucklosen Altartisches, die Vereinfachung der Liturgie und die Abschaffung aller lateinischen Texte und Gesänge im Gottesdienst. In die pfälzische Kirchenordnung wurde Calvins Abendmahlslehre, aber nicht seine Prädestinationslehre (Lehre von der Vorbestimmung des Menschen) aufgenommen. Im Reich und darüber hinaus wirkte die Universität Heidelberg über den Heidelberger Katechismus und durch die Prägung ihrer Studenten als Vermittlerin der reformierten Theologie. Die reformierten Heidelberger Theologen, vor allem David Pareus (1548–1622) und Abraham Scultetus (1566–1625), waren Vertreter einer Irenik, die auf eine Lehreinigung aller Protestanten bei zugleich klarer Abgrenzung zum Katholizismus abzielte.

Reformiertentum im Reich

Eine überregional gültige, einheitliche Bekenntnisschrift für alle reformierten Kirchen gab es jedoch nicht; der stark auf die Gemeinde orientierte Charakter des Calvinismus wirkte hier doch als ein Hemmschuh. Als zentrale reformierte Bekenntnisschriften im Reich galten Johannes Calvins *Institutio Christianae religionis* (Unterweisung in der christlichen Religion) von 1536 und der *Heidelberger*

Reformierte Bekenntnisschriften

Katechismus von 1563. Außerhalb des Reiches wurden in Ostmitteleuropa vor allem Heinrich Bullingers *Confessio Helvetica posterior* (Zweites Schweizer Bekenntnis) von 1566, in Schottland John Knox' *Confessio Scotica* (Schottisches Bekenntnis) von 1560 und in den Niederlanden die *Canones* (Bestimmungen) der Dordrechter Synode von 1619 wichtig.

10.2 Katholische Konfessionalisierung

Trienter Konzil

Das Trienter Konzil hatte Mitte des 16. Jahrhunderts nicht nur zu einer scharfen theologischen Abgrenzung der katholischen Kirche gegenüber dem neu entstandenen evangelischen Kirchenwesen geführt, es wurden auch konkrete Reformmaßnahmen beschlossen, um die Missstände in der alten Kirche zu beheben (→ KAPITEL 6.1). Jedoch griffen die Bestimmungen des Trienter Konzils nur allmählich und viele der erhobenen Forderungen wurden erst viel später umgesetzt, wie die Residenzpflicht der Bischöfe, die jeweils in ihrem Bistum leben sollten, oder die Einrichtung von katholischen Priesterseminaren. Denn die katholischen Dynastien wollten ihre Kandidaten einerseits versorgen, andererseits die Hochstifte durch die Rückbindung an die politische Macht in ihrem Bestand absichern. So entstanden gerade in der nachtridentinischen Zeit zahlreiche, weit gespannte Bistumskumulationen, wie das nordwestdeutsche „Bischofsreich" der Wittelsbacher. Die geforderte Einrichtung von Priesterseminaren wurde sogar oft erst im 18. Jahrhundert verwirklicht. Dagegen wurden Instrumente der protestantischen Konfessionalisierung wie regelmäßige Kirchenvisitationen auch von den katholischen Obrigkeiten übernommen.

Zwei in der Reformationszeit neu entstandene Orden entwickelten sich zu den wichtigsten Trägern der katholischen Konfessionalisierung: Jesuiten und Kapuziner. Die vom spanischen Adligen Ignatius von Loyola (1491–1556) gegründete und 1540 päpstlich anerkannte

Societas Jesu

Gesellschaft Jesu (Societas Jesu) unterschied sich grundsätzlich von den alten Orden. Um als apostolischer Orden den katholischen Glauben weltweit verkündigen und verteidigen zu können, unterstellten sich die Jesuiten dem Papst und nicht einem Diözesanbischof. Dies kommt in einem eigenen Gehorsamsgelübde gegenüber dem Kirchenoberhaupt zum Ausdruck. Jesuiten lehnten höhere kirchliche Ämter ab, um jederzeit verfügbar zu sein, ebenso verzichteten sie auf eine einheitliche Ordenstracht und ein gemeinsames Chorgebet. Der Jesuitenorden war streng zentralistisch und hierarchisch aufgebaut, mit einem Ordensgeneral an der Spitze, der in Rom residierte, und einer übergreifenden Verfassung, in der die Ordensprinzipien festgehalten waren. Hauptaufgabe dieser internationalen Gemeinschaft war die Stärkung der durch die Reformation verunsicherten alten Kirche durch eine intensive Seelsorge- und Bildungstätigkeit. Die Jesuiten gewannen sehr rasch an Einfluss und entfalteten eine ungeheure Schlagkraft.

Der zweite wichtige Träger der katholischen Konfessionalisierung war der Kapuzinerorden, der 1528 als eigener Zweig der Franziskaner mit strikter Observanz gegründet worden war. Er breitete sich rasch in den romanischen Ländern und auch im Reich aus. Im Gegensatz zu den Jesuiten, die sich meist in die Zentren der geistlichen Residenzen begaben, ließen sich die Kapuziner häufig am Rande der Städte nieder. Die Mitglieder dieses Prediger- und Seelsorgeordens waren an der Kapuze ihres Ordensgewands und ihrem Bart leicht zu erkennen. Aufgrund ihres streng gelebten Armutsideals waren sie bei der Bevölkerung zudem sehr beliebt.

Kapuziner

Angehörige beider Orden wurden in der Regel von katholischen Landesherren in ein Territorium des Reiches gerufen, um die Erneuerung der Kirche voranzutreiben und den Katholizismus zu festigen. Oftmals versahen die Jesuitenpatres auch das Amt des Beichtvaters beim Fürsten. Besonders in dieser Funktion zogen sie sich die Kritik und den Argwohn des konfessionellen Gegners, in den geistlichen Staaten aber auch der Domkapitel zu, die in ihnen eine unliebsame Konkurrenz sahen. Wie die protestantischen Landesherren konnten die Habsburger und die bayerischen Wittelsbacher auch als katholische Fürsten die reichspolitischen Auseinandersetzungen um den „wahren Glauben" benutzen, um im Land ihre Position im Verhältnis zur Kirche zu stärken. Zwar gab es in den altgläubigen Territorien keine Kirchenordnungen und Bekenntnisschriften wie bei den Protestanten, aber es gab dennoch Parallelen: Auch hier wurden Visitationen im Auftrag des Landesherrn durchgeführt und eine geistliche Oberbehörde regelte kirchliche Fragen. Allerdings war bei den Katholiken der Entscheidungsspielraum der Fürsten und ihrer Beamten weiterhin begrenzt, vor allem durch die stets notwendige Rücksichtnahme auf den Papst in Rom, die Diözesanbischöfe, das überlieferte Kirchenrecht und die Autonomie der geistlichen Orden.

Katholische Höfe

Das Herzogtum Bayern bildete die Spitze der gegenreformatorischen Bemühungen im Reich, solange in Österreich unter der Re-

Bayern und die Gegenreformation

gierung von Kaiser Maximilian II. (1564–76) eine konfessionelle Ausgleichspolitik betrieben wurde. Erst seit den 1570er-Jahren setzte unter dem römisch-deutschen Kaiser Rudolf II. durch eine restriktive Rekatholisierungspolitik ein Umschwung in den österreichischen Erblanden ein. Zum wichtigsten Instrument für die gegenreformatorische Kirchenpolitik der bayerischen Landesherrn wurde der 1556 von Herzog Albrecht V. eingesetzte „Religions- und Geistliche Lehensrat", dann 1570 der „Geistliche Rat" als Zentralbehörde. Die Kompetenzen dieses Rats erstreckten sich im Wesentlichen auf die Besetzung und Aufsicht der Kirchenämter, die Kontrolle der Kirchen und landständischen Klöster und deren Vermögensverwaltung.

Geistliche Fürsten

In den geistlichen Fürstentümern des Reichs konnten der Adel und die landsässigen Städte nach der *Declaratio Ferdinandea* frei über ihre Konfession entscheiden. Diese Bestimmung wurde von katholischer Seite nicht anerkannt. Doch sie kam der Ausbreitung der Reformation zugute, wie sich vor allem in Westfalen, Niedersachsen, Fulda und auf dem Eichsfeld zeigte. Seit den 1570er-Jahren begann jedoch eine Gegenbewegung, in deren Verlauf eine größere Zahl geistlicher Fürsten die Rekatholisierung in ihren Territorien in Angriff nahm und auch durchsetzte. Dabei gingen die Erzbischöfe und Kurfürsten von Mainz auf dem Eichsfeld sowie der energische Fürstbischof Julius Echter von Mespelbrunn (1573–1617) in Würzburg voran. Würzburg unter Julius Echter wurde zu einem Modellterritorium der Katholischen Reform und Gegenreformation im Rahmen der Reichskirche. Die Wiederbegründung der Würzburger Universität im Jahre 1582 und die Einrichtung des großzügigen Juliusspitals setzten dafür eindrückliche Maßstäbe.

Untridentinische Reformen

Das Trienter Konzil inspirierte die Reformen in den altgläubigen Territorien zugunsten eines erneuerten Katholizismus, obgleich es gerade auch hier eigenständige „untridentinische" Reformansätze gab, die sich aus lokalen und diözesanen Traditionen speisten. Der Anpassungsprozess der deutschen Erzdiözesen und Diözesen an die vom römischen Reformpapsttum vorgegebenen Normen sollte erst nach dem Ende der Reichskirche im 19. Jahrhundert seinen Abschluss finden. Bis zu Beginn des Dreißigjährigen Krieges hatte sich der Katholizismus in fast allen geistlichen Fürstentümern des Südens und Westens wieder gefestigt. Grenzen wurden in Fulda, Hildesheim, Osnabrück, Corvey und dem kurmainzischen Erfurt sichtbar, wo Teile des Adels und das städtische Bürgertum protestantisch blieben.

KATHOLISCHE KONFESSIONALISIERUNG

Die gegenreformatorisch tätigen Landesfürsten und Fürstbischöfe bedienten sich vielfach der Hilfe des Jesuitenordens und gründeten Kollegien und Hochschulen. Nach dem Muster der fürstbischöflich-augsburgischen Jesuitenuniversität in Dillingen entwickelte sich ein eigener Typus von Universitäten (→ KAPITEL 9.2). Unterteilt in eine philosophische und eine theologische Fakultät, wurde hier vor allem der Nachwuchs von Welt- und Ordenspriestern ausgebildet. Zu entsprechenden Universitätsneugründungen von Dauer kam es in Molsheim, Olmütz, Paderborn und Bamberg, zu Versuchen in Münster und Osnabrück. An den Volluniversitäten in Mainz, Trier und Würzburg wurden die philosophische und theologische Fakultät ebenfalls den Jesuiten anvertraut. Die Zusammenarbeit zwischen reformorientierten Fürstbischöfen und dem Jesuitenorden kam auch in dem römischen Elitekolleg der Jesuiten für die Heranbildung eines Klerikernachwuchses aus den Ländern des Heiligen Römischen Reiches zum Ausdruck, dem 1552 eingerichteten *Collegium Germanicum*. Zahlreiche Germaniker kehrten nach ihrem Studium in der Ewigen Stadt auf einflussreiche Stellen in der Reichskirche zurück.

Jesuitenuniversitäten

In Salzburg gründete Fürsterzbischof Paris Graf Lodron (1586–1653) allerdings zusammen mit den Benediktinern bayerischer, schwäbischer und österreichischer Abteien eine Universität zur Beförderung der katholischen Reform. Nach einem Höhepunkt des Einflusses der Jesuiten am Beginn des 17. Jahrhunderts zeigte sich gerade in den geistlichen Fürstentümern gegenüber diesem Eliteorden der Gegenreformation eine gewisse Distanz, wenn etwa in den nordwestdeutschen Fürstbistümern auch die Franziskaner als Schulorden gefördert wurden oder wenn in Würzburg und Mainz der „deutsche Salomo" Johann Philipp von Schönborn, einer der späteren Wegbereiter des Westfälischen Friedens (→ KAPITEL 13.2), die Weltpriesterkongregation der Bartholomäer unterstützte.

Nichtjesuitische Bildungsinitiativen

Zu den klassischen Elementen der katholischen Konfessionalisierung gehörte die massenwirksame Instrumentalisierung und Förderung traditioneller Bestandteile der Volksreligiosität. In den katholischen geistlichen Fürstentümern der Reichskirche, in den Städten und auf dem Land, blühte die Volksfrömmigkeit mit zahlreichen lokalen Kulten, Wallfahrten, Volksmissionen durch Jesuiten, Kapuziner und andere Orden, marianischen Kongregationen (Gemeinschaften) und Bruderschaften auf. Vielfach wurden dabei ältere Formen der vorreformatorischen Zeit aufgegriffen und wiederbelebt, oftmals kam es jedoch auch zu Neuschöpfungen im Sinne der katholischen Reform.

Volksfrömmigkeit

10.3 Die konfessionelle Konfrontation im Reich

Wirkung des Religionsfriedens

Der Augsburger Religionsfriede (1555) hatte die theologischen Streitfragen nicht entschieden und damit den Glaubenszwiespalt im Reich nicht gelöst (→ KAPITEL 5.4). Um wenigstens auf säkularer Ebene einen Konsens zu erreichen, waren Kompromissformeln notwendig gewesen. Beide Seiten – Protestanten und Katholiken – hatten deshalb die Möglichkeit, den Friedensschluss in ihrem Sinne zu interpretieren. Besonders umstritten waren von Anfang an der Geistliche Vorbehalt, der Reichsstädteartikel und die Säkularisationen von Kirchengut durch protestantische Fürsten über das Stichpunktdatum 1552 hinaus. Ebenso blieb die Freistellung der Untertanen, worunter die freie Konfessionswahl verstanden wurde, weiterhin eine protestantische Forderung – aber sie konnte nicht durchgesetzt werden. Dennoch kam es in den 1560er-Jahren zu keinen großen Auseinandersetzungen, weil eine Mittelpartei um Kursachsen, Bayern und Württemberg im Reich den Religionsfrieden auf jeden Fall bewahren wollte und daher eher zum Kompromiss neigte.

Die irenische Gesinnung des Reichsoberhaupts gegenüber den Protestanten trug dazu wesentlich bei. Auch wenn Ferdinand I. den Augsburger Reichsabschied unterzeichnet hatte, so ist doch Maximilian II. als der eigentliche Kaiser des Religionsfriedens zu bezeichnen,

Der Kaiser des Religionsfriedens

der nicht nur die äußere Form anerkannte, sondern auch den Geist des Friedensschlusses in sich trug. Seine Neigung zum Luthertum und seine Kontakte zu evangelischen Reichsfürsten bestimmten sein Regierungshandeln im Sinne des religiösen Ausgleichs gegenüber den Protestanten im Reich wie in den habsburgischen Erblanden. Hier wurde die auf Reichsebene gefundene Lösung auf die österreichischen Stände übertragen und damit dem Adel der Aufbau evangelischer Kirchentümer auf seinen Territorien erlaubt. Im Reich konnte der Kaiser mit einer Fürstengeneration zusammenarbeiten, welche die Kämpfe der Reformationszeit miterlebt hatte und den mühsam gefundenen Frieden in jedem Fall bewahren wollte.

Seit Mitte der 1570er-Jahre spielten jedoch die konfessionellen Streitfragen in der Reichspolitik eine immer größere Rolle. 1576 kamen ein von den Jesuiten in Spanien erzogener Kaiser, Rudolf II. (1552–1612), und eine neue Fürstengeneration an die Macht. Weni-

Konfessionelle Verschärfung

ger der friedliche Ausgleich als vielmehr die konfessionelle Auseinandersetzung rückte nun in den Mittelpunkt des gegenseitigen Umgangs. Der Streit entzündete sich vor allem an der umstrittenen Zulassung des Calvinismus im Reich und an der Frage der Gültigkeit des Geistlichen Vorbehalts. Die politisch-konfessionellen Rahmenbedingungen veränderten sich nachhaltig durch die weiterhin ungebremste Ausbreitung der Reformation.

Indem die Vereinbarungen von 1555 nur für Altgläubige und die Anhänger des Augsburger Bekenntnisses gelten sollten, blieben die Anhänger anderer protestantischer Bekenntnisse vom Schutz des Religionsfriedens ausgeschlossen. Mit dem 1559 erfolgten Übertritt des Kurfürsten Friedrich III. von der Pfalz (1515–76) zum Calvinismus wurde für katholische wie für protestantische Reichsstände die Frage nach einer Anerkennung des Reformiertentums aufgeworfen. Da es sich beim Pfälzer Kurfürsten um einen der vornehmsten Reichsfürsten handelte, war das Problem nicht nur von theologischer Bedeutung, sondern entfaltete auch eine ungeheure reichspolitische Sprengkraft. Sächsische Juristen fanden schließlich einen mühsamen Kompromiss: Friedrich III. stimme zwar in der Theologie nicht mit dem Augsburger Bekenntnis überein, doch dürfe er als politischer Anhänger der *Confessio Augustana* den Schutz des Reichsfriedens beanspruchen. Die politische Isolation der Kurpfalz war damit jedoch keineswegs endgültig abgewendet, zumal sich der Pfälzer Kurfürst als Führer der protestantischen Reichsstände zunehmend gegen Kursachsen zu profilieren suchte. Es war dies der Beginn einer aktiven, dezidiert protestantischen und anti-habsburgischen Politik der Kurpfalz, die durch ihre Verbindungen zum westeuropäischen Calvinismus eine europäische Dimension hatte. Neben der Kurpfalz schlossen sich im Reich vor allem einige Reichsgrafen, wie die von Solms, Nassau und Bentheim, in der „Zweiten Reformation" um 1600 dem Calvinismus an.

Calvinismus im Reich

Der schleichende Übergang der mittel- und norddeutschen Fürstbistümer zur Reformation erschwerte die Situation vollends. Bereits weitgehend protestantisch zusammengesetzte Domkapitel wählten evangelische Administratoren (Bistumsverwalter) aus den weltlichen Fürstenhäusern auf die Bischofssitze. Die benachbarten Dynastien schufen sich mit diesen Bistumsadministrationen quasi Sekundogenituren (zweite Herrschaftslinien) mit einer rechtlich umstrittenen Stellung, die auf einer vorläufigen kaiserlichen Belehnung beruhte. Dagegen sahen die katholischen Reichsstände in der Besetzung wichtiger Ämter mit konfessionell zumindest indifferenten Kandidaten einen klaren Verstoß gegen die Bestimmung des Geistlichen Vorbehalts. Die Frage, ob der protestantische Administrator des Erzbistums Magdeburg Sitz und Stimme auf dem Reichstag beanspruchen dürfe, führte seit 1582 zu einem heftigen Streit zwischen den Konfessionen,

Geistlicher Vorbehalt

der die Reichsverfassung lahmzulegen drohte und nur mühsam unter der Decke gehalten werden konnte.

Kölner Krieg

Die Frage der Akzeptanz des Geistlichen Vorbehalts eskalierte jedoch im Kölner Krieg von 1582 bis 1589 und wurde von den katholischen Reichsständen schließlich mit militärischer Gewalt durchgesetzt. Der Reformations- und Säkularisationsversuch des Kölner Kurfürsten Gebhard Truchsess von Waldburg in den Jahren 1577 bis 1583 hatte Bayern, Spanien und den Kaiser auf den Plan gerufen, die dadurch den labilen Katholizismus im Nordwesten des Reiches in Gefahr sahen. Waldburg wurde vorgeworfen, er habe gegen seine Wahlkapitulation und vor allem gegen die Bestimmung des Geistlichen Vorbehalts im Augsburger Religionsfrieden verstoßen. Nach der Exkommunikation Waldburgs durch den Papst, seiner Absetzung und Ächtung, wurde Ernst von Bayern zum Kölner Erzbischof gewählt. Im Kölner Krieg, der mit furchtbaren Verwüstungen einherging, konnte Ernst von Bayern 1589 schließlich mit spanischer Hilfe den Sieg für die katholische Position erringen.

Straßburger Kapitelstreit

Der Straßburger Kapitelstreit schloss unmittelbar an den Kölner Krieg an und stand in direkter Verbindung zu ihm, waren doch Gebhard Truchsess und drei weitere Kapitulare auch Mitglieder des Straßburger Domkapitels. Da sie wegen ihrer Rolle im Kölner Konflikt dem Kirchenbann verfielen, sollten sie neben den Kölner auch ihre Straßburger Pfründen verlieren, wozu sie jedoch keineswegs bereit waren. Aus diesem Kapitelstreit entwickelte sich der Bischofskrieg: Nach dem Tod des Bischofs Johann von Manderscheid 1592 wählten beide konfessionelle Lager ihren jeweils eigenen Kandidaten als Nachfolger. Auch hier gelang es der katholischen Seite, mit Karl von Lothringen einen Mann der alten Kirche zu installieren. Dass das Haus Habsburg in der Folgezeit im Fürstbistum Straßburg Mitglieder der eigenen Dynastie durchsetzen konnte, trug dort maßgeblich zur Festigung der katholischen Position bei. Im katholischen Lager wehte nach dem Erfolg im Bischofskrieg ein schärferer Wind.

Fall Donauwörth

Dies wird besonders im Falle Donauwörths im Jahre 1608 deutlich. Entgegen dem Reichsstädteartikel des Augsburger Religionsfriedens hatte hier die protestantische Mehrheit im Rat der Reichsstadt eine Prozession des Heilig-Kreuz-Klosters verboten. Nach dem für das Kloster günstigen Urteil des Reichshofrats und protestantischen Tumulten bei der Prozession erklärte der Kaiser die Acht über die Stadt und beauftragte den bayerischen Herzog mit der Exekution des Urteils, obwohl die Zuständigkeit beim Herzog von Württemberg als

Oberst des Schwäbischen Reichskreises lag. Unter dem Eindruck der bayerischen Besetzung und Rekatholisierung Donauwörths sprengten die evangelischen Stände 1608 den Reichstag von Regensburg und legten damit das wichtigste Organ der Reichsverfassung lahm. Da aufgrund des Konfessionskonflikts auch die Visitationen des Reichskammergerichts unterblieben und die Rechtsprechung des Reichshofrats von vielen Protestanten nicht mehr anerkannt wurde, war zugleich die Reichsjustiz lahmgelegt. Mit der Gründung der evangelischen Union unter Führung der Kurpfalz 1608 und der katholischen Liga unter Führung Bayerns 1609 entstanden zwei Bündnisse im Reich, welche die konfessionelle Trennung des Reichsverbandes nachdrücklich dokumentierten.

10.4 Grenzen der Konfessionalisierung

Das Konzept der Konfessionalisierung als ein makrohistorisches Paradigma wurde von den sozialwissenschaftlichen Modernisierungstheorien der 1980er-Jahre angestoßen. Grundlegend war der Erklärungsansatz des Historikers Ernst Walter Zeeden, der in den 1960er-Jahren die Entstehung der drei großen Konfessionen als einen parallelen Vorgang im 16. Jahrhundert beschrieben hatte. Das im kirchlichen Bereich verankerte Geschehen der Herausbildung und Abgrenzung unterschiedlicher Konfessionen und kirchlicher Institutionen wird im Konfessionalisierungskonzept um eine staatliche Perspektive erweitert und in Verbindung zur Entstehung des frühmodernen Staates und der Kategorie der Sozialdisziplinierung gesetzt, wie es von Gerhard Oestreich erarbeitet worden war (Oestreich 1969).

Begriff und Definition

„Der Begriff ‚Konfessionalisierung' meint einen gesellschaftlichen Fundamentalvorgang, der das öffentliche und private Leben in Europa tiefgreifend umpflügte, und zwar in meist gleichlaufender, bisweilen auch gegenläufiger Verzahnung mit der Herausbildung des frühmodernen Staates und mit der Formierung einer neuzeitlich disziplinierten Untertanengesellschaft, die anders als die mittelalterliche Gesellschaft nicht personal und fragmentiert, sondern institutionell und flächenmäßig organisiert war." (Schilling 1988a, S. 6)

In der Forschung ist die heuristische Fruchtbarkeit dieses Konfessionalisierungsbegriffs weitgehend anerkannt worden. Allerdings wurde dieser Begriff als Forschungsparadigma auf vielfältige Weise kritisiert und in den letzten Jahren intensiv diskutiert (Schorn-Schütte 1999).

Kritik am Paradigma

Die Kritik bezieht sich zunächst auf die Perspektive des Deutungsmusters „Konfessionalisierung", das als ausgesprochen etatistisch angesehen wird. Als teleologische Geschichtsdeutung konzentriere sich dieses Theorem vor allem auf die Höherentwicklung gesellschaftlicher und staatlicher Strukturen. Damit werde die Frühe Neuzeit zu einer Vorgeschichte der Moderne degradiert.

Grenzen des Konzepts

Auch der Historiker Anton Schindling fragt nach den Grenzen der Konfessionalisierung und der Konfessionalisierbarkeit, da er konfessionelle *propria* (Eigenheiten) nicht angemessen erfasst sieht (Schindling 1997). Nichtkonfessionelle Faktoren, Regionen und Räume ließen sich nur schwer in ein solches Konzept einbinden. Gelehrtenkultur und geistige Strömungen wie der Humanismus orientierten sich nicht an Konfessionsgrenzen und könnten deshalb mit dem Konfessionalisierungsmuster nicht erfasst werden. Ein magisches Weltbild war in allen sozialen Schichten und in sämtlichen Konfessionen vorhanden. „Konfessionelle Niemandsländer", Mischformen in den Territorien oder konfessionseigene Strömungen wie die katholische Mystik schließlich fallen gänzlich durch das Konfessionalisierungsraster.

Nivellierung der konfessionellen Unterschiede

In diesem Sinne betont Walter Ziegler die Eigenständigkeit der katholischen Territorien, die schlicht altgläubig geblieben seien und sich deshalb der Konfessionalisierungstheorie entziehen würden (Ziegler 1999). Ein einheitlicher Konfessionstypus „katholisch" sei deshalb nicht auszumachen. Im Gegensatz zu den protestantischen Territorien stünden die katholisch gebliebenen der alten Kirche nicht völlig neu gegenüber, sondern sie hätten sich in Dogma und Struktur nur wenig geändert. Dies zeige, dass eine vollständige Parallelisierung der neu- wie altgläubigen Territorien auch im Zeichen der Konfessionalisierungsprozesse in der zweiten Hälfte des 16. und im 17. Jahrhundert nicht möglich sei.

Religiöse Toleranz

Schließlich lässt sich auch ein Phänomen wie die religiöse Toleranz nur schwer in den Zusammenhang der Konfessionalisierung einordnen. Gerade im Zeitalter der Reformation und der konfessionellen Konflikte begann in Europa die systematische Diskussion um die religiöse Toleranz – und damit nach dem Recht des Individuums auf die Freiheit des Gewissens. Mit der Entstehung mehrerer Konfessionen im Reich und in Europa erhielt das mittelalterliche Ketzerproblem eine ganz neuartige Größenordnung, vor der die entwickelten geistigen und gewaltsamen Mittel zur Wiederherstellung der Einheit versagten. Als neue Möglichkeiten zur Beilegung der Konflikte boten sich Glaubensgespräch, kirchlich-politischer Kompromiss und

Religiöser Pluralismus

schließlich die Akzeptanz des religiösen Pluralismus an. Dennoch bestand die unerschütterliche Überzeugung weiter, dass die Einheit des Glaubens im Rahmen der staatlich-politischen Einheit notwendig sei. Alle evangelischen Kirchenführer, die sich in ihrer Auseinandersetzung mit der alten Kirche der Hilfe weltlicher Mächte bedienten und ihr Werk nur auf diese Weise zu vollenden und zu bewahren vermochten, sahen sich früher oder später auch radikalen Widerstandsgruppen gegenüber: Diese erstrebten auf ihre Weise die Vollendung der Reformation und verurteilten die Zusammenarbeit mit den Obrigkeiten als sündhaften Kompromiss. So sahen sich die Reformatoren oftmals dazu gezwungen, Abweichungen von der Lehrmeinung hart und kompromisslos abzuwehren, um den Bestand ihrer Kirche nicht aufs Spiel zu setzen.

Wenn man Konfessionalisierung als Gesamtvorgang und Fundamentalprozess auf einer übergreifenden Metaebene begreift, lassen sich innerhalb dieses Konzepts durchaus ältere Begriffe wie „Zweite Reformation", „Katholische Reform" oder „Gegenreformation" sinnvoll einsetzen, um Unterschiede zu verdeutlichen (→ KAPITEL 1.1). Die katholische Reform etwa knüpfte an vorreformatorische Reformbewegungen des 15. Jahrhunderts an und versuchte sie unter den Umständen und Bedingungen der Reformation neu zu beleben und für die alte Kirche nutzbar zu machen. Gegenreformation hingegen meint in diesem Zusammenhang eine Rückgewinnung des durch die Reformation verlorenen Terrains zugunsten des Katholizismus. Mit einer solchen Begriffsvielfalt kann dann das weitschichtige Phänomen der Konfessionalisierung multiperspektivisch und trennscharf beschrieben werden.

Abgrenzung der Begrifflichkeiten

Fragen und Anregungen

- Problematisieren Sie den Begriff der Konfessionalisierung.

- Beschreiben Sie die Gemeinsamkeiten und Unterschiede im Konfessionalisierungsprozess bei Protestanten und Katholiken.

- Erläutern sie, welchen Einfluss machtpolitische Beweggründe für die Durchsetzung der Konfession spielen.

- Welche Rolle spielte die Konkordienformel für den Protestantismus?

- Nennen Sie drei wichtige Gründe, warum die Reichsverfassung um 1600 ‚lahmgelegt' wurde.

Lektüreempfehlungen

Quellen
- Hans R. Guggisberg (Hg.): Religiöse Toleranz. Dokumente zur Geschichte einer Forderung, Stuttgart 1984. *Zahlreiche europäische Beispiele für die Anfänge der Duldsamkeit in Glaubensfragen.*

- Emil Sehling (Hg.): Die evangelischen Kirchenordnungen des XVI. Jahrhunderts, Band 14: Kurpfalz, Tübingen 1969. *Ein Beispiel aus einem großen Editionswerk zum protestantischen Staatskirchentum.*

Forschung
- Martin Heckel: Autonomia und Pacis Compositio. Der Augsburger Religionsfriede in der Deutung der Gegenreformation, in: Zeitschrift für Rechtsgeschichte Kanonistische Abteilung 45, 1959, S. 141–248. *Die unterschiedliche Deutung des Religionsfriedens aus rechtsgeschichtlicher Perspektive.*

- Heinz Schilling: Die Konfessionalisierung im Reich. Religiöser und gesellschaftlicher Wandel in Deutschland zwischen 1555 und 1620, in: Historische Zeitschrift 246, 1988, S. 1–45. *Grundlegend für Begrifflichkeit und Reichweite der Konfessionalisierung als Fundamentalprozess.*

- Heinz Schilling (Hg.): Die reformierte Konfessionalisierung in Deutschland – das Problem der „zweiten Reformation", Gütersloh 1986. *Der erste von insgesamt drei Sammelbänden, die sich mit der reformierten, lutherischen und katholischen Konfessionalisierung in den verschiedenen Territorien des Reichs beschäftigen.*

- Anton Schindling: Konfessionalisierung und Grenzen der Konfessionalisierbarkeit, in: Anton Schindling/Walter Ziegler (Hg.), Die Territorien des Reichs im Zeitalter der Reformation und Konfessionalisierung. Land und Konfession 1500–1650, Band 7: Bilanz – Forschungsperspektiven – Register, Münster 1997, S. 9–44. *Formuliert die grundsätzlichen Einwände gegen das Konfessionalisierungsparadigma.*

- Ernst Walter Zeeden: Die Entstehung der Konfessionen. Grundlagen und Formen der Konfessionsbildung im Zeitalter der Glaubenskämpfe, München/Wien 1965. *Beschreibt die Entstehung der drei großen Konfessionen als einen parallelen Vorgang und wird damit zur Grundlage der Konfessionalisierungsdebatte.*

11 Der Dreißigjährige Krieg

Abbildung 11: Georg Köhler: *Flugblatt anläßlich der Landung Gustav Adolfs von Schweden.* Nürnberg (1632)

Im Dreißigjährigen Krieg machte sich der Schwedenkönig Gustav II. Adolf (1611–32) das Deutungsmuster des protestantischen Freiheitskampfes gegen die Gegenreformation des Hauses Habsburg propagandistisch zunutze und rechtfertigte damit die militärische Intervention Schwedens in Deutschland. Auf diesem Flugblatt lässt sich König Gustav Adolf unter Ausblendung der machtpolitischen Interessen Schwedens als Befreier des evangelischen Deutschland feiern, der aus dem Himmel von der Hand Gottes das Schwert des gerechten Krieges empfängt. Als neuer Glaubenskrieger stellt sich der „Löwe aus Mitternacht" in die Tradition der alttestamentarischen Freiheitskämpfer, auf die in zahlreichen Bibelzitaten Bezug genommen wird. Die schwedische Flotte, die auf der rechten Bildseite über die Ostsee nach Pommern segelt, wird von Gott selbst herbeigerufen, um den Kampf in Deutschland aufzunehmen. Auf der linken Bildseite ist das schwedische Heer bereits gelandet, und lauscht – zusammen mit pommerschen Bauern – der Predigt eines evangelischen Pfarrers. Die Mitte der unteren Leiste zeigt die drei Bischofsstädte Mainz, Bamberg und Würzburg, die noch befreit werden sollen. Als geistliche Reichsstände symbolisieren sie die eigentlichen Feinde des Evangeliums, die von Gustav Adolf bekämpft werden.

Die territorialpolitischen Ambitionen des Schwedenkönigs werden in diesem Zusammenhang nicht thematisiert. So sahen auch die Zeitgenossen beider Konfessionen das Eingreifen Gustav Adolfs in den Dreißigjährigen Krieg als Eskalation eines Religionskrieges an. Erst mit dem direkten Kriegseintritt Frankreichs 1635 tritt das machtpolitische Element als dominantes Wahrnehmungsmuster in den Vordergrund. Traditionell werden vier Phasen in den dreißigjährigen Auseinandersetzungen unterschieden:
1. Böhmisch-pfälzischer Krieg (1618–23)
2. Niedersächsisch-dänischer Krieg (1624–29)
3. Schwedischer Krieg (1630–35)
4. Schwedisch-französischer Krieg (1635–48)

11.1 **Die Krise des Reiches**
11.2 **Der deutsche Krieg**
11.3 **Der schwedische Krieg**
11.4 **Der europäische Krieg**

11.1 Die Krise des Reiches

Über den Charakter des Dreißigjährigen Krieges wird in der Forschung seit langem intensiv und kontrovers diskutiert. In dieser Debatte ist ein Bündel von Ursachen und Faktoren herausgearbeitet worden, das für den Ausbruch, den Verlauf und die lange Dauer des Krieges verantwortlich gemacht wird: der konfessionelle Gegensatz, die Krise der Reichsverfassung, das Ringen der Reichsstände um ihre fürstliche Libertät (Freiheit) gegen den Machtanspruch des Kaisers und der europäische Mächtekonflikt. Die Frage nach der Einordnung und dem Charakter des Dreißigjährigen Krieges betrifft im Wesentlichen das Verhältnis von Religion und säkularem Machtkampf auf deutscher und europäischer Ebene. Monokausale Erklärungsversuche erwiesen sich dabei angesichts des vielschichtigen Verhältnisses von Religion und Gewalt im Dreißigjährigen Krieg als wenig hilfreich. Lange Zeit wurde weitgehend eine Betrachtungsweise akzeptiert, die vor allem im konfessionellen Gegensatz die Ursache für die Auseinandersetzung in der Folge des böhmischen Aufstandes bis 1630 sah. Aufgrund der Ausweitung der böhmischen Ereignisse seien zuerst das Reich und dann Europa in den Konflikt hineingezogen worden. Nach dem Eingreifen Schwedens im Bündnis mit dem katholischen Frankreich habe sich der vorwiegend konfessionell bestimmte Krieg zu einem internationalen Mächtekampf entwickelt.

Religionskrieg oder säkularer Machtkampf?

Versuche einer ökonomischen und feudalgeschichtlichen Gesamtdeutung des Dreißigjährigen Krieges (Haan 1981) ließen sich in der Forschung nicht halten. Selbst die lange Zeit mit viel Zustimmung versehene Interpretation als ein Staatsbildungskrieg (Burkhardt 1998) wird neuerdings in Zweifel gezogen und gefragt, ob nicht doch seit 1619 ein deutscher Konfessionskrieg stattgefunden habe (Gotthard 2002). Die bereits in den ältesten historiografischen Darstellungen dominierende konfessionelle Lesart des Krieges steht daher wieder verstärkt im Fokus der Forschung (Brendle 2010a). Dazu haben sicher die intensiven Debatten um das Konfessionalisierungsparadigma (→ KAPITEL 10.4) einen wesentlichen Teil beigetragen. Die Betonung des konfessionellen Faktors als Movens des Kriegsverlaufs tritt dabei immer stärker hervor und lässt den Konflikt in „eine[r] innere[n], strukturelle[n] Verschränkung von Staaten- und Glaubens- beziehungsweise Konfessionskrieg" erscheinen, „der nur noch am Rande, nämlich vor allem in Böhmen, kaum jedoch in den Niederlanden auch noch Staatenbildungskrieg war" (Schilling 2006, S. 121).

Deutungsmuster

Seit dem Beginn des 17. Jahrhunderts eskalierte die konfessionelle und politische Krise im Heiligen Römischen Reich deutscher Nation. Die Auseinandersetzungen um die richtige Interpretation des Augsburger Religionsfriedens (1555) hatten am Ende des 16. Jahrhunderts die Reichsverfassung lahmgelegt und das Reich in zwei konfessionelle Bündnislager gespalten, wenngleich beide Einungen nicht alle Anhänger ihrer Konfession hinter sich bringen konnten. Die Union von Anhausen (1608) vereinte unter Führung der Kurpfalz mehrere süddeutsche protestantische Fürsten und Reichsstädte, nicht aber die beiden norddeutschen Vormächte des Protestantismus, Kursachsen und Kurbrandenburg in einer als Defensivbündnis zum Schutz der Reichsverfassung definierten Ständeeinung auf zehn Jahre. Das zentrale politische Problem der deutschen Protestanten und auch der Union war die Spaltung zwischen Lutheranern und Calvinisten, zwischen Parteigängern Sachsens und Parteigängern der Kurpfalz. Als Gegengewicht zur protestantischen Union gründete Herzog Maximilian I. von Bayern 1609 in München das katholische Ständebündnis der Liga. Die reichsständischen Einungspartner Maximilians von Bayern waren geistliche Reichsfürsten im Süden und Westen mit den drei Kurerzbischöfen von Mainz, Köln und Trier an der Spitze. Die katholische Liga wurde im Verständnis der Mehrzahl der geistlichen Fürsten, die ihr angehörten, vornehmlich als ein defensives Schutzbündnis zur Aufrechterhaltung der Reichsverfassung wahrgenommen – allerdings bei katholischer Interpretation des Augsburger Religionsfriedens.

Beide Lager verfügten zunächst über keine allzu große Schlagkraft. Zu umstritten waren auf beiden Seiten die Ausrichtungen und Ziele. Nicht einmal alle Mitglieder der Union befürworteten die offensive, antihabsburgische Ausrichtung der Pfälzer Politik unter Federführung des Statthalters der Oberpfalz, Christian von Anhalt. Der Führungsanspruch Bayerns in der Liga war nicht weniger umstritten, nicht nur durch das zweite Direktorat des Mainzer Kurfürsten, sondern auch durch die von den geistlichen Ligaständen gewünschte Einbeziehung des habsburgischen Herrscherhauses. Trotz eines Subsidienvertrags mit dem Papst, der eine solide finanzielle Ausstattung gewährleistete, war die Liga im ersten Jahrzehnt ihres Bestehens geradezu handlungsunfähig. Erst unter den Bedingungen des Krieges kam es zum Zusammenwachsen einer bis dahin inhomogenen Interessensgemeinschaft, die außer der Konfession wenig gemeinsam hatte.

Die Krise des Reiches korrespondierte mit schweren Auseinandersetzungen innerhalb des habsburgischen Herrscherhauses seit 1604/05.

In seinem berühmten Drama *Ein Bruderzwist in Habsburg* hat der österreichische Schriftsteller Franz Grillparzer im 19. Jahrhundert diese familiäre Krise weit über Historikerkreise hinaus bekannt gemacht. Der Streit eskalierte im Aufstand der Brüder gegen den unfähigen Kaiser Rudolf II., der auf dem Hradschin in Prag im Kreis von Alchimisten, Astrologen und Kabbalisten residierte. Dass sich an seinem Hof auch angesehene Gelehrte wie die Astronomen Tycho Brahe, Johannes Kepler und andere befanden, konnte den Unmut seiner habsburgischen Verwandten über eine desaströse Reichs- und Territorialpolitik nicht dämpfen. Nachdem Rudolf 1608 bereits in den österreichischen Erblanden die Macht verloren hatte, rückte nun ein Heer unter Erzherzog Matthias, dem späteren Kaiser, auf Prag vor, um ihm die Macht zu entreißen.

Bruderzwist in Habsburg

In dieser Situation erließ der mit dem Rücken zur Wand stehende Kaiser 1609 den Majestätsbrief für die böhmischen Stände. In dieser Urkunde garantierte er ihnen die Religionsfreiheit, um sie auf seine Seite zu ziehen. Die böhmischen Stände legten daraufhin in einem Nebenabschied (ergänzender Beschluss) eine Ausdehnung der Bestimmungen für die ehemals geistlichen Gebiete fest. Die Frage, ob sie zu einem solchen Vorgehen berechtigt waren, berührte nicht nur die Frage der Religion, sondern auch die böhmischen Ständerechte. Rudolf konnte seinen Machtverlust nicht mehr verhindern; ihm blieb letztlich nur noch die Kaiserkrone. Als vereinsamter Herrscher starb er wenig später, im Jahr 1612, auf seiner Prager Burg – der dritte und letzte der habsburgischen Kaiser, auf die Bertolt Brecht (1898–1956) in seinem berühmten *Moldaulied* anspielt: „Am Grunde der Moldau wandern die Steine, es liegen drei Kaiser begraben in Prag." Zu Rudolfs Nachfolger wurde Matthias gewählt, ein von der Forschung lange vernachlässigter Kaiser des Übergangs. Die sogenannte Kompositionspolitik seines Beraters Kardinal Melchior Klesl, die auf einen Ausgleich zwischen Katholiken und Protestanten zielte, war ein ernst zu nehmender Versuch, doch noch den drohenden Krieg zu verhindern – wenngleich ihm kein Erfolg beschieden war.

Böhmischer Majestätsbrief

11.2 Der deutsche Krieg

Schon vor dem Tod des kinderlosen Kaisers Matthias im Jahr 1619 hatte Ferdinand II., der aus der Grazer Nebenlinie der Habsburger stammte, 1617 in Böhmen die Regierung angetreten. Sein Herrschaftsbeginn läutete eine neue Ära der konfessionellen Auseinander-

Religionspolitik Ferdinands II.

setzungen ein. Ferdinand II. hatte seine kompromisslose Haltung in Religionsangelegenheiten bereits als Landesherr Innerösterreichs erkennen lassen, als er die Gegenreformation in Kärnten, Steiermark und Krain zum Teil gewaltsam durchgesetzt hatte. Er hatte wie sein Vetter Maximilian von Bayern die von den Jesuiten getragene Hochschule in Ingolstadt besucht und war dort zu einem prinzipienstrengen Herrscher erzogen worden. Seine gegenreformatorischen Ambitionen brachte er auch sofort nach seinem Regierungsantritt in Böhmen 1617 zum Ausdruck, als er zwei protestantische Kirchen in Braunau und Klostergrab abreißen ließ, weil sie seiner Ansicht nach nicht unter die Bedingungen des Majestätsbriefs fielen. Die selbstbewussten böhmischen Stände sahen darin nicht nur einen Angriff auf ihre garantierte Religionsfreiheit, sondern auch auf ihre althergebrachten Ständerechte.

Prager Fenstersturz

Am 23. Mai 1618 zogen die protestantischen Ständeführer Böhmens auf die Prager Burg und stürzten die kaiserlichen Statthalter Jaroslaw Martinitz und Wilhelm von Slawata samt dem Sekretär Philipp Fabricius, der für seine „Verdienste" mit dem Adelsprädikat „von Hohenfall" ausgezeichnet wurde, aus dem Fenster. Der Prager Fenstersturz war ein symbolisch hochaufgeladenes Ereignis, das an die Hussitenzeit erinnerte und an das Innerste des böhmischen Selbstverständnisses rührte. Zwar überlebten die Vertreter des Kaisers, weil sie weich im Burggraben landeten, doch entwickelten sich aus der böhmischen Ständerevolte sehr schnell ein deutscher Religionskrieg und schließlich ein europäischer Mächtekampf.

Böhmischer Aufstand

Die revoltierenden Stände bildeten zunächst eine Regierung aus dreißig Direktoren. Diese setzte Ferdinand II. als böhmischen König ab und wählte auf Betreiben Christian von Anhalts und nach langen Verhandlungen schließlich Friedrich V. von der Pfalz zum neuen König. Doch die Hoffnungen Anhalts auf ein großes europäisches Bündnis gegen das Haus Habsburg zerstoben bald. Nicht einmal Kursachsen erklärte sich bereit, das böhmische Abenteuer des Pfälzers zu unterstützen, weil der strenge Lutheraner Johann Georg den Aufstand der böhmischen Stände nicht als eine Glaubensangelegenheit, sondern als eine Revolte gegen die rechtmäßige Obrigkeit ansah. Letztlich wurde Kursachsen durch die Verpfändung der beiden Lausitzen (Ober- und Niederlausitz) sogar für das Haus Habsburg gewonnen. Als Ferdinand II. nach dem Tod von Matthias seine Wahl zum römisch-deutschen Kaiser 1619 durchgesetzt hatte, forcierte er die katholische Gegenoffensive im Bündnis mit Spanien und Bayern. Im Münchner Vertrag vom 8. Oktober 1619 wurden dem Bayernherzog für den Ein-

Münchner Vertrag

satz eines Ligaheeres in Böhmen die Pfälzer Kur und die Oberpfalz in Aussicht gestellt. Spanische Truppen sollten gleichzeitig durch den Einmarsch in die Rheinpfalz Friedrich V. weiter unter Druck setzen.

Die am 8. November 1620 am Weißen Berg vor den Toren Prags geschlagene Schlacht endete mit einem triumphalen Sieg der vereinigten kaiserlichen und katholischen Ligatruppen. Der böhmische Aufstand brach rasch zusammen, der „Winterkönig" Friedrich V., wie er fortan genannt werden sollte, weil er nur einen Winter in Böhmen regiert hatte, musste Hals über Kopf fliehen. Über die Ständeführer erging ein blutiges Strafgericht. 27 „Rebellen" wurden zum Tod verurteilt und auf dem Altstädter Ring hingerichtet. Nach der Enthauptung spießte man ihre Köpfe zur Abschreckung auf den Mauern Prags auf. Ihre Güter wurden vom restituierten böhmischen König Ferdinand II. als Landesherrn eingezogen und als Belohnung an die eigenen Parteigänger vergeben. Damit kam eine der massivsten Güterumwälzungen der Frühen Neuzeit in Gang, die zum Aufstieg eingesessener erbländischer Adelsfamilien wie der Auersperg, Schwarzenberg oder Liechtenstein führte. Einer der größten Profiteure war jedoch Albrecht von Wallenstein, der umfangreichen Besitz übertragen bekam oder aufkaufte; diese Herrschaften wurden 1622 vom Kaiser zum Herzogtum Friedland erhoben und bildeten – neben zwei äußerst vorteilhaften Ehen – die Grundlage für den Aufstieg des mährischen Landedelmanns. Aus eigenen Mitteln stellte der „Friedländer" dem Kaiser eine Armee zur Verfügung und avancierte damit zu einem der Protagonisten in der beginnenden Auseinandersetzung im Reich.

Denn trotz des eindeutigen Ausgangs des böhmischen Krieges war der Konflikt damit nicht beendet. Zwar löste sich die Union unter dem Druck der Ereignisse 1621 selbst auf, doch kämpften einzelne Heerführer auf eigene Kosten weiter. Herzog Christian von Braunschweig-Wolfenbüttel, der „tolle Halberstädter", Graf Ernst von Mansfeld und Markgraf Georg Friedrich von Baden-Durlach konnten jedoch die vollständige Eroberung der Pfalz nicht mehr verhindern, die von spanischen und ligistischen – also katholisch-kaiserlichen – Truppen besetzt wurde. Trotz großer reichsrechtlicher Vorbehalte bekam der Sieger, Maximilian von Bayern, 1623 die Pfälzer Kurwürde und die Oberpfalz übertragen. Den sich nach Norddeutschland zurückziehenden Söldnerführern folgten die katholischen Armeen der Liga und des Kaisers, die eine unter Graf Tilly, die andere unter dem Kommando Wallensteins. Mit der Verlagerung des Kriegsschauplatzes und den Erfolgen ihrer Armeen veränderte sich auch die Zielsetzung des Kaisers und der katholischen Reichsstände:

Sie konnten nun wieder daran denken, die verloren gegangenen Gebiete der Reichskirche zurückzuerobern und den Norden Deutschlands zu rekatholisieren.

Christian IV. von Dänemark

Mit Unterstützung Englands und der holländischen Generalstaaten griff deshalb Christian IV. von Dänemark (1577–1648) in den Krieg ein, weil er die Ansprüche seines Sohnes auf die norddeutschen Hochstifte Bremen, Verden und Osnabrück gefährdet sah. Als Oberst des niedersächsischen Reichskreises, dem er als Herzog von Holstein angehörte, zog der selbstbewusste Dänenkönig gegen die katholischen Armeen in den Krieg, musste aber bei Lutter am Baremberge 1626 eine vernichtende Niederlage hinnehmen. Zwar verzichtete der Kaiser im Frieden von Lübeck 1629 auf territoriale Forderungen an den Dänenkönig, doch musste er sich dafür aus dem Reich zurückziehen. Stattdessen beherrschten nun die katholischen Armeen Norddeutschland. Zum Stein des Anstoßes entwickelten sich vor allem die Person und die Stellung des kaiserlichen Feldherrns Wallenstein. Für seine Verdienste übertrug ihm der Kaiser das Herzogtum Mecklenburg und erhob ihn damit in den Reichsfürstenstand. Doch nicht nur diese Brüskierung der anderen reichsfürstlichen Dynastien löste Kritik aus, sondern auch sein Vorgehen, die Armeen aus den eroberten Landen zu versorgen, wobei er die Gebiete der eigenen Verbündeten mit einbezog, ohne auf deren Einwände Rücksicht zu nehmen.

Die kaiserliche Machtstellung

So verschränkte sich in vielfacher Weise die Konfessionsproblematik mit dem Kampf um die Machtbalance im Heiligen Römischen Reich deutscher Nation zwischen dem Kaiser und den Reichsständen. Seit den Tagen Kaiser Karls V. hatte das habsburgische Reichsoberhaupt nicht mehr eine solche Macht besessen, wie sie Ferdinand II. auf dem Höhepunkt seiner Siege besaß. Die seit dem Augsburger Religionsfrieden intensivierte Staatsbildung auf der territorialen Ebene und die Mehrkonfessionalität des Reichsverbandes drohten unter dem Ansturm der kaiserlichen Armeen verloren zu gehen, das Reichsoberhaupt selbst zum alleinigen Repräsentanten einer reichischen Außenpolitik zu werden. Wollten die Reichsstände eine kaiserliche Suprematie (Vorrangstellung) verhindern, galt es, das seit der Reichsreform herrschende Gleichgewicht zwischen Kaiser und Ständen wiederzuerlangen. Garant der kaiserlichen Position war die unabhängig operierende Armee Wallensteins. Seine Ernennung zum General des ozeanischen und baltischen Meeres sorgte für zusätzliche Beunruhigung auch bei den nordischen Mächten, bestand doch Unklarheit über die Ziele und Ansprüche des Kaisers. Dass der Friedländer jedoch Stralsund nicht erobern konnte, markierte bereits den Umschwung und die Grenzen der kaiserlichen Macht.

Doch zunächst sah Ferdinand II. die Gelegenheit gekommen, die religiösen Verhältnisse im Reich ein für alle Mal in seinem Sinne zu regeln. Die Reichskirche war, entgegen den Bestimmungen des Geistlichen Vorbehalts, in Mittel- und Norddeutschland weitgehend protestantisch geworden. Auf den ehemaligen Bischofsstühlen saßen Angehörige der mächtigen evangelischen Dynastien als Administratoren. Am 6. März 1629 wurde vom Kaiser daher das Restitutionsedikt als Grundlage für eine Neuregelung der Kirchengüter erlassen. Ferdinand II. handelte dabei als oberster Gesetzgeber im Reich, der für sich in Anspruch nahm, eine allein gültige Auslegung des Augsburger Religionsfriedens vorzunehmen. Alle nach 1552 säkularisierten Hochstifte und Kirchengüter sollten in katholische Hände zurückgegeben werden. Etwa 15 Hochstifte sowie 500 reichsunmittelbare und landsässige Klöster im Reich wären davon betroffen gewesen, das Edikt rührte an die Grundlagen der territorialen Existenz mancher protestantischer Fürsten. Nicht nur bei diesen regte sich erbitterter Widerstand gegen die kaiserliche Zwangsmaßnahme, auch bei einigen katholischen Ständen herrschte Skepsis, da sie das Reich auf dem Weg in eine habsburgische Erbmonarchie sahen und um ihre viel beschworene Libertät fürchteten. Selbst in München wollte man einen kaiserlichen Absolutismus unter allen Umständen verhindern. Auf dem Kurfürstentag von Regensburg 1630 machte sich der Unmut gegenüber dem Kaiser und seinem Feldherrn Wallenstein Luft. Ferdinand II. wollte seinen Sohn zum römischen König wählen lassen, die Kurfürsten forderten dagegen die Absetzung Wallensteins. Die Wahl Ferdinands III. konnte der Kaiser nicht verwirklichen, doch musste er auf Betreiben des Mainzer Erzkanzlers Anselm Casimir nachgeben und seinen Feldherrn Wallenstein, der sich widerstandslos in den Beschluss fügte, entlassen. Die kaiserlichen Truppen wurden reduziert und der Ligaarmee unter dem Befehl des Feldherrn Johann t'Serclaes von Tilly eingegliedert. Eine Ausgleichspolitik in der Religionsfrage, wie sie der Mainzer Kurfürst anstrebte, ließ sich dennoch nicht bewerkstelligen, obwohl darin der Schlüssel für eine Beendigung des Krieges lag.

Restitutionsedikt

Regensburger Kurfürstentag

11.3 Der schwedische Krieg

Für die katholische Seite war besonders bitter, dass der schwedische König Gustav Adolf mit seiner Armee just zu dieser Zeit auf der Insel Usedom gelandet war, um in den Kampf einzugreifen. Kardinal Richelieu, der leitende Minister Frankreichs, hatte einen Waffenstillstand mit Polen vermittelt, damit Schweden die Hände frei bekam. Damit begann, zunächst indirekt, die französische Interventionspolitik in den Krieg, um die habsburgische Dominanz im Reich und in Europa zu beenden. Das vorrangige Ziel Richelieus war das Aufbrechen der Umklammerung Frankreichs durch das Haus Habsburg mit seiner österreichischen und spanischen Linie. Diesem Interesse ordnete er auch konfessionelle Bedenken hinsichtlich seiner Verbündeten unter. Schon im Mantuanischen Erbfolgekrieg (1627–31) war der habsburgisch-französische Gegensatz offen zum Ausdruck gekommen. Kaiser Ferdinand II. hatte den spanischen Kandidaten in diesem Nachfolgestreit gegen den von Frankreich favorisierten Karl von Nevers unterstützt und damit das Bündnis mit Spanien gefestigt. Zwar konnte der Konflikt im Vertrag von Cherasco 1631 durch die Anerkennung des französischen Prätendenten noch einmal beigelegt werden, doch sollte sich fortan der Gegensatz zwischen Spanien und Frankreich zu einer festen Grundkonstante auch in der Auseinandersetzung im Reich entwickeln.

Als „Löwe von Mitternacht" wurde der schwedische König vor allem im 19. Jahrhundert als „Retter der deutschen Protestanten" gefeiert und zum Helden des Krieges stilisiert. Gustav Adolf reiht sich damit in eine lange und sehr fruchtbare Tradition deutscher Geschichtswissenschaft ein, die Epoche und das Bild des Krieges von der politischen Biografie her zu erfassen – neben dem Schwedenkönig betraf das vor allem die Protagonisten und Feldherren des Dreißigjährigen Krieges. Am wirkmächtigsten war in dieser Hinsicht in jüngerer Zeit sicherlich das Porträt des kaiserlichen Feldherrn Wallenstein (Mann 1971), aber auch die Arbeiten zu Kardinal Richelieu und einzelnen deutschen Reichsfürsten haben eine weite Verbreitung erfahren. Allen diesen Studien ist gemeinsam, dass der große Krieg auf die Lebensgeschichte eines an zentraler Stelle handelnden Akteurs fokussiert wird.

Nach übereinstimmender Einschätzung der katholischen Zeitgenossen griff Gustav II. Adolf von Schweden in den Dreißigjährigen Krieg ein, um im Reich einen Religionskrieg zu führen. Zu einer solchen Übereinstimmung ist die moderne Forschung nicht gekommen. Die Beurteilung der Absichten und Motive des schwedischen Königs gegenüber dem Reich fiel kontrovers aus. Während vor allem die protestantische Geschichtsschreibung des 19. Jahrhunderts in Deutschland die religiösen Motive Gustav Adolfs hervorhob, der den Protestantismus im Reich gerettet habe, betont die moderne schwedische Forschung hauptsächlich seine machtpolitischen Ambitionen. Eine solche Interpretation erklärt allerdings nicht ausreichend, warum Gustav Adolf nicht den direkten Weg nach Bayern und in die habsburgischen Erblande nahm, wie von Frankreich, seinem wichtigsten Verbündeten, gewünscht, sondern zunächst in die fränkischen und rheinischen Hochstifte zog. In der jüngeren deutschen Forschung wird in der Abwägung machtpolitischer und religiöser Ziele der schwedischen Politik ersteren eine größere Bedeutung eingeräumt: Zunächst sei es Gustav Adolf um die Sicherung des schwedischen Territoriums und die Dominanz im Ostseeraum gegangen. Die mit der gewonnenen Schlacht von Breitenfeld sich eröffnenden Möglichkeiten habe der schwedische König dann genutzt, um weitergehende Pläne auch in Bezug auf die konfessionelle Umgestaltung des Reichs ins Auge zu fassen. Es scheint allerdings müßig, bei einem Fürsten des 17. Jahrhunderts eine scharfe Trennung von Religions- und Machtpolitik vornehmen zu wollen. Beide Aspekte waren untrennbar miteinander verknüpft. Inwieweit der Schwedenkönig über die tagespolitischen Aufgaben hinaus weitergehende Ziele wie etwa die Erringung des Kaisertums verfolgt hat, muss offen bleiben. Dennoch ist bemerkenswert, dass für die katholischen und protestantischen Reichsstände im Jahre 1630 der eigentliche, große Religionskrieg auf europäischer Ebene, der bis dahin noch auf das Reich begrenzt geblieben war, begann.

Verknüpfung von Religions- und Machtpolitik

Im Vertrag von Bärwalde sagte Richelieu 1631 dem Schwedenkönig gewaltige französische Subsidien (Hilfsleistungen) zu. Auch wenn dieses schwedisch-französische Bündnis strukturell die konfessionspolitischen Grenzen überschritt, so wurde Frankreich von den katholischen Reichsständen doch nicht auf der Gegenseite verortet, da die französische Politik lediglich dem mächtepolitischen Gegensatz zu Habsburg geschuldet schien. Als der Einfall Tillys in kursächsisches Gebiet und die Zerstörung Magdeburgs den sächsischen und den brandenburgischen Kurfürsten in die Hände Gustav Adolfs trieb, schienen im Gegenteil die konfessionellen Frontstellungen der Reformationszeit wieder hergestellt. Mit dem Sieg bei Breitenfeld 1631 begann der schwedische Siegeszug, der Gustav Adolf weit nach Bayern hinein und bis an die Grenze der habsburgischen Erblande führte. In dieser Situation war der Kaiser gezwungen, seinen fähigsten Feldherrn Wallenstein zurückzuholen und ihn mit noch weitergehenden Vollmachten auszustatten. Die Schlacht bei Lützen 1632 sah die Schweden zwar als Sieger, doch verloren sie durch den Tod Gustav

Schwedischer Siegeszug

Tod Gustav Adolfs

Adolfs ihren charismatischen Oberbefehlshaber. Auf Betreiben des schwedischen Reichskanzlers Axel Oxenstjerna wurde 1633 der Heilbronner Bund zwischen Schweden und einigen protestantischen Reichsständen geschlossen, der dem Reich eine neue Gestalt unter schwedischer Hegemonie geben sollte.

Auf der anderen Seite manövrierte sich der kaiserliche Generalissimus Wallenstein zunehmend in eine schwierige Lage. Durch seine defensiv ausgerichtete Strategie zog er sich den Unmut seiner Verbündeten ebenso zu wie durch seine unabhängige Politik, die kaum noch an den Kaiser rückgebunden war. Dass er die einzig verbliebene kaiserlich-katholische Armee nicht aufs Spiel setzen wollte, war den militärischen Erfordernissen geschuldet, jedoch in den besetzten katholischen Gebieten nur schwer zu vermitteln. Vollends Wallensteins Geheimdiplomatie und Friedenssondierungen mit dem Gegner ließen sein Handeln suspekt erscheinen. Als er schließlich die Obristen einen Treueid auf seine Person ablegen ließ, hielt der Wiener Hof den Verrat für besiegelt, wenngleich Spanien bis zuletzt auf ihn setzte. Indem Ferdinand II. ihn als öffentlichen Rebellen ausrief, billigte er das Vorgehen gegen seinen Feldherrn, der die Reputation und das Ansehen des Kaisers demonstrativ verletzt hatte. In Eger fand Wallenstein am 25. Februar 1634 mit seinen ihm verbliebenen Getreuen durch die Hand eigener Soldaten den Tod, seine Armee wurde dem Kaisersohn Ferdinand unterstellt. Mit Wallenstein verschwand eine der schillerndsten Gestalten von der deutschen Kriegsbühne, ohne dass die Gegenseite davon profitieren konnte.

Ende Wallensteins

Denn es zeigte sich sehr bald, dass die schwedische Stellung in Süddeutschland weit überdehnt war. Die Schlacht bei Nördlingen im September 1634 endete mit dem Sieg der vereinigten kaiserlichen und spanischen Truppen. Die katastrophale Niederlage Schwedens bewirkte die Auflösung des Heilbronner Bundes und bedeutete das Ende der schwedischen Hegemonie in Süddeutschland. Die Schweden und ihre Verbündeten mussten sich auf ihre Stellungen nach Norden zurückziehen, während der Süden von den kaiserlichen Armeen dominiert wurde. Der Sieg der katholischen Armeen bei Nördlingen steigerte nicht nur das darniederliegende Selbstbewusstsein der katholischen Reichsfürsten, er förderte auch die Friedensbereitschaft auf der protestantischen Seite. Die Auseinandersetzung im Reich hatte ein Stadium erreicht, in dem für beide Seiten ein vollständiger Sieg unrealistisch erscheinen musste. Damit waren die Chancen auf einen für alle akzeptablen Friedensschluss wieder spürbar gestiegen.

Schlacht bei Nördlingen

Der im Mai 1635 abgeschlossene Prager Frieden zwischen dem Kaiser und Kursachsen war der Versuch, den Konflikt innerhalb des Reiches zu lösen, indem Kaiser und Reichsstände gegen die auswärtigen Mächte politisch und militärisch verbunden werden sollten. Der Kaiser gewährte deshalb Kursachsen und anderen protestantischen Reichsständen eine Amnestie. Ausgeschlossen waren allerdings der vertriebene Pfälzer Kurfürst, Hessen-Kassel, Württemberg und Baden-Durlach ebenso wie einige kleinere Reichsstände. Das Restitutionsedikt wurde für 40 Jahre suspendiert und damit faktisch aufgehoben. Eine zukunftsträchtige Lösung war die Einführung eines Normaljahrs. Dies bedeutete, dass der Besitz der Kirchengüter und die konfessionellen Verhältnisse nach dem Stand des 1. Januar 1627 festgeschrieben wurden. Der Prager Friede sollte alle Reichsstände binden, sobald er von der Mehrheit ratifiziert war. Lange Zeit wurde der Prager Friede vor allem als gescheiterter Vorläufer zum Westfälischen Friedensschluss interpretiert. Erst in jüngerer Zeit wird der eigenständige Charakter des Prager Friedens in den Vordergrund gerückt und damit in seinem Kompromisscharakter gewürdigt (Kaiser 2001).

Prager Frieden

11.4 Der europäische Krieg

Hatte der Prager Friede die Intention verfolgt, eine Einigung des Reiches im Kampf gegen die auswärtigen Mächte herbeizuführen, so stellte sich sehr schnell heraus, dass die Folgen von 1635 das Reich geradewegs in die europäischen Auseinandersetzungen hineinführten. Die Ausbildung des europäischen Staatensystems trat nach dem Prager Frieden in eine neue Phase. Insofern hat der von Burkhardt geprägte Begriff des Staatenbildungskriegs durchaus seine Berechtigung (Burkhardt 1998), allerdings erst für die Zeit nach 1635. Bis dahin bestimmte das religiöse Motiv den Charakter des Krieges, was sich erst mit dem Prager Frieden änderte. Der Prager Frieden hatte es sich zur Aufgabe gemacht, die auswärtigen Mächte zu vertreiben, die dem gefundenen Einvernehmen zwischen den beiden Konfessionsparteien noch im Wege standen. Entsprechend schwappte eine Welle patriotischer Begeisterung durch Deutschland (Schmidt 2003, S. 60).

Europäisierung des Konflikts

Doch veränderten sich die Koordinaten der europäischen Politik bald so, dass sie sich gegen den Prager Frieden richteten. Die traditionelle Forschung zum Dreißigjährigen Krieg hat dafür insbesondere das direkte Eingreifen Frankreichs verantwortlich gemacht: Kardinal

Koordinaten der europäischen Politik

Richelieu habe gesehen, dass Schweden und seine deutschen Verbündeten nicht mehr allein in der Lage waren, den Krieg gegen das Haus Habsburg in der von Frankreich gewünschten Form fortzusetzen. Deshalb sei er von der verdeckten Kriegsführung abgegangen und habe Frankreich offen in den Kampf geführt (Schormann 1985, S. 51). Demgegenüber hat die neuere Forschung deutlich gemacht, dass 1635 durchaus auch von Seiten Schwedens und Frankreichs Friedenssignale ausgingen, dass man zumindest eine formale Kriegserklärung vermied (Kampmann 2008, S. 116). In Richelieus Denken nahm jedoch die Furcht vor einer Isolation Frankreichs eine Schlüsselstellung ein. Zwar war der Vormarsch kaiserlicher und spanischer Truppen auf französisches Gebiet 1636 nicht von langer Dauer, doch wog für den Kardinal umso stärker, dass sich der Kaiser und die deutschen Kurfürsten enger mit Spanien verbanden. Nur mithilfe der spanischen Subsidien, die schon bis dahin von zentraler Bedeutung für die kaiserliche Kriegskasse waren, hoffte man den Prager Frieden durchsetzen und die fremden Kronen aus dem Reich vertreiben zu können. Auf dem Regensburger Kurfürstentag 1636/37 wurde diese Hinwendung zu Spanien überdeutlich, indem der Kaiser eine Unterstützung Spaniens gegen die aufständischen Niederlande anmahnte und darin von den Kurfürsten wohlwollend bestätigt wurde. Der Kaiser übernahm damit nicht nur den spanischen Rechtsstandpunkt von einer „Rebellion" der Niederlande, sondern er zog damit auch die westeuropäischen Konflikte in die reichsinternen Auseinandersetzungen hinein.

Kriegsziele der europäischen Mächte

Angesichts des engen Schulterschlusses zwischen den beiden habsburgischen Linien setzte Frankreich auf die bewährten Koalitionen. Bereits im Februar 1635 hatte Richelieu zu diesem Zweck ein Bündnis mit den holländischen Generalstaaten geschlossen, dessen Ziel die gemeinsame Überwindung des spanischen Gegners war. Ebenso wurde die Allianz mit Schweden 1638 gegen den Kaiser erneuert. Frankreich war vor allem an einer Trennung der beiden habsburgischen Linien interessiert, um den Kampf gegen ein isoliertes Spanien fortsetzen zu können, während sich der Kaiser neutral verhielt.

Ferdinand III.

Doch Ferdinand III., der 1636 zum Römischen König gewählt wurde und im Folgejahr seinem Vater auf dem Kaiserthron nachfolgte, lehnte gerade deshalb einen Friedensschluss mit Frankreich vehement ab, da er weder die spanischen Interessen noch Teile der österreichischen Vorlande opfern wollte. Stattdessen strebte der Kaiser einen Separatfrieden mit Schweden an, wobei er die Abtretung Pommerns leicht zu verschmerzen glaubte, wenn dadurch das Bündnis der beiden Großmächte gelöst wurde. Nach Abgeltung der schwedischen Ansprüche gedachte er sich dann im Zusammenspiel mit Spanien mit allen Kräften gegen Frankreich zu wenden, um Richelieu zu einem Frieden zu zwingen, der die Gesamtinteressen der Casa d'Austria (Haus Habsburg) angemessen berücksichtigte. Doch vereitelte der finanzielle Zusammenbruch Spaniens im Jahr 1640 sämtliche kaiserlichen Pläne. Die Unabhängigkeitsbestrebungen Kataloniens und Portugals gegen die Vorherrschaft Kastiliens führten nicht nur zu inneren Unruhen und Aufständen, die sogleich von Frankreich unterstützt wurden. Sie hatten auch den Wegfall der spanischen Subsidien und damit den Zusammenbruch der spanisch-kaiserlichen Machtposition zur Folge.

Militärisch endete der Krieg in den 1640er-Jahren zwischen dem Haus Habsburg und seinen Verbündeten einerseits und den beiden gegen das Haus Habsburg angetretenen Kronen Frankreich und Schweden, ohne dass eine der Kriegsparteien eine vollständige Niederwerfung des Gegners erreichen konnte. Während die Friedensverhandlungen in Münster und Osnabrück bereits liefen, konnten beide Seiten in dem andauernden Kampfgeschehen zwar noch auf Positionsgewinne, aber nicht auf den großen Sieg hoffen. Doch neigte sich die Waage militärisch immer stärker auf die Seite Frankreichs und seiner Verbündeten. Vollends die militärische Niederlage der kaiserlichen Armee bei Jankau 1645 ließ die Friedensbereitschaft Ferdinands III. wachsen, zumal Maximilian von Bayern damit drohte, einen Separatfrieden mit Frankreich abzuschließen, der seine Kriegsgewinne absichern sollte. Der Krieg hatte in diesen Jahren seinen deutschen Charakter weitgehend verloren und war zum internationalen Mächtekrieg geworden. Insofern ist die oft diskutierte Frage, ob der Dreißigjährige Krieg ein „teutscher" (Barudio 1985) oder ein europäischer Konflikt (Kampmann 2008) war, in erster Linie chronologisch zu beantworten.

Kriegsende

Fragen und Anregungen

- Nennen Sie Gründe für die herausragende Rolle des Dreißigjährigen Krieges in der deutschen Historiografie.
- Definieren Sie den Begriff des Religionskrieges.
- Erläutern Sie mögliche Motive für das Eingreifen Gustav Adolfs in den Krieg.
- Erklären Sie die französische Kriegspolitik.
- Welche Funktion hatte der Krieg für die Entwicklung des europäischen Staatensystems?

Lektüreempfehlungen

Quellen

- **Josef J. Schmid (Hg.): Quellen zur Geschichte des Dreißigjährigen Krieges. Zwischen Prager Frieden und Westfälischem Frieden,** Darmstadt 2009. *Zentrale Quellen für die letzte Phase des Krieges.*

Forschung

- **Dieter Albrecht: Maximilian I. von Bayern 1573–1651,** München 1998. *Monumentale Biografie des Bayernherzogs, gleichzeitig auch eine Gesamtgeschichte des Krieges auf einer breiten Quellengrundlage.*

- **Franz Brendle: Der Erzkanzler im Religionskrieg. Kurfürst Anselm Casimir von Mainz, die geistlichen Fürsten und das Reich 1629 bis 1647,** Münster 2010. *Neuere Arbeit aus der bislang stark vernachlässigten Perspektive der geistlichen Fürsten im Dreißigjährigen Krieg, die den religiösen Charakter der Auseinandersetzungen betont.*

- **Christoph Kampmann: Europa und das Reich im Dreißigjährigen Krieg. Geschichte eines europäischen Konflikts,** Stuttgart 2008. *Stellt vor allem die europäischen Zusammenhänge auf dem neuesten Forschungsstand dar.*

- **Sverker Oredsson: Geschichtsschreibung und Kult. Gustav Adolf, Schweden und der Dreißigjährige Krieg,** Berlin 1994. *Wichtig für die schwedische Sicht auf die Motive, die Ambitionen und die Propaganda Gustav Adolfs.*

- **Georg Schmidt: Der Dreissigjährige Krieg,** 6. Auflage München 2003. *Kompakte Gesamtdarstellung des Dreißigjährigen Krieges.*

12 Der Krieg und die Untertanen

Abbildung 12: Melchior Küssel: *Der Galgenbaum.* Radierung aus einer zwölfteiligen Folge nach Jacques Callot *Les Misères et les Malheurs de la Guerre (Das Elend und Unglück des Krieges)* (nach 1650)

Der Galgenbaum ist eine von insgesamt 18 Radierungen, die der Lothringer Künstler Jacques Callot um 1633 angefertigt hat. Die Bilderfolge „Les Misères et les Malheurs de la guerre" (Das Elend und das Unglück des Krieges) zeigt eindringlich nicht nur die Schrecken des Krieges, die von Soldaten über die Bevölkerung gebracht wurden, sie zeigt auch die Bestrafung marodierender Soldaten – unter anderem hier am Galgenbaum –, die gegen die Disziplin und die militärischen Richtlinien verstoßen haben. Die Unterschrift lautet:

„A la fin ces Voleurs infames et perdus, / Comme fruits malheureux a cet arbre pendus / Monstrent bien que le crime (horrible et noire engeance) / Est luy mesme instrument de honte et de vengeance / Et que cest le Destin des hommes vicieux / Desprouver tost en tard la iustice des Cieux." (Uns zeigt das Diebsgesindel, das hier dicht gedrängt / wie unheilvolles Obst an einem Baume hängt, / dass das Verbrechen selbst (verrufne, finstre Sache) / schon sei ein Instrument der Züchtigung und Rache; / denn früher oder später stellt den Bösewicht / ein unerbittlich Los vors himmlische Gericht.)

In der deutschen Geschichte markiert der Dreißigjährige Krieg (1618–48) eine tiefe Zäsur. Als die Urkatastrophe der Neuzeit hat er tiefe Spuren im kollektiven Gedächtnis der Deutschen hinterlassen. Auch wenn der Konflikt von einer europäischen Dimension war, so spielten sich doch die Zerstörungen und Verwüstungen dieses Konflikts hauptsächlich auf deutschem Boden ab. Das ältere geschichtliche Erinnern der Deutschen hat den Dreißigjährigen Krieg als eine Katastrophe begriffen, welche die dunkle Folie für Jahrhunderte bildete. Eine breite und tiefgehende Memoria (lateinisch = Gedächtnis) an den Krieg bewahrte Erinnerungen an Stadtbrände und wüst gewordene Dörfer, an Raub und Mord, an Schlachten und Feldherren, an erzwungenen Glaubenswechsel sowie an Verfolgung und Vertreibung um des Glaubens willen, an Hexenprozesse und Pestepidemien, an Kriegszerstörungen, an verschleppte Kunstschätze und Bibliotheken, an Herrschaftswechsel und mühsamen Wiederaufbau. Solche düsteren Bilder finden sich in zahlreichen Variationen in den deutschen Ländern.

12.1 Zerstörungen und Kriegsalltag
12.2 Kriegspropaganda und Kriegserfahrung
12.3 Die Soldaten

12.1 Zerstörungen und Kriegsalltag

Die europäischen Auseinandersetzungen, die Abfolge der ständigen Kriege und die daraus resultierenden Wandlungen, die Störung der Reichsverfassung, die gesellschaftlichen Veränderungen und schließlich vor allem der wirtschaftliche Konjunkturzerfall haben dazu geführt, dass allgemein von einer Epoche der Krisen (Press 1991) oder von Krisen des 17. Jahrhunderts gesprochen wurde (Lehmann 1999). Insbesondere im angelsächsischen Raum hat diese Debatte einen breiten Raum eingenommen, indem Teuerung, Hunger und Krieg als Indikatoren einer „general crisis" angesehen wurden (Parker/Smith 1978), wobei die gesamteuropäische Verbindlichkeit des Krisenbegriffs jedoch umstritten blieb (Clark 1985). Am Vorabend des Krieges waren in der Tat nicht nur die Verfassung des Reiches, sondern auch die wirtschaftliche und demografische Entwicklung schwer gestört. Die ab 1570 einsetzende Klimaverschlechterung der Kleinen Eiszeit hatte zu Nahrungsknappheit und hohen Getreidepreisen geführt, die zu einer Verarmung der Bevölkerung beitrugen (→ KAPITEL 7.1). Darüber hinaus waren auch weite Teile der Reichsstände bei Beginn des Krieges beträchtlich verschuldet gewesen. Diese Situation wurde noch verschärft durch das Treiben der sogenannten Kipper und Wipper nach dem habsburgischen Sieg in Böhmen 1620/21, die den Edelmetallgehalt in den Münzen senkten und zur eigenen Gewinnsteigerung manipulierten. Dahinter stand ein Prager Münzkonsortium mit dem kaiserlichen Statthalter Karl von Liechtenstein, das mit dem entwerteten Geld die Güter der geächteten Rebellen billig aufkaufen wollte. Die kurzfristige Stimulation der Wirtschaft schlug sehr schnell in eine galoppierende Inflation um, sodass die Bevölkerung die angebotenen Waren aufgrund der hohen Preise nicht mehr kaufen konnte. Lokale Unruhen waren Folge des dramatischen Preisverlustes, die sich gegen Händler und Münzbetrüger, aber auch gegen die Obrigkeiten richteten.

Krisen des 17. Jahrhunderts

Kipper und Wipper

Die Verschlechterung der wirtschaftlichen Lage ließ die Menschen die unmittelbaren Kriegsfolgen umso härter spüren. Die Berichte über Gräueltaten, Zerstörungen von Häusern, Straßenzügen, ja ganzen Dörfern und Städten sind in der zeitgenössischen Chronistik weit verbreitet. Sie haben das Bild des Dreißigjährigen Krieges maßgeblich bestimmt. Allerdings müssen die Zerstörungen und die Menschenverluste des Krieges regional sehr differenziert gesehen werden. Neben einer Zone schlimmster Verwüstungen, die sich von Pommern und Mecklenburg nach Südwesten diagonal quer durch das Reich über

Zone der Verwüstung

Brandenburg, Thüringen, Hessen, Franken und Schwaben bis ins Elsass und nach Lothringen erstreckte, gab es Regionen, die sehr viel weniger betroffen waren, so der gesamte Nordwesten vom Niederrhein bis Schleswig-Holstein sowie die österreichischen Alpenländer und Salzburg. Etwa bis zu 40 Prozent der Vorkriegsbevölkerung im Reich kamen ums Leben (Franz 1979, S. 59). So lebten um 1650 nur noch etwa 10 bis 13 Millionen Menschen in Deutschland. Weitaus die meisten Kriegstoten sind dabei der Pest und dem Hunger zum Opfer gefallen, die auf den Zug der Armeen folgten und die Bevölkerung der ausgeplünderten Landschaften hart trafen. An den großen Armeestraßen, auf denen sich die Heere fortbewegten, waren deshalb die Verluste besonders hoch.

Untertanen erlebten Krieg als Abfolge von Krankheiten und Eingriffe unterschiedlicher Art durch das Militär, sei es in Form von Plünderungen, Einquartierungen oder Rekrutierungen. Es waren bis dahin nicht gekannte Truppenmassen, die sich durch Deutschland bewegten und auf Kosten der Bewohner lebten. Die hohe Abgabenlast, Verbrechen, Vergewaltigung, schutzlose Kriegsopfer, der tagtägliche Kampf um das nackte Überleben – all diese Erfahrungen prägten den *Kriegsalltag* der Menschen vor allem auf dem Land. Dagegen boten gerade die befestigten Städte Schutz vor heranziehenden Heeren oder konnten sich durch Geldzahlungen Schutz erkaufen. Die ländliche Bevölkerung floh vor der plündernden und vergewaltigenden Soldateska hinter die Schutz versprechenden Mauern der Städte – mit dem doppelten Resultat, dass die Felder unbebaut blieben, weshalb die Lebensmittelversorgung zum Erliegen kam, und dass in den Städten jetzt Seuchen ausbrachen und Tausende dahinrafften. Dennoch liegen die Opferzahlen auf dem flachen Land in der Regel über denen in der Stadt. Dies mag die Fluchtbewegung der Bevölkerung zumindest erklären.

Grundregeln des gesellschaftlichen Umgangs wurden immer mehr verletzt, je länger der Krieg währte, vor allem durch die alltägliche Gewalt der Soldaten. Der öfters erwähnte Kannibalismus aus Hunger ist jedoch sicherlich auf Einzelfälle beschränkt geblieben. Der Druck auf die Zivilbevölkerung erhöhte sich, je länger die Truppen an einem Ort blieben, besonders in den Winterquartieren. Der permanente Kontributionsbedarf erwies sich dabei als eine Hauptursache für die *Übergriffe auf die Bewohner*. Häufig waren es auch fehlende Soldzahlungen, welche die Soldaten zur „Eigeninitiative" anstachelten. Not leidende Soldaten suchten sich auf diese Weise schadlos zu halten. Zahlreiche Mandate (Erlasse) von Heerführern versuchten die schlimmsten Exzesse zu verhindern, um die eigene Existenzgrundlage nicht zu gefährden, aber auch um Racheaktionen der Landbevölkerung zu verhindern; denn nicht selten wurden umgekehrt versprengte Soldaten von der erzürnten Landbevölkerung niedergemacht. Von Gustav Adolf, Wallenstein und anderen großen Kriegsherrn sind Beispiele bekannt, dass sie hart gegen Plünderer und Marodeure vorgingen.

Andererseits gab es Städte und Territorien, die am Krieg nicht schlecht verdienten, so die Hansestädte Hamburg und Bremen und die Grafschaft Oldenburg mit ihrer kriegswichtigen Pferdezucht. Bei allen unbestreitbaren Gräueln, die der dreißig Jahre währende Krieg hervorbrachte, lassen sich sogar in einer kriegsintensiven Zone wie dem Elsass Freiräume und Korridore erkennen, die von einer beginnenden Konsolidierung bereits in den 1640er-Jahren, ja sogar von einer vom Krieg weitgehend unbeeinflussten Atmosphäre zeugen. Hier konnten Kaufleute und Handwerker vielfach unbehindert ihren Geschäften nachgehen und von den Erfordernissen der Kriegswirtschaft profitieren. Dichter und Denker brachten bedeutende Leistungen hervor, die zu den großartigsten der deutschen Literatur zählen. Mitten in Elend und Gefahr entstanden auch an anderen Orten Kunstdenkmäler wie die Glasgemälde der Franziskaner in Schlettstadt oder die der Molsheimer Karthause, die den Krieg aushielten und noch von dem Dichter Johann Wolfgang von Goethe (1749–1832) bewundert werden konnten. Der Murbacher Abt baute sich im Hungerjahr 1637 sein Jagdschloß Wesserling, und die Fürsten von Rappoltsweiler ließen die ganze Kriegszeit hindurch einen Prunkpokal nach dem anderen aus dem Silber ihrer Minen fertigen, um sie dem Rathaus der Stadt zu stiften (Brendle 2002b, S. 83). Mit dem Westfälischen Frieden 1648 wurde hier der Ausgangspunkt für eine neue Blüte gelegt. Aber auch im individuellen Bereich bot der Krieg die Chance für soziale Mobilität und gesellschaftlichen Aufstieg. Dies galt nicht nur innerhalb der Armee, sondern etwa auch bei der Übernahme verwaister Bauernstellen.

Die mit dem Krieg verbundenen Wanderungsbewegungen von Soldaten und Angehörigen des Armeetrosses, von Flüchtigen vor Hunger, Not und Pest, von missionierenden Glaubensboten und von vertriebenen Glaubensexulanten ließen die Kriegsfolgen an vielen Orten leibhaftig sichtbar werden. Emigration und Vertreibung waren zwei Seiten ein- und derselben Medaille. Oftmals stand dahinter auch geschicktes Taktieren, um in Gebiete auszuweichen, die vom Krieg weniger betroffen waren. Aus diesen Gebieten, wie etwa den Alpenregionen, erfolgte dann nach dem Krieg die Wiederbesiedlung des Landes. Dies konnte bei großen Kriegsschäden lange Zeit in Anspruch nehmen. Erst nach

Kriegsgewinner

Emigration und Vertreibung

dem Nürnberger Exekutionstag von 1650 verließen die letzten Truppen das Land, erst jetzt konnte der Wiederaufbau beginnen. Das besonders schwer in Mitleidenschaft gezogene Herzogtum Württemberg hatte 100 Jahre später wieder den Bevölkerungsstand der Vorkriegszeit erreicht (von Hippel 1978). Unterstützend konnten hierzu durchgeführte Hilfsmaßnahmen der Landesherren wirken, wenn eine konkrete Ansiedlungs- und Peuplierungs-, also Bevölkerungspolitik in Angriff genommen wurde. Eine solche war die einzige Möglichkeit, durch den Krieg völlig verödete Landstriche wieder aufzubauen.

12.2 Kriegspropaganda und Kriegserfahrung

Krieg als Medienereignis

Die Kriege der Frühen Neuzeit waren auch Medienereignisse. In Flugblättern und Flugschriften, insbesondere auch in massenhaft verbreiteten Illustrationen, wurde eine eigene Wirklichkeit des Krieges konstruiert (→ ASB KELLER, KAPITEL 11.3), die sich vielfach deutlich von den Erfahrungsräumen und Erwartungshorizonten der fürstlichen Akteure und ihrer Helfer unterschied. In dieser Propaganda für breite Bevölkerungskreise spielt der Faktor der Konfession eine zentrale Rolle, weil offenkundig für die Legitimation von Kriegen das Motiv einer Verteidigung des wahren Glaubens eine große Akzeptanz fand. In den fliegenden Blättern und Schriften dominierten aber nicht nur religiöse Themen, sie interpretierten auch die Begebenheiten und Wechselfälle des Krieges, vor allem aber die Personen und Parteien, die als Schuldige wie als Opfer ausgemacht wurden. Erfolg wie Misserfolg wurden in der Publizistik des Krieges gedeutet als Sieg und Niederlage der eigenen Konfession. Der Dreißigjährige Krieg war trotz aller militärischen Schlachten auch ein Flugblattkrieg. Luther als böhmischer Exulant, die Jesuiten, die als Heuschrecken aus der Papstkrone ausschwärmen, oder der „geistliche Rauffhandel", bei dem Papst, Luther und Calvin miteinander ringen, sind Ausdruck dieser drastischen konfessionellen Propaganda und Satire, die den jeweiligen Gegner zu verunglimpfen suchte.

Ego-Dokumente

Ein neues Forschungsfeld, das in den letzten Jahren zunehmend an Konjunktur gewonnen hat, ist die Auswertung sogenannter Ego-Dokumente (Schulze 1996). Unter Ego-Dokumenten versteht die neuere, vorwiegend westeuropäische Frühneuzeitforschung solche Quellen, die Auskunft über die Selbstsicht eines Menschen geben, vorwiegend und zunächst einmal also autobiografische Texte (→ ASB BUDDE / FREIST / GÜNTHER-ARNDT, KAPITEL 3). Zwar ist diese Quellengattung insgesamt im 17. Jahrhundert noch dünn gesät, allerdings sprudeln gerade in der Zeit des Dreißigjährigen Krieges die Quellen reichlicher. Offensichtlich hat das unermessliche Leid, das man erfuhr, die Menschen zur Selbstreflexion angetrieben und sie dazu motiviert, ihre Gefühle offen zu legen. Andererseits sind die Kriegszerstörungen und die Plünderungen vor allem in der letzten Kriegsphase oftmals der Grund dafür, dass wertvolles Schriftgut vernichtet wurde.

Akteure und Betroffene haben ihre Kriegserfahrung im konfessionellen Zeitalter über eine lange Zeit hinweg religiös definiert, als Strafgericht Gottes, das über die sündige Menschheit hereingebrochen war. Reichsfürsten als Entscheidungsträger waren jedoch ebenso vom Krieg Betroffene, wie die Untertanen Akteure in ihrem jeweiligen Umfeld waren. Doch ist der graduelle Unterschied ihrer Handlungsmöglichkeiten offenkundig. Als erfahrungsbindende und erfahrungsbildende Deutungsmodelle, die intensiv die Wahrnehmung des Krieges bestimmt haben, lassen sich im Wesentlichen die Kategorien Legitimation (Rechtfertigung) und Konsolation (Tröstung) ausmachen, die sowohl in den individuellen wie den öffentlichen Erfahrungswelten anzutreffen sind. Religion hat demnach eine legitimierende Wirkung, indem sie den unmittelbaren Kriegsgrund abgibt oder die Fortführung des Krieges rechtfertigt, sie hat konsolatorische Wirkung, indem sie den Betroffenen des Krieges eine sinnstiftende Interpretation ihres Leidens anbietet. Auch in der Beschreibung der Kriegserfahrungen der Untertanen erscheint deshalb die Verwendung des Begriffs „Religionskrieg" sinnvoll, wenn konfessionelle bzw. religiöse Gründe für die multiperspektivischen und facettenreichen Wahrnehmungen und Deutungen eine dominante Rolle spielten (Brendle/Schindling 2010, S. 20). Diese erweiterte und differenzierte Begriffsverwendung hat den Vorteil, die Erkenntnisse über den Anteil und das Mischungsverhältnis von Religion, Macht und Krieg genauer zu erfassen und ermöglicht so eine konkretere Beschreibung und Benennung.

[margin: Legitimation und Konsolation]

[margin: Religionskrieg]

Zwischen der Wahrnehmung und den Entscheidungen der Akteure im Krieg, insbesondere der Kriegsfürsten und ihrer Berater einerseits, und dem Erleben und Wahrnehmen der nicht am Entscheidungsprozess Beteiligten andererseits, muss deutlich unterschieden werden. Die großen machtpolitischen Ziele der Krieg führenden Monarchen und Fürsten blieben den einfachen Untertanen unbekannt, Diskussionen über Staatsräson, dynastische und territoriale Interessen wurden von allen Kriegsparteien gegenüber der Öffentlichkeit außerhalb der jeweiligen höfischen Entscheidungszirkel abgedunkelt – der Alltag des Krieges wurde in einer völlig anderen Weise wahrgenommen. So

[margin: Kriegsakteure und Untertanen]

spielten die konfessionelle Motivation und Deutung des Kriegsgeschehens für die vom Krieg in erster Linie passiv Betroffenen eine zentrale Rolle. Neuere Untersuchungen zu den Kriegserfahrungen kleiner südwestdeutscher Territorien im Dreißigjährigen Krieg und der Nachkriegszeit nach dem Westfälischen Frieden haben gezeigt, wie sehr die Deutung des Krieges als Strafgericht Gottes den Alltag dominiert hat (Asche/Schindling 2002). Die durchgängige Wahrnehmung an der Basis der Gesellschaft als ein Religionskrieg zwischen Katholiken und Protestanten wird als Ergebnis dieser Untersuchungen ebenso deutlich wie die Wirksamkeit des politischen Systems des Reiches und seiner Territorialstruktur auch in den schlimmsten Kriegsphasen.

Das Strafgericht Gottes

In vielen kleinräumigen Herrschaftsverhältnissen, in denen Angehörige beider Konfessionen nahe beieinander lebten, fand der Krieg der Mächtigen eine Fortsetzung auf der Untertanenebene. Viele tätliche Auseinandersetzungen zwischen den Untertanen verschiedener Bekenntnisse waren eindeutig konfessionell motiviert. Der Religionskrieg des kleinen Mannes spielte sich nicht auf den Schlachtfeldern von Breitenfeld und Lützen, sondern in den Kirchen und Wirtshäusern in Schwaben und Franken ab (Brendle 2010a). Die Argumentationen gleichen sich: der irrige Glaube der jeweiligen Gegenpartei, die Hoffnung auf den König von Schweden, die Nichtverfolgung von Übeltätern, die der eigenen Konfession angehören. Dennoch gab es auch immer wieder Gemüter, die zu beschwichtigen versuchten. Das enge nachbarschaftliche Zusammenleben musste erhalten bleiben, weshalb Eiferer in die Schranken gewiesen wurden. Der Kampf für die eigene Glaubensüberzeugung fand dort seine Grenze, wo ein nachbarschaftliches Miteinander unmöglich zu werden drohte. Gerade wenn im kleinsten territorialen Rahmen unterschiedliche Bekenntnisse angesiedelt waren, musste ein Mindestkonsens gewahrt werden, der ein Zusammenleben trotz konfessioneller Differenzen gestattete.

Religionskrieg des gemeinen Mannes

Priester und Prediger offerierten den Gläubigen Deutungsmuster des Krieges als eines Strafgerichtes Gottes. Sie bedienten sich dabei der ausdrucksstarken Bilder des Alten und Neuen Testaments, die den Menschen der Frühen Neuzeit aufgrund eigener Bibellektüre, kirchlicher Verkündigung, Predigten und Kirchenlieder bekannt waren. Damit konnten sie in einer Zeit der fortwährenden „Kriege und Krisen" sinnstiftend wirken und das eigene Leiden als Buße in Gottes Strafgericht deuten. Wenn der Krieg ein Strafgericht Gottes für die Sünden der Menschen und ein Vorbote des Jüngsten Gerichts war, dann blieb den Menschen als das wichtigste Gut ihr Glaube, der sie

Deutungsmuster der Geistlichen

durch die wahre Ausübung der jeweiligen Religion durch alle Gefährdungen retten konnte. Durch die Bewahrung des Glaubens und die Abwehr von Götzendienst konnte Gott in seinem Zorn besänftigt und der Krieg zu einem Ende gebracht werden.

Diese konfessionelle Argumentation konnte Kriege ebenso legitimieren wie der Verweis auf die Wahrung des Landfriedens und das Funktionieren der herrschaftlich geordneten Reichsverfassung. So erklärt sich, dass auch schwerste Belastungen der Untertanen durch Einquartierungen, Winterquartiere, Kontributionen (finanzielle Zwangserhebungen), Requirierungen (Beschlagnahmen) und Rekrutierungen fast immer widerstandslos hingenommen, jedenfalls in den Territorien des Reiches als Teil einer gewissen Normalität empfunden wurden. Ein Grundvertrauen der Bevölkerung in die verrechtlichte Ordnung des Reiches und seiner Territorien, wie sie etwa in der Reichskreisordnung und der Reichskriegsverfassung zum Ausdruck kam, wirkte sich hier aus. Die Reichsverfassung hatte Spielregeln kodifiziert, die zur Akzeptanz des Krieges beitrugen, diesen jedoch an die Beachtung bestimmter Formen banden. Selbst in den schlimmsten Verheerungsphasen des Dreißigjährigen Krieges scheinen diese beachtet worden zu sein und sicherten, etwa im Weiterfunktionieren territorialer Verwaltungen, das Überleben von Soldaten und ländlicher wie städtischer Bevölkerung (Kleinehagenbrock 2003, S. 136). Dennoch stieß diese Legitimation mit der zunehmenden Fortdauer des Krieges an ihre Grenzen. Die anfängliche Freund-Feind-Wahrnehmung verblasste immer mehr hinter der zügellosen Ausbeutung der Territorien, ohne dass dabei auf konfessionelle Parteiungen Rücksicht genommen wurde. Der protestantische Schneidergeselle Hans Häberle aus dem Landgebiet der Stadt Ulm nahm im Spiegel seines *Zeytregisters* die Zeit zwischen 1630 und 1648 als eine Periode ununterbrochener Kriegsdrangsal wahr. Seine Sympathie für die 1633 kommenden Schweden, die er als Befreier der katholischen Unterdrückung begrüßte, nahm schnell ab, nachdem sich diese auch in protestantischen Gebieten wie in Feindesland aufführten.

Verrechtlichte Ordnung des Reiches

Die Unsicherheit und Wechselhaftigkeit des Daseins gehörte zweifelsohne zur Grunderfahrung der Kriegsgenerationen, es war dies ein existenzielles Erleben, das in den Friedensschluss von 1648 und in die Nachkriegszeit einging. So etwa in dem Tagebuch der Ordensoberin Klara Staiger aus dem Kloster Mariastein bei Eichstätt, die mit nüchternen Worten zwischen den Fronten Erfolg und Misserfolg der „Unsrigen", das heißt der katholischen Truppen, und der „Feinde", das heißt der Schweden, festhält. Nach harten Kriegsjahren, in

Wechselhaftigkeit des Daseins

denen das Kloster um sein Überleben kämpfen musste, begrüßte die Priorin den „seligen Friedensschluss", auch wenn dieser mit großen Verlusten für die Reichskirche verbunden war. Für die katholische Seite hatte zwischenzeitlich noch sehr viel mehr auf dem Spiel gestanden, als dass man jetzt angesichts der göttlichen Friedverleihung undankbar hätte sein mögen.

12.3 Die Soldaten

Innenleben der Armeen

Das Innenleben der Armeen des Dreißigjährigen Krieges ist wenig erforscht. Über die Wahrnehmungen und Erfahrungen der militärischen Führungsschichten der Frühen Neuzeit lässt sich schon allein aufgrund einer erheblich umfangreicheren Schriftlichkeit Genaueres ermitteln als über die Masse der Soldaten. Dennoch ist es erstaunlich, was vor allem die französische Forschung, angeregt durch die Studien von André Corvisier (Corvisier 1964), in dieser Beziehung herausgearbeitet hat. So erlauben die in Frankreich umfangreich erhaltenen Personallisten aufschlussreiche Feststellungen über die soziale Herkunft, die Rekrutierung, das Dienstalter, die landsmannschaftliche Zusammensetzung der Regimenter, die familiäre Lage oder den Fahnenwechsel von Angehörigen der militärischen Unterschicht. Die deutsche Forschung über die soziale Formation des Militärs in der Frühen Neuzeit blieb hingegen lange Zeit hinter diesem Erkenntnisstand zurück. Vor allem die neueren Arbeiten des Historikers Bernhard R. Kroener haben diesen Abstand jedoch kleiner werden lassen (Kroener 1982; 1992). Entscheidend dazu beigetragen haben auch die rechts- und sozialgeschichtlichen Arbeiten von Hans-Michael Möller und Peter Burschel zu den Söldnerheeren des 16. und 17. Jahrhunderts (Möller 1976; Burschel 1994).

Geschlossene Armeen?

Die aus dem Traditionsinteresse der Kriegsgeschichtsschreibung des 19. Jahrhunderts auf die Verhältnisse in der Frühen Neuzeit bisweilen zurückprojizierte Vorstellung von in sich geschlossenen Armeen, wie etwa der Brandenburg-Preußens, Bayerns oder Österreichs, suggeriert den unzutreffenden Eindruck eines Zusammengehörigkeitsgefühls der Truppe, das im 16. und 17. Jahrhundert in der Regel nur auf der Ebene der Regimenter existiert hat. Die Belastbarkeit militärischer Organisationen und der Wert der ihr innewohnenden informellen Strukturen wurden in individuellen und kollektiven Ausnahmesituationen besonders augenfällig. Der wachsende Bedarf an Soldaten verschärfte die Rekrutierungsmaßnahmen vor allem in der zweiten Hälfte des Krieges. So wurden etwa wegen Ehebruchs, Diebstahls, Totschlags oder anderer Verbrechen verurteilte Personen zum Dienst bei der Feldartillerie ‚begnadigt'. Aber auch die Zwangsverpflichtung von Bauernsöhnen und Bauernknechten wurde mit zunehmender Kriegsdauer immer mehr zur Regel. Die Identifikation dieser zwangsrekrutierten Untertanen mit dem auszuübenden Kriegsdienst verringerte sich, je länger der Krieg dauerte.

<small>Zwangsrekrutierungen</small>

Wie zahlreiche Berichte zeigen, verschärfte die Zwangsrekrutierung der Soldaten das Problem der Desertion. Neben der eigentlichen Fahnenflucht während der Schlacht und der Meuterei ganzer Truppenteile gehörte das Desertieren einzelner Armeeangehöriger zu den Grundproblemen der Heerführung im Dreißigjährigen Krieg. Oftmals war es nur die bessere Verpflegung oder der höhere Sold, die einen Soldaten zum Feind überlaufen ließen. Die Unterstützung der Bevölkerung konnten die Deserteure meist nicht in Anspruch nehmen, da sie als natürliche Konkurrenten um die Nahrungsressourcen angesehen wurden. Die Behandlung der gefassten Deserteure war wohl weitaus unterschiedlicher, als dies die allgemeinen Rechtsgrundsätze vorsahen, die auf den kaiserlichen *Articul[n] auf die Teutschen Fußknechte* von 1570 beruhten und die Todesstrafe für Deserteure und Meuterer beinhalteten. Immer wieder gab es berechtigte Befürchtungen, dass fremdkonfessionelle Söldner aus konfessionellen Motiven zum Feind überlaufen würden, vor allem wenn der Feind die Verteidigung des eigenen Glaubens propagierte. Darüber hinaus war es wohl gängige Praxis, konfessionsfremde Soldaten an den gefährlichsten Punkten der Schlacht, quasi als Kugelfang, einzusetzen. Wenn Soldaten in Gefangenschaft gerieten, wurden sie oft vom Sieger mit der Verpflichtung wieder entlassen, eine bestimmte Zeit nicht gegen ihn zu kämpfen. Es war ebenfalls üblich, Soldaten des unterlegenen Feindes in die eigenen Reihen aufzunehmen. Dabei spielte offensichtlich die Konfession nur eine untergeordnete Rolle. Offiziere wurden freigekauft, was in der Regel ein glänzendes Geschäft war, oder ausgetauscht.

<small>Desertion</small>

Geworbene Söldner in den reichsständischen Heeren unterschieden sich im Übrigen oftmals nicht sonderlich von den zum Kriegsdienst verpflichteten Untertanen, die meist als Milizionäre im Rahmen eines sogenannten Landesdefensionswerks an den Kriegshandlungen teilnahmen. In der Regel wurden diese bewaffneten Untertanen, denen nur mühselig Disziplin beigebracht werden konnte, für kleinere militärische Unternehmungen eingesetzt. Sie fühlten sich oftmals gegenüber den ‚regulären' Soldaten benachteiligt, weil sie

<small>Landesdefension</small>

keinen Sold bekamen, aber dennoch das gleiche Risiko trugen. Als ‚billige' Streitkräfte wurden sie jedoch unentbehrlich. Denn eine Hauptproblematik aller Fürsten war die Finanzierung ihrer Armeen, die von Kriegsunternehmern und ihren Werbern aufgestellt wurden und die vorfinanziert werden mussten. Für fehlende Geldmittel mussten eroberte Herrschaften als Ersatz zur Entlohnung herhalten. So galt auch die Loyalität der meisten Soldaten oftmals nicht demjenigen, dem sie ihren Dienste, sondern demjenigen, dem sie ihren Sold zu verdanken hatten. Die lange Dauer des Krieges und die zunehmende Verringerung der Lebensgrundlagen durch die Verödung ganzer Landschaften mussten schließlich zu einer zentralen Existenzfrage für die kämpfenden Soldaten werden.

Soldatenalltag

Die große Zahl der geworbenen Söldner verstand sich als Berufssoldaten, die vom Krieg lebten und sich aus aller Herren Länder zusammensetzten. Eine Verständigung war daher untereinander nur schwer möglich, zumal Uniformen in dieser Zeit noch nicht benutzt wurden. Lediglich Armbinden oder Federn kamen für die Unterscheidung von Freund und Feind in der Schlacht zum Einsatz. Die Söldnertruppen waren einerseits in der Kriegstaktik geübt und kämpften meist sehr diszipliniert. Allerdings waren die Verluste bei Kämpfen sehr hoch, zumal Metzeleien auf den Schlachtfeldern nicht selten vorkamen. Die Soldaten waren andererseits allerdings kaum in der Lage, eine andere Beschäftigung auszuüben. Dies erschwerte ihre Eingliederung in die Gesellschaft nach Beendigung des Krieges. Umherziehende, marodierende Soldaten gehörten ebenso zur Lebenswirklichkeit des Krieges wie Verwundete und Krüppel. Da eine medizinische Versorgung kaum vorhanden war, zudem Lazarette oder Invalidenanstalten fehlten, blieben sich die Kriegsversehrten selbst überlassen. Lediglich im Tross der Armeen bot sich eine Möglichkeit, das Überleben zu organisieren.

Doch fanden sich in der Nachhut der Heere, die oft eine größere Anzahl von Personen beherbergte als die Regimenter selbst, viele mittellose Frauen, Kinder und Knechte, die als Konkurrenten auf dem knappen Nahrungsmarkt ebenfalls um das nackte Leben kämpften und der Zivilbevölkerung den größten Schaden zufügten. Die Größe des Trosses war im Übrigen einer der Gründe für die relative Unbeweglichkeit der Heere im Dreißigjährigen Krieg und den ungeheuren

Der Krieg ernährt den Krieg

Nahrungsbedarf, der aus den besetzten Territorien gedeckt wurde. Der Krieg hatte, nach einer Maxime des kaiserlichen Feldherrn Wallenstein, den Krieg zu ernähren. Da nur in Sommerfeldzügen gekämpft wurde, war die Wahl der Winterquartiere von entscheidender

Bedeutung für die Belastung einzelner Regionen. Unterkunft und Verpflegung waren den einquartierten Soldaten zu stellen, meist ergänzt durch Kleidung und andere Dienstleistungen, die zwischen den einrückenden Truppen und den örtlichen Gemeindevertretern ausgehandelt wurden – oftmals an den Regierungen vorbei und über Konfessions- und Landesgrenzen hinweg. Von den Betroffenen wurde dies in der Regel als das geringere Problem gegenüber Mord und Brandschatzung angesehen.

Angesichts der ihn umgebenden Schrecken hat sich für den einfachen Soldaten die Frage nach einer Verarbeitung des Erlebten in neuer Schärfe gestellt. In der Alltagswelt der Soldaten haben sich daher vielfach Formen eines magischen Weltbildes wie der Glaube an Amulette, die ihn im Kampfgeschehen vor den feindlichen Kugeln schützten, erhalten (→ KAPITEL 8.4). Wundererzählungen über das Eingreifen der Mutter Gottes oder einzelner Heiliger in das Schlachtgeschehen gingen unter den katholischen Soldaten um und konnten motivierend wirken. Feldprediger, etwa aus dem Kapuzinerorden, spielten hier eine besondere Rolle. Die existenzielle Erfahrung des Krieges forderte dazu heraus, über Sinn und Zweck des Seins, und damit auch über Gott nachzudenken – eine spezifische Aufgabe für Geistliche. Welcher Stellenwert dabei der Unversehrtheit und dem Überleben der Untertanen im Krieg zukam, wurde von den Geistlichen unterschiedlich beantwortet, eine generelle Friedenspflicht jedenfalls wurde – trotz der ungeheuren Zerstörungen – daraus nicht abgeleitet. Geistliche im Krieg konnten daher die Rolle von den Kampfgeist aufstachelnden Kriegspredigern, aber auch die von Trost spendenden Helfern haben (Brendle 2009). So erwies sich der Kampf gegen Trübsal und Verzweiflung über das Kampffeld hinaus als eine Hauptaufgabe der Geistlichkeit in der Frühen Neuzeit.

Geistliche im Krieg

Fragen und Anregungen

- Erläutern Sie, was unter Ego-Dokumenten zu verstehen ist.
- Wodurch waren der Alltag und die Lebenswelt des einfachen Soldaten im Dreißigjährigen Krieg bestimmt?
- Suchen Sie Beispiele in der Literatur, in denen Gestalten und Ereignisse des Dreißigjährigen Krieges thematisiert werden.
- Woher rühren die enormen Bevölkerungsverluste im Dreißigjährigen Krieg?

Lektüreempfehlungen

Quellen
- Ortrun Fina: Klara Staigers Tagebuch. Aufzeichnungen während des Dreißigjährigen Krieges im Kloster Mariastein bei Eichstätt, Regensburg 1981. *Ego-Dokument, das den Krieg aus der Sicht einer katholischen Ordensfrau beschreibt.*

- Jan Peters (Hg.): Ein Söldnerleben im Dreißigjährigen Krieg. Eine Quelle zur Sozialgeschichte, Berlin 1993. *Seltenes Beispiel für das Tagebuch eines einfachen Soldaten im Dreißigjährigen Krieg. Anschauliche Beschreibung des Kriegsalltags.*

Forschung
- Matthias Asche / Anton Schindling (Hg.): Das Strafgericht Gottes. Kriegserfahrungen und Religion im Heiligen Römischen Reich Deutscher Nation im Zeitalter des Dreißigjährigen Krieges, 2. Auflage Münster 2002. *Der Sammelband vereinigt eine programmatische Studie und vier Untersuchungen zu kleinen südwestdeutschen Territorien im Dreißigjährigen Krieg und der Nachkriegszeit. Religiös gedeutete Kriegserfahrungen werden als Charakteristikum des Kriegserlebens herausgestellt.*

- Frank Kleinehagenbrock: Die Grafschaft Hohenlohe im Dreißigjährigen Krieg. Eine erfahrungsgeschichtliche Untersuchung zu Herrschaft und Untertanen, Stuttgart 2003. *Eine vorzügliche Detailuntersuchung zu den Kriegserfahrungen von Geistlichkeit und Untertanen im Territorium eines mindermächtigen Reichsstandes.*

- Bernhard R. Kroener / Ralf Pröve (Hg.): Krieg und Frieden. Militär und Gesellschaft in der Frühen Neuzeit, Paderborn u. a. 1996. *Der Band enthält Beiträge über die soziale Struktur frühneuzeitlicher Heere, die Wahrnehmungen und Erfahrungen der militärischen Führungsschichten und der einfachen Soldaten in der Frühen Neuzeit. Er bietet damit auch eine Einführung in die Sozialgeschichte der Soldaten im Dreißigjährigen Krieg.*

- Hans Medick / Benigna von Krusenstjern (Hg.): Zwischen Alltag und Katastrophe. Der Dreißigjährige Krieg aus der Nähe, Göttingen 1999. *Der Sammelband umfasst unterschiedliche Problemfelder einer Wahrnehmungsgeschichte des Krieges und bietet damit eine Perspektive ‚von unten' auf das Kriegsgeschehen.*

13 Friedenskongress und Friedensordnung

Abbildung 13: Flugblatt Westfälischer Frieden 1648, anonym (1648)

Der Holzschnitt mit dem Postreiter von Münster aus dem Jahre 1648 ist sinnfälliger Ausdruck der so lang gehegten Friedenssehnsucht, die sich im Reich nach dreißig Kriegsjahren breit gemacht hatte. Der kaiserliche Postillion verkündet über Stadt und Land den gefundenen Friedensschluss und fordert die Leser des Flugblatts auf, Gott für die Verleihung des Friedens zu danken. Begleitet wird er von der personifizierten Fama und dem Götterboten Hermes, der als Gott des Handels die neu anbrechende Blütezeit ankündigt. Noch reitet der Friedensverkünder von Münster zwar über die Gräber und das zerstörte Land, doch endlich ruhen die Waffen, endlich kann das erschöpfte Land wieder aufatmen und seine Hoffnung auf eine Zeit voll Gerechtigkeit und Wohlstand richten.

Für die Menschen im Heiligen Römischen Reich deutscher Nation und im alten deutschen Sprachraum war die Zeiterfahrung des Krieges regional sehr unterschiedlich gewesen – aber fast alle hatten daran Anteil genommen: als unmittelbar Betroffene oder als Zuschauer, als Täter oder als Opfer, als Mitleidende oder als Profiteure. Ein intensiviertes Nachrichtenwesen und gedruckte Medien wie Flugblatt, Zeitung und Pamphlet (Spottschrift) ließen die Schauplätze von Krieg und Diplomatie in Raum und Zeit zusammenrücken. Ein Verleger wie Matthäus Merian in Frankfurt am Main trug dieser Entwicklung geschickt Rechnung und vermarktete das Kriegstheater – so der zeitgenössische Ausdruck: *theatrum belli*. Angesichts der katastrophalen Kriegsfolgen und unter dem Eindruck der noch nicht abgedankten Armeen schien vielen Menschen der Friede noch unwirklich zu sein. Umso enthusiastischer brach sich die Friedensfreude Bahn, die in Flugblättern, auf Schaumünzen und Medaillen Ausdruck fand. Oft wurden dabei religiöse Bildformeln verwendet, zumal viele Dankfeiern zum Abschluss des Friedens an frühere Buß- und Bettage anknüpften. Aber auch die „Friedensgöttin", die den Sieg über Mars davongetragen hatte, wurde auf Gemälden verherrlicht. In dem so befriedeten Reich konnten nun von neuem Kunst und Wissenschaft erblühen.

13.1 **Ein europäischer Friedenskongress**
13.2 **Die Bestimmungen des Westfälischen Friedens**
13.3 **Die Kriegs- und Friedensmemoria**
13.4 **Das System des Westfälischen Friedens**

13.1 Ein europäischer Friedenskongress

Der Westfälische Frieden war von einer äußerst komplexen Struktur. Bestehend aus den beiden Friedensverträgen von Münster und Osnabrück, beendete er für das Heilige Römische Reich deutscher Nation den Dreißigjährigen Krieg, ordnete als Fundamentalgesetz die politische und religiöse Verfassung des Reiches neu und leitete als europäischer Friedensvertrag für das Staatensystem eine neue Epoche der Diplomatie und des Völkerrechts ein. Die beiden am 24. Oktober 1648 in Münster unterzeichneten Verträge, das kaiserlich-französische Friedensinstrument von Münster, das *Instrumentum Pacis Monasteriense* (IPM), und das kaiserlich-schwedische Friedensinstrument von Osnabrück, das *Instrumentum Pacis Osnabrugense* (IPO), waren das Ergebnis mehrjähriger Verhandlungen zwischen den beteiligten europäischen Mächten, dem Kaiser und den deutschen Reichsständen in den westfälischen Bischofsstädten Münster und Osnabrück, wobei die beiden Teilkongresse grundsätzlich als eine Einheit verstanden wurden. In der diplomatischen Verfahrensweise spiegelten sich die komplizierten Konfliktlagen des Dreißigjährigen Krieges wider, in dem die Krise der Reichsverfassung, der deutsche Konfessionskonflikt und der europäische Mächtekonflikt zwischen dem Haus Habsburg und seinen Gegnern zusammengetroffen waren.

Ein komplexer Friedensschluss

Schon bei der Frage, an welchem Ort die Beratungen stattfinden sollten, war es zu Auseinandersetzungen gekommen. Die beiden Kongressorte markierten die konfessionelle Verschiedenheit der Verhandlungspartner: Im katholischen Münster trafen sich die Gesandten der katholischen Monarchen, des Kaisers und des Königs von Frankreich, mit einem Nuntius (Botschafter) des Papstes und einem venezianischen Gesandten als Friedensvermittler. Das gemischtkonfessionelle Osnabrück war der Schauplatz von Verhandlungen zwischen dem katholischen Kaiser und dem protestantischen Königreich Schweden. Um die beiden Orte wurde in Nordwestdeutschland ein neutraler Korridor eingerichtet, in dem die Waffen schwiegen. Nachdem die ernsthaften Beratungen 1644 begonnen hatten, erstritten sich die Reichsstände in einem zähen Verfahren das Verhandlungs- und Stimmrecht bei den westfälischen Friedensverhandlungen, in ihrem Begehren unterstützt von den auswärtigen Kronen, denen an einer Stärkung der ständischen Gewalten gelegen war. Der in arge militärische Bedrängnis geratene Kaiser musste diese Entwicklung akzeptieren, womit gleichzeitig das Repräsentationsrecht der Stände für das Reich anerkannt war. Die Reichsstände verhandelten gemäß

Die Kongressorte

den Beratungsformen des Reichstags (→ KAPITEL 4.2) in den drei Ständekurien der Kurfürsten, Fürsten und Reichsstädte. In Münster und Osnabrück fanden ineinander verschränkt gleichzeitig europäische Mächteverhandlungen, deutsche Reichsständeberatungen als ein Quasi-Reichstag und Verhandlungen der deutschen Religions-Ständeparteien, des *Corpus Catholicorum* und des *Corpus Evangelicorum*, statt.

Der Westfälische Friedenskongress (1643–48) war der erste gesamteuropäische Friedenskongress, an dem fast alle europäischen Mächte direkt oder indirekt beteiligt waren. Er trug somit wesentlich zur Fortentwicklung einer sich institutionalisierenden europäischen Diplomatie bei. Für die europäischen Staatenbeziehungen bedeutete bereits die Tatsache eines mehrjährigen multilateralen Friedenskongresses etwas völlig Neues. Die Monarchen, in deren Namen verhandelt wurde, blieben dem Friedenskongress selbst fern und ließen sich durch Gesandte vertreten. In einem komplizierten Zeremoniell unter diesen Gesandten, das bereits beim feierlichen Einzug begann, wurden die Positionen der beteiligten Mächte im europäischen Staatengefüge bestimmt. Rang und Würde verliehen den Verhandlungen eine ordnende Struktur. Die lange Dauer liegt gerade in den Versuchen der beteiligten Mächte begründet, einen Frieden nicht um jeden Preis zu akzeptieren, sondern einen für die eigene Dynastie ehrenhaften Frieden zu erreichen (Kampmann 2008). Allerdings spielte dieser Aspekt für die deutschen Reichsstände eine eher untergeordnete, wenn nicht sogar überhaupt keine Rolle. Der schleppende Gang der Verhandlungen wurde jedoch sehr stark von der schwierigen Bewältigung der Korrespondenz beeinflusst, mussten doch die einzelnen Voten nicht nur zwischen den Delegationen an den beiden Verhandlungsorten, sondern jeweils auch mit den beteiligten Höfen in Wien, Paris, Madrid und Stockholm abgesprochen werden.

Schon die Unterbringung der Gesandten und ihres Trosses stellte eine logistische Herkulesaufgabe dar, die mit enormen Versorgungsproblemen, gerade in der angespannten Kriegssituation, einherging. So waren insgesamt 176 Bevollmächtigte im Namen von 194 Ständen in den beiden Bischofsstädten anwesend; allein die französische Delegation umfasste 200 Personen. Das Leben in Münster und Osnabrück wurde über mehrere Jahre hinweg maßgeblich vom Kongress geprägt, da in seinem Gefolge zahlreiche Festlichkeiten und Empfänge verschiedenster Art stattfanden. Im Münsteraner Festkalender sind für die Zeit zwischen 1643 und 1649 etwa 100 Veranstaltungen verzeichnet. Sie wurden von der Bürgerschaft wie den Friedensgesandten ausgerichtet und dienten einerseits der Kurzweil und dem Zeitvertreib während der verhandlungsarmen Sommermonate, hatten andererseits jedoch auch politische Funktionen, um das Prestige des jeweiligen Fürsten zu demonstrieren. Nicht selten benutzte man allerdings auch prunkvolle Feste, um die eigene Verzögerungstaktik zu verschleiern, die ansonsten den Unmut der auf Frieden hoffenden Öffentlichkeit hervorgerufen hätte.

Bereits unter den Zeitgenossen bestand Einigkeit darüber, dass die Verhandlungen in Westfalen und ihr Ergebnis für die meisten Länder Europas von Belang waren. Nur die im Bürgerkrieg versinkenden britischen Inseln sowie die ohnehin nicht zu Europa gezählten Mächte im Osten, das russische Reich des Zaren und das türkische Reich der Sultane, waren an dem Friedenskongress nicht beteiligt. Wenn der Frieden in seinem Artikel 1 zu einem „christlichen, allgemeinen und immerwährenden Frieden" erklärt wurde, schloss er implizit die nicht zum lateinischen christlichen Europa gehörenden Randmächte aus (→ KAPITEL 2.1). Die Fragen der Beziehungen des lateinischen Europa zu den Welten des Islam und der ostkirchlichen Orthodoxie sowie diejenigen der Expansion in Übersee spielten auf dem Westfälischen Friedenskongress keine Rolle. Doch sie definierten den Erfahrungsraum und Erwartungshorizont der Akteure als einen allgemeinen äußeren Bezugsrahmen für ihre konkreten Deutungen und Handlungen. Hinsichtlich der anstehenden Probleme blieb der Westfälische Frieden jedoch eher ein mitteleuropäisches Ereignis; über einen spanisch-französischen Frieden wurde zwar verhandelt, aber es konnte keine Lösung erzielt werden.

Christlicher Friede

13.2 Die Bestimmungen des Westfälischen Friedens

Die beiden Friedensinstrumente waren von einer vielschichtigen Natur. Der deutsche Reichs- und Religionsfrieden war im kaiserlich-schwedischen Frieden von Osnabrück enthalten, und dieser wiederum wurde als Ganzes in den kaiserlich-französischen Frieden von Münster aufgenommen. Frankreich und Schweden übernahmen damit völkerrechtlich die Garantie der deutschen Reichs- und Religionsverfassung, vor allem die Schutzbestimmungen zugunsten der deutschen Reichsstände. Die Zentralbestimmungen des Westfälischen Friedens basierten für das Reich auf den Grundsätzen einer allgemeinen Amnestie aller am Krieg beteiligten Mächte, einer generellen

Prinzipien des Friedens

Rückkehr zu den territorialen Verhältnissen der Vorkriegszeit und einer institutionalisierten Parität (Gleichstellung) in der Religionsfrage. Dazu sollten die zentralen Reichsorgane reformiert und wieder belebt werden.

Dennoch brachte der Westfälische Frieden für das Heilige Römische Reich deutscher Nation und seine Stände einige wesentliche territoriale Veränderungen. Es hatte sich nämlich in den Verhandlungen sehr schnell gezeigt, dass der Frieden ohne eine Abfindung der auswärtigen Kronen nicht zu erreichen war. Dazu zählten auch Geldforderungen, insbesondere der Krone Schwedens, die schließlich mit fünf Millionen Reichstalern festgesetzt wurden. Diese Summe sollte auf die Reichskreise umgelegt werden und bedeutete für die Folgezeit eine ungeheure Belastung. Als territoriale Entschädigung erhielt Schweden Vorpommern und die säkularisierten Hochstifte Bremen und Verden sowie Wismar. Für diese Reichsterritorien wurde der schwedische König Reichsstand mit Sitz und Stimmen auf dem deutschen Reichstag.

Schweden

Die habsburgischen Gesandten unter Führung des Grafen Trauttmansdorff taten alles dafür, eine solche Lösung in Bezug auf Frankreich zu verhindern und den französischen König vom Reichstag fernzuhalten. So traten die Habsburger ihre elsässischen Territorien und Rechte zu voller Souveränität an Frankreich ab. Diese Gebiete schieden damit aus dem Reichsverband ebenso aus wie die faktisch bereits seit 1552 in französischen Händen befindlichen drei lothringischen Bistümer Metz, Toul und Verdun. Mit dem Besetzungsrecht der Festung Breisach unterband Richelieu die Spanische Straße in die Niederlande, demselben Ziel diente die Bestimmung, dass der Kaiser zukünftig seine spanischen Vettern in ihrem Krieg gegen Frankreich nicht mehr unterstützen dürfe.

Frankreich

Mit dem spanisch-niederländischen Frieden vom Mai 1648 erkannte Spanien endgültig die Unabhängigkeit der sieben nördlichen Provinzen der Niederlande an. Die Herrschaft des spanischen Königs wurde auf das südliche Gebiet, das heutige Belgien und Luxemburg, begrenzt, und die Republik der Vereinigten Niederlande wurde als ein souveräner Staat anerkannt. Das gleiche Ziel erreichte die Schweizer Eidgenossenschaft, die im Oktober 1648 *de facto*, aber nicht *de iure* aus dem Reichsverband entlassen wurde, von dem sie sich sukzessive seit dem 16. Jahrhundert gelöst hatte.

Niederlande und Schweiz

Da das Kurfürstentum Brandenburg Anspruch auf das ganze Pommersche Erbe erhoben hatte, allerdings durch die schwedische Satisfaktion (Abfindung) nur Hinterpommern erhielt, wurde der ho-

Brandenburg

henzollersche Kurfürst mit den bisherigen geistlichen Fürstentümern Minden, Kammin und Halberstadt sowie der Anwartschaft auf das Erzstift Magdeburg abgefunden, das nach dem Tod des letzten Administrators in brandenburgischen Besitz übergehen sollte. Die durch die Entschädigungen für Schweden und Brandenburg betroffenen geistlichen Fürstentümer wurden durch den Westfälischen Frieden reichsrechtlich säkularisiert. Dasselbe Schicksal betraf noch weitere bislang geistliche Herrschaftsgebiete der Reichskirche. In allen diesen Territorien war ein längerer Prozess der Protestantisierung vorangegangen (→ KAPITEL 10.3), bevor die Säkularisationsregelung von Westfalen in Kraft trat.

Gemäß Amnestie und Status quo ante wurde auch der pfälzische Kurfürst restituiert, eines der schwerwiegendsten Probleme der Friedensverhandlungen. Der bayerische Herzog konnte jedoch als Ergebnis der katholisch-ligistischen Erfolge in der ersten Kriegsphase die pfälzische Kurwürde und die Oberpfalz behalten, während für die Rheinpfalz eine achte Kur geschaffen wurde. Damit verfügten die Wittelsbacher künftig über zwei weltliche Kurstimmen. Ansonsten wurde der territoriale Status quo von 1618 mit wenigen Ausnahmen festgeschrieben. So konnte Hessen-Kassel das benachbarte Stift Hersfeld säkularisieren, weil die streitbare Landgräfin Amalie Elisabeth bis zum Schluss eine eigene Armee unterhielt und somit Druck auf die Verhandlungen ausüben konnte. Kursachsen behielt die schon zu Kriegsbeginn verpfändeten Lausitzen.

Wittelsbach

Bereits im Februar 1648 war die weitgehende Ausformulierung des Religionsvergleichs erreicht worden. Das Religionsrecht wurde auf der Grundlage des Augsburger Religionsfriedens neu geregelt. Dabei wurden auch die Konflikte ausgeräumt, die das Reich nach 1555 belastet hatten. Die territoriale Konfessionshoheit wurde als Rechtsmerkmal der Landeshoheit bestätigt, zugleich aber faktisch außer Kraft gesetzt durch das Normaljahr 1624, nach dem der Besitzstand von Katholiken und Protestanten im Reich und seinen Territorien festgelegt wurde. Für die geistlichen Fürstentümer beider Konfessionen galt fortan der Geistliche Vorbehalt (→ KAPITEL 5.4). Damit war das maximalistische Rekatholisierungsprogramm des Restitutionsedikts aufgehoben. Für das bikonfessionelle Hochstift Osnabrück wurde die alternative Sukzession (Nachfolge) von katholischen und lutherischen Fürstbischöfen vorgeschrieben, wobei die evangelischen Fürstbischöfe aus der Hannoveraner Linie des Welfenhauses stammen mussten. Paritätsregelungen wie für Osnabrück erfolgten auch für vier bikonfessionelle Reichsstädte in Schwaben, nämlich für

Religionsvergleich

Augsburg, Biberach, Dinkelsbühl und Ravensburg, in weiteren Städten herrschten faktisch nach der Normaljahrslösung ähnliche Verhältnisse.

Nach Maßgabe des Normaljahrs 1624 galten Bestandsgarantien für konfessionelle Minderheiten in den Territorien. Das Auswanderungsrecht für Untertanen anderer Konfession wurde 1648 wie schon 1555 festgelegt, und zwar mit verbesserten Schutzbestimmungen für deren Eigentum. Für die österreichischen und böhmischen Erbländer der Habsburger wurde indes im Westfälischen Frieden die während des Krieges erfolgte Rekatholisierung bestätigt, mit einigen Zugeständnissen an die Protestanten in Niederösterreich und vor allem in Schlesien. Hier hatte Schweden durchgesetzt, dass den Protestanten der Bau dreier Holzkirchen in Jauer, Schweidnitz und Glogau erlaubt wurde, allerdings vor den Toren der Städte. Die territoriale Integrität der habsburgischen Erbländer einschließlich der böhmischen Länder wurde damit jedoch nicht angetastet.

Habsburgische Erblande

Der innerprotestantische Konfessionskonflikt zwischen Lutheranern und Reformierten wurde ebenfalls geregelt, indem die Calvinisten als eine Untergruppe der Augsburger Konfessionsverwandten anerkannt wurden und zwischen den beiden evangelischen Bekenntnissen ein Normaljahr 1648 gelten sollte, also auch hier künftige, durch die Landesherrschaft erzwungene Bekenntniswechsel der Untertanen ausgeschlossen wurden. In der reformierten Kurpfalz legte der Westfälische Frieden für die Lutheraner einen Minderheitenstatus fest und begründete damit eine Pfälzer Mehrkonfessionalität, die nach 1648 auch den ins Land zuwandernden Katholiken zugute kam.

Calvinismus

Das Prinzip der Parität wurde auch in den Organen und Institutionen der Reichsverfassung als eine neue oberste Rechtsnorm verankert. Als Garantieinstitution für den Religionsfrieden im Reich wurde im Osnabrücker Friedensvertrag der Reichstag eingesetzt, der bei der Behandlung von Religionsfragen nicht in der herkömmlichen Dreikuriengliederung tagte, sondern sich in Konfessionsgruppen aufteilte: das *Corpus Evangelicorum* und das *Corpus Catholicorum*. Dieses Auseinandergehen (*itio in partes*) sollte verhindern, dass durch Mehrheitsvotum eine Konfession benachteiligt wurde. Eine Entscheidung in konfessionellen Streitfragen konnte deshalb nur durch eine *amicabilis compositio,* eine einvernehmliche Übereinkunft, erzielt werden. Ähnliche Regelungen einer Verfahrensparität sollten auch für das Reichskammergericht gelten. Dagegen blieb das katholische Übergewicht im kaiserlichen Reichshofrat erhalten, bei dem

Parität

durch die vom Kaiser erlassene neue Ordnung von 1654 lediglich einige wenige evangelische Reichshofräte angenommen wurden. Doch konnten sich Katholiken, Lutheraner und Reformierte in Deutschland durch die Religionsbestimmungen des Osnabrücker Friedens als staatskirchenrechtlich abgesichert fühlen. Die hohe Bedeutung des paritätischen Staatskirchenrechts in der deutschen Geschichte – bis hin zur Weimarer Reichsverfassung und zum Bonner Grundgesetz – hat hier ihre Wurzel. Diese Garantien erstreckten sich freilich nicht auf die christlichen Splittergruppen, wie Täufer, Spiritualisten und Böhmische Brüder. Für die Juden, als einzige nichtchristliche Minderheit im Abendland, galt ohnehin ein besonderer Rechtsstatus (→ KAPITEL 7.4).

Immerhin schrieb der Westfälische Frieden die Territorialhoheit der deutschen Landesfürsten unmissverständlich fest und beendete damit alle Versuche eines kaiserlichen Reichsabsolutismus. Er verbürgte den Reichsständen ein umfassendes Mitspracherecht in allen wichtigen Reichsangelegenheiten (*ius suffragii*) und gewährte ihnen ein Bündnisrecht untereinander und mit auswärtigen Mächten. Dieses Recht stand allerdings unter dem Vorbehalt, dass es sich nicht gegen Kaiser und Reich richten durfte. Damit war den großen Reichsfürsten zwar einerseits der Weg in die europäische Mächtepolitik geebnet, gleichzeitig wurde aber auch der Reichsverband als rechtlicher Rahmen gestärkt. Nur als Ständecorpus auf dem Reichstag konnten die Reichsfürsten Partizipationsrechte in Anspruch nehmen. Die nächste Reichsversammlung sollte daher die heikelsten Verfassungsprobleme beraten, die als *negotia remissa* (hinterstellige Materien) bei den Friedensverhandlungen zurückgestellt worden waren (→ KAPITEL 4.2). Eine Souveränitätserklärung für die deutschen Reichsstände brachte der Westfälische Frieden jedenfalls nicht.

Territorialhoheit

13.3 Die Kriegs- und Friedensmemoria

Es gibt kaum ein Geschehen in der älteren deutschen Geschichte, das so sehr in der kollektiven Erinnerung der Deutschen in lokalen und regionalen Traditionen verankert ist wie der Dreißigjährige Krieg. Dies reicht von Geländebezeichnungen wie Schwedenschanze, Schwedenwald und Mordwiese über Wüstungen und verfallene Befestigungswerke bis hin zu Barockstädten, die nach der Kriegszerstörung neu aufgebaut wurden. Dabei gibt es auch apokryphe (verborgene) Überlieferungen, die sich an topografische Namen und Flurdenkmä-

Erinnerungskultur

ler knüpfen, worin sich aber der zurückgebliebene Schrecken widerspiegelt – so etwa in Sühnekreuzen am Wegesrand. Bilder von Fremdherrschaft und Unterdrückung verbinden sich mit den Spaniern in der Pfalz, den Bayern in Oberösterreich, Wallenstein in Mecklenburg oder den Schweden in den katholischen Territorien Süddeutschlands. Lokale Feste und Bräuche halten Not und Errettung im Elend des Krieges in Erinnerung, wenn vielleicht auch manches erst im historischen 19. Jahrhundert die heute geläufige Form erhielt. Kaum ein historischer Festzug ohne Landknechtstypen des Dreißigjährigen Krieges, so wie auf der Bühne Friedrich Schillers Drama *Wallenstein* (1799) und Bertolt Brechts *Mutter Courage* (1939) und in der Nachkriegsliteratur *Das Treffen in Telgte* (1979) von Günter Grass fiktionale Erinnerungsräume eröffnen.

Lutherische Friedensfeste

An den Westfälischen Frieden schlossen sich innerhalb kurzer Zeit eine Vielzahl von Friedensfeiern in den lutherischen Territorien an. Sie erinnerten nicht nur in dankbarer Weise an den Friedensschluss, sondern trugen einen spezifisch theologischen Charakter als Buß- und Danktage. Dem Frieden sollte mit der notwendigen Bereitschaft zur Buße begegnet werden, um ihn auf eine gute Grundlage zu stellen. Die französische Historikerin Claire Gantet zählt in einer kürzlich erschienen Untersuchung 174 Friedensfeste, die zwischen Mai 1648 und Dezember 1650 gefeiert wurden, davon 163 im Reich (Gantet 1998). Mehr als die Hälfte davon wurden 1650 nach dem Nürnberger Exekutionstag mit dem schrittweisen Abzug der Besatzungstruppen abgehalten, und mehr als die Hälfte wurde in Süddeutschland gefeiert, vor allem in Franken und Württemberg. Die Verteilung der Feste spiegelt den Rhythmus der Demobilisierung wider, aber gleichzeitig auch eine kulturelle und religiöse Geografie.

Katholischer Protest

Mit diesem Befund auf protestantischer Seite kontrastiert eine deutlich geringere Ausbildung einer Erinnerungskultur zum Westfälischen Frieden im katholischen Deutschland, wenngleich auch katholische Dankfeste im Umfeld des Friedensschlusses überliefert sind. Dies hängt vor allem damit zusammen, dass die Ergebnisse des Westfälischen Friedenskongresses von Teilen der altgläubigen Seite als Niederlage betrachtet wurden (Schindling 2004). Viele katholische Fürsten hatten erst von kompromissbereiten Glaubensgenossen zum Beitritt gezwungen werden müssen, gegen die Säkularisationen und Abtretungen von Reichskirchengut hatte sich der Protest einer Minderheitengruppe von prinzipienstrengen, kompromissunwilligen Katholiken in Münster gerichtet. Ihre Ablehnung bewirkte den förmlichen öffentlichen Protest des Papstes gegen den Westfälischen Frieden – ein Protest, den auch andere katholische Reichsstände einlegten. Die allgemeine Kriegsmüdigkeit am Ende des Dreißigjährigen Krieges ließ die gegen den Osnabrücker Frieden protestierende Gruppe von kompromissunwilligen Katholiken in Münster allein – auch die katholischen Monarchen in Wien und Paris und der Kurfürst von Bayern, früher selbst ein Exponent der Gegenreformation, trugen den Osnabrücker Frieden jetzt pragmatisch mit. Gemeinsam mit Schweden und den protestantischen Reichsständen beschlossen sie eine Anti-Protestklausel, die jeden Einspruch gegen den Frieden zurückwies.

Anti-Protestklausel

Der lang anhaltende Widerstand der katholischen Partei auf dem Westfälischen Friedenskongress, der sich letztlich nicht durchhalten ließ, mündete in ein Gefühl der Unzufriedenheit über die tatsächlich erzielten Ergebnisse, die sich so völlig anders gestalteten, als in den Tagen der katholischen Dominanz erhofft worden war. So galt der Friedensschluss von 1648 in der Sicht des 17. und 18. Jahrhunderts vor allem als ein politischer Erfolg der protestantischen Seite, der es gelungen war, die konfessionellen Maximalpositionen der Altgläubigen abzuwehren. Die allgemeinen Friedensklauseln, das Normaljahr, und vor allem die paritätischen Regelungen im Reich und in den vier freien Reichsstädten waren das Ergebnis alter Forderungen seitens der Lutheraner, die im Frieden erfüllt waren. Das berühmte Hohe Friedensfest in Augsburg, das bis heute am 8. August als gesetzlicher Feiertag im Augsburger Stadtgebiet begangen wird, war ursprünglich ein Dankfest der evangelischen Bürgerschaft. Gerade in der heftig umkämpften bikonfessionellen freien Reichsstadt Augsburg wurde zunächst die Intervention Schwedens in den Dreißigjährigen Krieg und dann die Friedensgarantie durch das nordische Königreich seitens der Evangelischen als eine Rettung in der Not und ein starker Schutz verstanden. In einem Konzert von Lobeshymnen war man nur in einer Hinsicht zurückhaltend: bezüglich der Anerkennung der Calvinisten. So wurden die Friedensfeste in erster Linie zu einer Demonstration des deutschen Luthertums.

Augsburger Friedensfest

Die katholische Seite hatte nicht das erreicht, was sie sich 1630 erhoffte, sie musste aber auch nicht einen Frieden hinnehmen, wie er 1632 befürchtet worden war. Nur die vor 1618 protestantisierten Glieder der Reichskirche in Mittel- und Norddeutschland wurden von der Säkularisation erfasst. Deswegen brauchten sich die Katholiken im Reich auch nicht als Geschlagene und Besiegte fühlen. Das Kaisertum und das Erzkanzleramt – und damit die beiden höchsten

Säkularisationen

Ämter im Reich – sowie die Mehrheit im Kurfürstenkollegium blieben in katholischen Händen. Der katholische Adel behielt seine Versorgungspositionen in der Reichskirche, die durch eine Säkularisation der Hochstifte durch weltliche Territorialfürsten stark gefährdet gewesen wären. Auch in katholischen Territorien wurden deshalb nach Unterzeichnung der westfälischen Verträge Friedensfeste gefeiert, wenngleich diese nicht den Umfang und die Wirkung der evangelischen Friedensfeste erreichten (Brendle 2010a). In Mainz, München und Eichstätt wurden Dankfeste in den typischen Formen barocker Frömmigkeit begangen. Der Mainzer Kurfürst Johann Philipp von Schönborn und die katholischen Fürsten brachten damit zum Ausdruck, dass sie den Friedensschluss durchaus positiv für die katholische Kirche beurteilten. Trotz des mit dem Verlust zahlreicher geistlicher Territorien bezahlten Friedens bot die Rückkehr zu geordneten und stabilen Verhältnissen im Reich immerhin die Möglichkeit, in den verbliebenen Hochstiften eine Erneuerung des katholischen Glaubenslebens herbeizuführen. Die intensive kirchliche Reformtätigkeit des Schönbornbischofs in Würzburg und Mainz ist dafür nur ein eindrucksvolles Beispiel, weil sie keine Züge von Resignation, sondern eher Elemente eines Aufbruchs zeigt.

Katholische Friedensfeste

Auf katholischer Seite wurde der Rettung von Stadt und Land häufig in Form von regionalen Wallfahrten und auf der Ebene von lokalen Kulten gedacht, die oftmals einen marianischen Charakter hatten. Diese waren zum Teil schon während des Dreißigjährigen Krieges wiederbelebt worden oder neu entstanden. Stätten eines triumphalistischen Selbstgefühls, wie in den Maria-vom-Sieg-Kirchen, die nach der Schlacht am Weißen Berg (1620) gebaut wurden, blieben insgesamt eher die Ausnahme. Es dominierten in der Folgezeit Verehrungsplätze, welche die wundersame Errettung in schwerer Not, vor allem in der Bedrohung durch die Schweden, thematisierten. Ein antiprotestantisches Motiv wurde durch die mitunter kultische Formen annehmende Erinnerung an die unmittelbar gesühnten Freveltaten schwedischer Soldaten an Marienbildern wachgerufen. Die Zuflucht und das Gebet zu Maria und anderen Heiligen brachten die vorhandenen Gefühle der Bedrohung und Rettung im katholischen Reich zwischen Verlusterfahrung und endlicher Friedensfreude recht treffend zum Ausdruck. Die Katholiken – wie ihrerseits auch die Protestanten – wussten jedoch, dass alles für sie viel schlimmer hätte kommen können und dass die im Westfälischen Frieden gefundene Bestätigung und Stabilisierung des trikonfessionellen Reichssystems mehr als nur ein Augenblickserfolg war.

Lokale Kulte

13.4 Das System des Westfälischen Friedens

Der Friede von Münster und Osnabrück bestimmte die Verfassungswirklichkeit in Deutschland bis zum Untergang des Alten Reiches 1806. Nach dem verheerenden und langen Krieg wurde alles dafür getan, das System des Westfälischen Friedens aufrechtzuerhalten. Versuche eines faktischen Aushöhlens und Unterlaufens dieser Prinzipien, die es nach dem Westfälischen Frieden durchaus mehrfach gegeben hat, änderten nichts mehr an ihrer grundsätzlichen normativen Geltung. Sowohl für die internationalen Beziehungen als auch im Verständnis der deutschen Reichsverfassung markiert der Westfälische Frieden einen wesentlichen Wendepunkt im Säkularisierungsprozess der Neuzeit. Das öffentliche Recht, das *ius publicum* als säkulares Reichs-Staatsrecht, fand im Westfälischen Frieden seinen genuinen Ausdruck, nachdem die Krise der Reichsverfassung vor und während des Dreißigjährigen Krieges die theoretische Debatte über das Reich und die Stände vorangetrieben hatte. Fester Bestandteil dieses öffentlichen Rechts, das an den protestantischen Universitäten gelehrt wurde, war das Reichs-Religions-Staatsrecht, das den jeweiligen Konfessionsstand garantierte. Zu Recht wurde der Westfälische Frieden deshalb im späteren 17. und im 18. Jahrhundert als Fundamentalgesetz des deutschen Reichssystems und des europäischen Völkerrechts hoch gerühmt.

Bedeutung des Westfälischen Friedens

Ius publicum

Die Garantie der deutschen Reichs- und Religionsverfassung durch Frankreich und Schweden als eine Voraussetzung des Friedens im Herzen des europäischen Kontinents war 1648 eine Neuerung des internationalen Rechts. Sie wurde in anschließenden Friedensverträgen unter Beteiligung von Kaiser und Reich mehrfach bekräftigt und erneuert. Die Ansprüche aller universalen Gewalten des Mittelalters wurden 1648 definitiv in die Schranken gewiesen. Während der päpstliche Protest, der den Frieden als Ganzes infrage stellte, schon im Vorhinein für unwirksam erklärt worden war, musste der Kaiser sich gegenüber seinen Vertragspartnern Frankreich und Schweden mit der Position eines im Prinzip gleichrangigen souveränen Monarchen abfinden. Auf dem internationalen Parkett sollte fortan eine grundsätzliche Gleichheit aller europäischen Monarchien bestehen, in die sich auch Kaiser und Papst einzufügen hatten. Eine Universalmonarchie war fortan weder für einen weltlichen noch für einen geistlichen Fürsten eine realistische Orientierungsmöglichkeit. Die neue Ordnungsvorstellung für Europa war die einer Gemeinschaft gleichberechtigter souveräner Staaten, unter denen keiner eine Hegemonie ausüben sollte, auch wenn der französische König Ludwig XIV. (1643–1715) in der Folgezeit genau dies

Frieden in Europa

Ordnungsvorstellung für Europa

versuchen sollte. Sein Scheitern ist auch Ausdruck einer im Grunde genommen schon überholten Politikvorstellung, gegen die sich die anderen europäischen Staaten zusammenschlossen.

Europäisches Völkerrecht

Der Gedanke des Gleichgewichts, einer zwischen den Mächten herzustellenden Balance, wurde vielmehr zum Leitbild des sich neu konstituierenden Europas. Denn das europäische Völkerrecht entwickelte sich mit dem Westfälischen Frieden von 1648 auf einer Konfessionen übergreifenden, weitgehend säkularen Grundlage, die allerdings noch immer – einschließend und ausgrenzend – als „christlicher Frieden" – als *Pax Christiana* – charakterisiert wurde. Eine solche Formulierung könnte vor allem im ersten Jahrzehnt nach Abschluss des Friedens anachronistisch anmuten, da der europäische Machtkampf in West- und Osteuropa über 1648 hinaus fortgeführt wurde, wenngleich daraus keine grundsätzlichen Kräfteverschiebungen mehr resultierten. Im Pyrenäenfrieden von 1659 wurde die Überlegenheit Frankreichs gegenüber Spanien festgeschrieben, die Friedensschlüsse Schwedens mit Polen und Dänemark in Oliva und Kopenhagen 1660 bestätigten die Vormachtstellung Schwedens im Ostseeraum. Die neue europäische Ordnung schloss allerdings auch souveräne Republiken ein, wie etwa Venedig, die Schweiz und die Vereinigten Niederlande. Die Souveränität der nordniederländischen Republik bedeutete, dass die sieben Provinzen definitiv aus dem Lehnsverband des Reiches ausschieden, zu dem sie ebenso wie die Eidgenossenschaft freilich längst keine aktive Verbindung mehr hatten. Die religiöse Rückbindung des Völkerrechts in einem irenischen interkonfessionellen Sinne wurde im Laufe des 18. Jahrhunderts zunehmend von einem Staatsräsondenken aufgesogen, das mit der Kategorie des europäischen Gleichgewichts, der Mächtebalance im „europäischen Konzert", an die internationalen Probleme heranging.

Aufstieg des Kaisers

Die Festschreibung der Territorialhoheit der deutschen Landesfürsten schien den Weg hin zu einer Stärkung der Ständerechte, namentlich des Reichstags, und damit zu einer Föderalisierung des Reiches zu weisen. Doch verlief die tatsächliche Verfassungsentwicklung nach 1648 anders. Auf der Grundlage des Westfälischen Friedens fand das Reich in der zweiten Hälfte des 17. Jahrhunderts zu neuer Stabilität und Kohärenz, die einen Wiederaufstieg der Machtstellung des habsburgischen Kaisertums im Reich und auf dem Reichstag einschloss. Um 1700 erlebte das Kaisertum der Habsburger im barocken Reich einen letzten Höhepunkt (Press 2000a). Von der Verrechtlichung des Reichsverbandes konnte der Kaiser profitieren, das kaiserliche Gericht war deutlich aufgewertet worden. Kaiser Leopold I.

(1658–1705) nutzte konsequent die Chancen, die ihm der Westfälische Frieden für eine erneuerte Reichspolitik bot. Die kaiserliche Präsenz durch zahlreiche Kommissionen – etwa bei den Wahlen in der Reichskirche – band umgekehrt die habsburgische Klientel stärker an das Reichsoberhaupt, zumal der Wiener Hof für den Reichsadel ungleich attraktiver war als die benachbarten Fürstenhöfe.

Mit dem Westfälischen Frieden hatte das Reich eine europäische Vorreiterrolle für die Beendigung der konfessionellen Bürgerkriege und für die staatsrechtliche Regelung von Mehrkonfessionalität in einem Land, in die neben Katholiken und Lutheranern jetzt auch die Calvinisten, die Reformierten, einbezogen wurden. Im zeitgenössischen Europa gab es vergleichbare stabile Regeln für ein mehrkonfessionelles Nebeneinander nur in der Schweiz, in der Republik der Vereinigten Niederlande, in Polen und in Siebenbürgen (→ KAPITEL 6.3).

Mehrkonfessionalität als Chance

Fragen und Anregungen

- Beschreiben Sie, worin die besonderen Schwierigkeiten der Durchführung des Friedenskongresses lagen.
- Wer konnte sich als Gewinner und Verlierer des Friedensschlusses fühlen?
- Bewerten Sie die Religionsbestimmungen des Westfälischen Friedens in Bezug auf ihre Tragfähigkeit.
- Nennen Sie mögliche Gründe, warum das Friedensfest in Augsburg bis heute gefeiert wird.
- Erläutern Sie die Chancen einer mehrkonfessionellen Gesellschaft.
- Recherchieren Sie Erinnerungsorte, die mit dem Dreißigjährigen Krieg in Verbindung stehen.

Lektüreempfehlungen

- Konrad Repgen (Hg.): Acta Pacis Westphalicae, Serie II, Abt. A: Die kaiserlichen Korrespondenzen, Band 1–5 (1643–1647), Münster 1969–98. *Auszug aus dem zentralen Editionsunternehmen zum Westfälischen Frieden mit den wichtigsten Schreiben des Reichsoberhaupts.*

Quellen

Forschung
- **Johannes Burkhardt / Stephanie Haberer (Hg.): Das Friedensfest. Augsburg und die Entwicklung einer neuzeitlichen Toleranz-, Friedens- und Festkultur,** Berlin 2000. *Untersuchungen zu den Friedensfesten im Umfeld von 1648 als Zeichen einer protestantischen Erinnerungskultur. Wertvoller Sammelband für die Memoria an den großen Krieg.*

- **Klaus Bußmann / Heinz Schilling (Hg.): 1648. Krieg und Frieden in Europa,** 3 Bände, Münster / Osnabrück 1998. *Katalog zur großen Jubiläumsausstellung 1998 mit umfangreichem Textteil zu allen Aspekten des Krieges und des Friedens auf dem damaligen Forschungsstand.*

- **Fritz Dickmann: Der Westfälische Frieden,** 7. Auflage Münster 1998. *Quellengestütztes Standardwerk zum Verlauf und den Ergebnissen des Friedenskongresses.*

- **Heinz Duchhardt: Der Westfälische Friede, Diplomatie – politische Zäsur – kulturelles Umfeld – Rezeptionsgeschichte,** in: Historische Zeitschrift, Beiheft 26, München 1998. *Sammelband mit einer breiten Themenpalette zum Jubiläum 1998.*

- **Volker Press: Die kaiserliche Stellung im Reich zwischen 1648 und 1740. Versuch einer Neubewertung,** in: ders., Das Alte Reich. Ausgewählte Aufsätze, hg. von Johannes Kunisch, 2. Auflage Berlin 2000, S. 189–222. *Die Studie revidiert die Auffassung der älteren Forschung von einer Machtlosigkeit des Kaisertums nach 1648 und kommt damit auch zu einer Neueinschätzung des Westfälischen Friedenssystems.*

- **Konrad Repgen: Die römische Kurie und der Westfälische Friede. Idee und Wirklichkeit des Papsttums im 16. und 17. Jahrhundert,** 2 Bände, Tübingen 1962/65. *Standardwerk über die Politik der Kurie während des Krieges und ihre Einflüsse auf die katholischen Stände im Reich.*

14 Kunst und Kultur

Abbildung 14: Musikgesellschaft (zwischen 1700 und 1750), Polen

Das Bild „Musikgesellschaft", das eine zum gemeinsamen Musizieren versammelte Familie darstellt, gehört zu einem Zyklus von insgesamt vier Bildern, auf denen sich Menschen zum gemeinsamen Spiel zusammengefunden haben. Neben der Musik handelt es sich dabei um das Karten-, das Kegel- und das Billardspiel. Hier hat sich in einem vornehmen Saal eine Familie zur Hausmusik versammelt. Der Vater spielt Spinett, die Mutter Laute und die Kinder singen nach Noten. Derartige Darstellungen des „homo ludens", des spielenden Menschen, sind bereits seit der Antike geläufig. Neben anderen Gesellschaftsspielen war das Musikstück seit dem 16. Jahrhundert ein gängiger Typus der Genremalerei. Besonders in den Niederlanden fanden diese Motive Eingang in die darstellende Kunst und sind aufschlussreiche kulturhistorische Zeugnisse für die Alltagsvergnügungen der Menschen in der Frühen Neuzeit.

Die Epoche zwischen 1500 und 1648 hat auch Impulse für Baukunst, Musik, Dichtung und Malerei erfahren, die bis in die Gegenwart hinein weiterwirken. Die Entstehung eines europäischen Kunstraumes und eines Künstlernetzes ist hierfür ebenso kennzeichnend wie die weiterhin große Bedeutung der Religion für den gesamten Kulturbereich. Kultur beschäftigt sich dabei nicht nur in einem ästhetischen Sinn mit Musik, Kunst und Literatur, sondern fragt nach ihrer Bedeutung im Alltag, nach ihrem „Sitz im Leben". Kultur umfasst Dinge und Wahrnehmungsweisen, die das Leben der Menschen strukturieren und ordnen. Diesem erweiterten Kulturbegriff, der nicht nur die Kultur der Eliten umfasst, trägt der neue, vielgliedrige Forschungsansatz der Kulturgeschichte Rechnung, der auch mit Methoden benachbarter Disziplinen den Blick auf bestehende Forschungsdefizite lenkt (Burke 2005). Dazu zählen beispielsweise die Alltagsgeschichte, die statt übergreifender Gesellschaftsstrukturen die Lebenswirklichkeit von Individuen untersucht, die Mentalitätsgeschichte (→ KAPITEL 8.4) und die Geschlechtergeschichte (→ KAPITEL 8.3). Der Sammelbegriff „Kulturgeschichte" ist indes nicht fest definiert, sondern beschreibt vielmehr „die Öffnung der Geschichtswissenschaft in Richtung auf das reichhaltige Angebot kulturwissenschaftlicher Selbstreflexion" (Daniel 2001, S. 13).

14.1 **Künste und Architektur**
14.2 **Adelskultur**
14.3 **Bürgerwelten und Bauerntum**

14.1 Künste und Architektur

Im 16. Jahrhundert begannen die Monarchen und Fürsten Europas mit dem Bau großer Schlösser zum Zwecke der Repräsentation (Escorial in Spanien, französische Loireschlösser, Heidelberger Schloss). Die neu geschaffenen Residenzen entwickelten sich schnell zu Zentren des kulturellen Lebens, da die Herrscher zahlreiche Künstler und Gelehrte um sich scharten. So waren die habsburgischen Höfe in Wien, Innsbruck und Prag auch immer Zentren der Kunst und der Wissenschaften. Bereits Kaiser Ferdinand I. richtete eine Kunstkammer ein, die sein Sohn, Maximilian II., um künstlerische und naturkundliche Kuriositätensammlungen erweiterte. Berühmt war der Hof Rudolfs II., der auf dem Hradschin in Prag im ersten Jahrzehnt des 17. Jahrhunderts einen Kreis von Alchimisten, Astrologen, Kabbalisten, aber auch angesehene Gelehrte wie Tycho Brahe, Johannes Kepler und andere Wissenschaftler um sich sammelte. Seine Sammlungen von Gemälden, Drucken und Zeichnungen waren einzigartig in Europa und regten andere Höfe zur Nachahmung an. Auch die römischen Päpste verstanden sich als große Kunstmäzene und entwickelten auf diesem Gebiet zum Teil sehr viel größere Initiativen als in der Kirchenpolitik. Der Neubau des Petersdomes in Rom war ein ambitioniertes Projekt, das seit dem 15. Jahrhundert bis weit in die Barockzeit hinein zahlreiche Architekten und Künstler anzog. Clemens VII. (1478–1534) aus der Familie Medici inszenierte den berühmten Wettstreit zwischen Raffael da Urbino (1483–1520) und Sebastiano del Piombo (1485–1547). Der Maler, Bildhauer und Architekt Michelangelo Buonarotti (1475–1564) wurde mit Arbeiten für die Medici-Familie in Florenz engagiert. Letzteren nahm auch Papst Paul III. Farnese (1468–1549) in seine Dienste und beauftragte ihn mit zahlreichen Aufgaben in Rom. Mehrere Porträts von Paul III., Kaiser Karl V. und König Franz I. von Frankreich entstammen der Hand des venezianischen Malers Tizian (um 1490–1576), der für die Entwicklung des repräsentativen Herrscherbildnisses von besonderer Bedeutung war.

Für die Baukunst, die Musik, die Dichtung und die Malerei boten Religion und Kirche einen fruchtbaren Boden. Daran änderte auch die Glaubensspaltung nichts, obwohl sich die künstlerischen Ausdrucksformen nun auch konfessionell ausdifferenzierten. Vielmehr sorgten gerade die Religionsverfolgungen für eine wachsende, wenngleich unfreiwillige Mobilität der Künstler in Europa. Es entstanden unter den Künstlern regelrechte Flüchtlingsgemeinden, etwa der Niederländer in protestantischen Territorien des Reiches. Überhaupt erfreuten sich holländische und flämische Maler einer großen Beliebtheit an europäischen Höfen und in den Städten. Vor diesem Hintergrund ist das Wirken des niederländischen Bildhauers Adriaen de Vries (1545–1626) in Augsburg und Prag zu erklären. Der kulturelle Austausch funktionierte jenseits von Konfessionsgrenzen quer durch Europa, wenn Architekturformen und künstlerische Vorstellungen aus Italien, Frankreich und den Niederlanden bis weit nach Osteuropa hinein – vielfach mit großen Zeitverschiebungen – transportiert wurden. Diese Entwicklung ist auf den universellen Charakter der Kunstvorstellungen zurückzuführen, die sich nicht national einengten. Ausgehend von der Renaissance hielten die Bewunderung der Antike und die damit verbundene Adaption klassischer Vorstellungen in der Malerei und Bildhauerei an. In der Geschichte der europäischen Kunst ist das konfessionelle Zeitalter deshalb eine der bedeutendsten Epochen, die Künstler von Weltrang wie Diego Velázquez (1599–1660) in Spanien, Gian Lorenzo Bernini (1598–1680) in Rom, Peter Paul Rubens (1577–1640) und Anthonis van Dyck (1599–1641) in Flandern sowie Rembrandt Harmenszoon van Rijn (1606–69) in Holland hervorbrachte.

Dennoch entwickelten sich durch die Glaubensspaltung spezifische Kunst- und Kulturlandschaften. Im Luthertum hielt neben den vorreformatorischen Messtexten das Kirchenlied, meist versehen mit einer Orgelbegleitung, Einzug in die Liturgie. Der neu entstandene Reichtum an Liedern und Gesängen führte auch zu einer Belebung der Chormusik und zur Gründung von Kantoreien bzw. kirchlichen Chören, die den einstimmigen Gemeindegesang im Gottesdienst durch mehrstimmiges Singen bereicherten. Der Komponist Heinrich Schütz (1585–1672) entwickelte die musikalische Form der Kirchenkantate, der Theologe Paul Gerhardt (1607–76) führte das Kirchenlied in seiner sprachlichen Gestaltung im 17. Jahrhundert zu einem Höhepunkt. Damit erweiterten sich die musikalischen Formen und Ausdrucksmöglichkeiten in den christlichen Kirchen überhaupt. Im Bereich der bildenden Kunst schufen Lucas Cranach der Ältere (1472–1553) und seine Werkstatt mit den Altären und Gemälden herausragende Zeugnisse protestantischer Frömmigkeit. Ausdruck eines neuen Liturgieverständnisses waren kunstvoll gestaltete Taufbecken und Predigtkanzeln ebenso wie die Grabmäler und Epitaphien protestantischer Bürger. Versuche zur Einführung des Gemeindegesangs im katholischen Messgottesdienst nach lutherischem Vorbild scheiterten an der strengen Normierung der lateinischen Liturgie durch das Konzil von Trient. Das Kirchenlied spielte in der katholischen Kirche als Element volkstümlicher Frömmigkeitspraxis im Haus und bei Prozessionen und Wallfahrten eine bedeutende Rolle. Hauptgattung der mehrstimmigen Musik blieb jedoch das Messordinarium.

Seit dem 17. Jahrhundert setzte sich von Italien und Spanien ausgehend der Barock im katholischen Bereich durch. Die Übergangsphase, die aus der Renaissance zu ihm hinführte, wird gewöhnlich als Manierismus bezeichnet. Im 20. Jahrhundert weitete man den Stilbegriff Barock (*barocco* = portugiesisch: unregelmäßige Perle) zum Epochenbegriff aus und verwendete ihn bevorzugt für die Kultur der Zeit zwischen 1600 und 1750. Der Barock rezipierte hellenistisches Formengut, lockerte damit die strengen klassischen Formen auf und befasste sich vor allem mit repräsentativen Aufgaben. Es waren zunächst italienische Künstler, die im 17. Jahrhundert den Barock nördlich der Alpen prägten. So wurden vor allem große Kloster- und Palastanlagen im neuen Stil erbaut, die in kunstvoll angelegten Gärten die Umgebung einbezogen und damit eine Synthese von Bauwerk und Landschaft schufen. Der Barockkatholizismus setzte bewusst ein Gegengewicht zur Bilderfeindlichkeit mancher protestantischen Kirchen. Die ornamentale Ausgestaltung der Kirchen mit prachtvollen Fresken, Stukkos und Plastiken diente der Darstellung der triumphierenden Kirche (*ecclesia triumphans*) und ihrer Heiligen. Diese Tendenz spiegelt sich auch in der europäischen Malerei eines Rubens oder der Architektur eines Bernini wider, die großen Wert auf festliche Repräsentation und kirchliches Pathos legten. Züge einer stärkeren Verinnerlichung sind dagegen in den visionären Werken El Grecos (der Grieche), wie der aus Kreta stammende Maler und Bildhauer Domínikos Theotokopoulos (1541–1614) genannt wurde, zu beobachten.

Barock

Hinsichtlich der Herrschaftsrepräsentation und ihrer künstlerischen Selbstdarstellung kamen viele geistliche Fürstenresidenzen den weltlichen nahe oder übertrafen diese sogar. Salzburg konkurrierte mit München und Wien und öffnete gerade vor und nach 1610 dem Barock den Weg von Italien in die Regionen nördlich der Alpen. Die drei rheinischen Erzbischöfe und Kurfürsten hatten ihre Hofhaltung vielfach außerhalb ihrer Kathedralstädte, der Mainzer in Aschaffenburg, der Kölner in Bonn und Arnsberg und der Trierer in Koblenz. Einige kurz vor dem Dreißigjährigen Krieg neu errichtete geistliche Residenzschlösser im Stil der Spätrenaissance bezeugen bis heute in Aschaffenburg, Bamberg, Eichstätt, Neuhaus bei Paderborn, Salzburg und Würzburg den Glanz und den Machtanspruch, den ein geist-

Geistliche Residenzen

liches Reichsfürstentum zu Beginn des 17. Jahrhunderts ausstrahlen konnte. Gerade im Falle der genannten Bischofsschlösser waren die Bauherren Niederadelige, die durch die Wahl ihrer standesgleichen Domherren zu dem fürstlichen Amt aufgestiegen waren. Jegliche fürstliche Repräsentation galt damit nicht nur der katholischen Kirche, sondern auch den die Reichskirche tragenden niederadeligen Korporationen. Rund um die geistlichen Residenzen entwickelte sich eine Sakraltopografie mit Wallfahrtskirchen, Kreuzwegen, Kapellen und Bildstöcken, die bewusst die religiösen Gefühle der Untertanen ansprachen.

Dichtkunst

In Westeuropa stand die Dichtkunst im konfessionellen Zeitalter auf einem ersten Höhepunkt (→ ASB KELLER, KAPITEL 10). Die Werke der Dichter Miguel de Cervantes (1547–1616), William Shakespeare (1564–1616) und Pedro Calderón de la Barca (1600–81) gehören ohne Zweifel zu den Klassikern der Weltliteratur. Im Reich erreichten die Barockdichter Andreas Gryphius (1616–64) und Friedrich von Logau (1605–55) eine überregionale Bedeutung. Geradezu zum Sinnbild seiner Zeit wurde Hans Jakob Christoffel von Grimmelshausen (1622–76) mit seinem Roman über den Abenteurer Simplicius Simplicissimus im Dreißigjährigen Krieg (*Der Abentheuerliche Simplicissimus Teutsch*, 1668/69). Schon bei ihm klingt die Verbindung zwischen Askese und extremer Sinnenlust an, die der Barockdichtung zu eigen ist. Gleichzeitig spiegelt sich darin eine neue Innerlichkeit wider, die auch in der geistlichen Dichtung aufscheint. In Spanien hat die Mystik des Karmeliters Johannes vom Kreuz (1542–91) oder einer Teresa von Avila (1515–82) eine ausdrucksstarke Sprache gefunden. Bis weit in die Kreise der Pariser Gesellschaft hinein wirkte der französische Mystiker Franz von Sales (1567–1622). Die Subjektivität religiöser Gedanken und Anschauungen ist ebenso ein Kennzeichen der deutschen Barockpoesie eines Angelus Silesius (1624–77) und Friedrich von Spee (1591–1635). Mit seiner Lyrik erregte der Lutheraner Johann Arnd (1555–1621) den Argwohn seiner eigenen Landeskirche, weil er darin dem praktizierten Glauben den Vorrang vor dem formalen Bekenntnis einräumte.

Musik

Nicht nur im kirchlichen Bereich erlebte die Musik eine Glanzzeit. Sie hatte ihren festen Platz in allen Regionen und Bevölkerungsschichten. Fürsten und größere Städte hielten sich Sänger, Chöre und Instrumentalisten. Selbst in den Notzeiten des Dreißigjährigen Krieges fanden musikalische Vorführungen in den fürstlichen Residenzen und größere Musikfeste selbst in kleineren Städten wie Gotha statt. Die führende Rolle in der Musik nahm im konfessionellen Zeitalter

Italien ein. Hier wirkten die berühmten Komponisten, Sänger und Instrumentenbauer, die man anderswo nachzuahmen strebte. In Florenz entstand die moderne Form der Oper, die in der Folgezeit ihren Siegeszug durch das übrige Europa antrat. In Wien wurde sie 1629 eingeführt, während kurze Zeit später Venedig 1637 schon das erste Opernhaus baute. Schufen die Deutschen neue Kompositionsformen in der Kirchenmusik, so taten sich die Franzosen besonders bei der Entwicklung verschiedener Tanztypen und des Balletts hervor. Die Einsatzmöglichkeiten für Musiker waren vielfältigster Art, wenngleich oft schichtenspezifisch: Trompeter wurden an allen europäischen Höfen zur Repräsentation eingesetzt, in bürgerlichen Salons war der Spinettspieler zu Hause, während fahrende Spielleute in den Dörfern für Unterhaltung sorgten.

Oper

14.2 Adelskultur

Die Kultur und die Lebensweisen des Adels äußerten sich vielgestaltig, wenngleich in der Ständegesellschaft alle Ausdrucksformen der Standesgemäßheit in Anspruch, Recht und Zeremonien folgen mussten. Adeliges Selbstverständnis äußerte sich als Teil einer Herrschaftskultur, die sich fundamental von der Kultur großer Bevölkerungskreise unterschied und unterscheiden wollte. Hoher und niederer Adel (→ KAPITEL 7.1) verband die Distanzierung zum Bürgertum – eine typische Abwehrhaltung des Adels. Als Standessymbol trugen die Adligen Degen oder Schwert. Der Fürstenhof bot vielfältige Möglichkeiten für die Berufsausübung und den adeligen Zeitvertreib und entwickelte sich dadurch zum Ort der Integration. Wegen der damit verbundenen Karrieremöglichkeiten besaß der habsburgische Kaiserhof eine hohe Attraktivität. Doch auch die Dienste auswärtiger Monarchen wurden gerne angenommen, zumal der Dienst an den europäischen Fürstenhöfen oftmals besser entlohnt wurde. Dennoch gehörten gerade die Untätigkeit, der Müßiggang und der Zeitvertreib zu den streng gehüteten Privilegien des Adels und sorgte für die Ausbildung einer spezifischen Standeskultur, die sich im Trinken und Spiel, in Jagd und Turnier sowie anderen Geselligkeiten erschöpfte. Meist blieb man dabei unter sich, wenngleich sich mancher Adeliger bisweilen auf Stadt- und Volksfeste ‚verirrte'.

Lebensweisen des Adels

Die Jagd gehörte zu den beliebtesten Unterhaltungen und Privilegien des Adels. Die dafür notwendigen Fähigkeiten wie Ausdauer und Geschick galten als wichtige Herrschertugenden und wurden

Jagd

deshalb schon bei der Erziehung eingeübt. Da die Jagd der bevorzugte Zeitvertreib bei Hofe war, hatten die meisten spanischen Königsresidenzen ihren Ursprung in Jagdsitzen oder standen mit solchen in Verbindung. Der Jagdleidenschaft frönten mitunter auch Frauen, auch wenn dieser Umstand nicht immer als „ziemlich" (= anständig) empfunden wurde. Maria von Ungarn (1505–58), die Schwester Karls V. und Ferdinands I., stellte mit ihren Reitkünsten manchen Zeitgenossen in den Schatten, weshalb die niederländische Regentin verschiedentlich als „Mannweib" verunglimpft wurde. Sprichwörtlich wurden die Pracht und der Pomp ihrer Feste, Bankette und Bälle, die sie in den Niederlanden organisierte. Die Tierliebhaberei, die sich vornehmlich auf Pferde, Hunde und eventuell auf exotische Lebewesen bezog, ging oft mit der Jagdleidenschaft einher.

Turnier Neben den aufwendigen Jagdgesellschaften zählten Ritterturniere zu den spektakulärsten Freizeitvergnügungen des europäischen Adels. In Spanien wurde die auf die Mauren zurückgehende Tradition von öffentlichen Schaukämpfen am Hof Kaiser Karls V. gerne gepflegt. Die Darstellung der Herrscher in zeremonieller Tracht mit prunkvoller Rüstung war bei Turnieren ebenso wie bei Triumphzügen üblich. Dies waren wichtige Bestandteile der burgundischen Hofkultur, die sich in besonderer Weise dem ritterlichen Wertekanon verpflichtet fühlte.

Geselligkeiten Die Kurzweil bei Geselligkeiten war mitunter derb und primitiv. Tanz, Trunk, Bankett und Spiel arteten oft in wüste Schlägereien und sogar tödliche Auseinandersetzungen aus. Ungezügelt zeigte sich der Adel auch in seinem sexuellen Verhalten. Der Spiritualist Sebastian Franck (1500–42) nannte prägnant „Ehebrechen und Jungfrauen schänden das tägliche Handwerk derer vom Adel", wie er generell beklagte, dass diesen adligen Verhaltensweisen jedes soziale Ethos fehle. Hierin unterschieden sich die Fürsten, auch die geistlichen unter ihnen, nur wenig vom ritterschaftlichen Adel. Das Hofpersonal und die Bürgerstöchter hatten darunter ebenso zu leiden wie Damen von höherem Stande und Konkubinen. Hofveranstaltungen und Feiern, besonders Kostümfeste und sonstige „Mummereien", waren der Ort derartiger Lustbarkeiten. Weit verbreitet war auch der unmäßige Umgang mit Alkohol, der manchen Adligen früh ins Grab brachte, wie Herzog Eberhard (1545–68), den Sohn Herzog Christophs von Württemberg, der bereits in jungen Jahren einer hemmungslosen Trunksucht frönte. Dasselbe Laster brachte seinem Standeskollegen Georg dem Bärtigen von Sachsen (1471–1539) den bezeichnenden Namen „Bierjörgl" ein. Es zählt zu den Charakteristika des damaligen Herrscherbildes, dass sich derartige Exzesse und persönliche Frömmigkeit durchaus vereinbaren ließen.

Im Gegensatz dazu stand die peinliche Beachtung aller Normen, die man für die Standesehre als notwendig erachtete. Das Standesbewusstsein des Adels gründete sich auf die Abkunft von erlauchten Ahnen, die man möglichst weit zurückzuverfolgen suchte. Fiktive Stammbäume reichten manchmal bis in die Kaisergeschlechter des Mittelalters oder sogar in die römische Antike zurück, um den hohen Stand des eigenen Geschlechts zu begründen. Deshalb wurde auf die korrekte Anrede besonderer Wert gelegt und Verstöße dagegen zuweilen streng bestraft. Die Standesgrenzen wurden innerhalb des Adels beim Konnubium (Heiratskreis) genau beachtet und sorgten für soziale Abgrenzung. Allerdings öffneten sich die Standesgrenzen nach unten für die nicht selten stattliche außereheliche Nachkommenschaft, die ebenso wie die Kinder aus nicht ebenbürtigen Ehen im rangniederen Adel aufgingen oder ins Bürgertum einheiraten mussten. Eine solche Lösung kam auch in Betracht, wenn durch eine entsprechende Geldheirat eine momentane finanzielle Notsituation überbrückt werden konnte.

Standesbewusstsein

Zu den Standesgepflogenheiten gehörte das korrekte Auftreten, sei es am Fürstenhof, beim Empfang auswärtiger Herrschaften oder bei feierlichen Einritten zum Reichstag. Hier wurden mitunter ein solch großer Luxus und eine solche Pracht an den Tag gelegt, dass sich einzelne Herren zutiefst verschuldeten. Auch auf den Kavalierstouren durch Europa sah sich mancher junge Adlige zu seiner standesgemäßen Repräsentation dazu gezwungen, Unsummen von Geld zu vergeuden. Dies galt auch für adelige Studenten, die sich auf die geistliche Laufbahn vorbereiteten. So wird von Otto Truchsess von Waldburg (1514–73), dem späteren Kardinal und Fürstbischof von Augsburg, berichtet, dass er in Pavia etliche Tausend Gulden verbraucht habe. Zwar wurde eine derartige Verschwendung schon von den Zeitgenossen immer wieder kritisiert, doch dokumentierte der Adel gerade damit das Vorrecht seines Standes. Um seine herausgehobene Stellung zu zeigen, wurde der Rang und die Würde mit besonders kostbaren und teuren Kleidern öffentlich zur Schau gestellt. Sie waren aus den teuersten und edelsten Stoffen, etwa aus Samt, Damast und Seide, gefertigt und oft mit Schmuck und anderem Zierrat versehen. Dass sie darüber hinaus meist – beispielsweise durch enge Korsette bei den Damen – äußerst unbequem, mitunter sogar ungesund waren, änderte daran nichts.

Standesgepflogenheiten

Kleider

Die adeligen Obrigkeiten strebten danach, ihre Herrschaft durch Feiern und festliche Umzüge zu dokumentieren. Seit dem 15. Jahr-

Feste und Feiern

hundert taucht in der Ikonografie das Motiv des klassisch-antiken Triumphzuges auf. Ausgehend von Italien entstand mit dem prunkvollen Einzug des Fürsten in die Stadt, dem *adventus*, eine neue Form des Festes. Die Standesehre verlangte bei Festen, Hochzeiten, Kindstaufen und Leichenfeiern einen gewissen Aufwand an Repräsentation. Die Teilnehmer an solchen Feierlichkeiten registrierten sehr genau die Kostbarkeit der Kleider und Geschenke, die Dauer des Festes, die Üppigkeit der Speisen und Getränke, die Zahl und die Abfolge der Speisen sowie die Anzahl der Teilnehmer und ihres Gefolges. Eher selten war die Einbeziehung der Untertanen in Form eines Volksfestes, wenngleich sich derartige Feiern einer großen Beliebtheit in der Bevölkerung erfreuten. Im 17. Jahrhundert waren die Feste Teil der repräsentativen Öffentlichkeit, mittels derer sich die Herrschaft nach außen inszenierte und in der sich die herrschende politische und soziale Ordnung abbildete.

14.3 Bürgerwelten und Bauerntum

Stifter und Mäzene

Stifter und Mäzene gab es nicht nur unter den Monarchen und Fürsten Europas, sondern auch im städtischen Milieu. Wohlhabende Bürger gaben Sakralkunst in Auftrag, errichteten prunkvolle Häuser und legten wertvolle Kunstsammlungen an. Die Zentren des Kunsthandels befanden sich größtenteils in den Städten, in denen auch die Wirtschaftsverbindungen zusammenliefen und die Messen abgehalten wurden. Der Stolz der Städte wie Nürnberg und Augsburg drückte sich in prachtvollen Rathausbauten aus, die den Reichtum der Bürger widerspiegelten. Privat leisteten sich die großen Kaufherrengeschlechter ebenfalls einen enormen Luxus. Über ihre Stiftungen haben sie oftmals weit über ihr eigenes Leben hinaus weitergewirkt. Nicht selten zeigte mancher Kaufmann im täglichen Leben eine Großzügigkeit, die so gar nicht dem Bild entsprach, das etwa ein Erasmus von Rotterdam von den städtischen Geizhälsen zeichnete. Der Maler Albrecht Dürer (1471–1528) wurde auf seiner niederländischen Reise fortlaufend von den Handelsträgern der großen Nürnberger Familien eingeladen, die sich überhaupt als Mäzene der Kunst verstanden und damit teilweise adeliges Verhalten imitierten.

Zünfte

Selbst die städtischen Handwerker kümmerten sich um das Kunstschaffen, umgekehrt galt auch die Kunst als ein Handwerk. Jede Zunft hatte einen besonderen Platz im politischen und kirchlichen Gefüge der Stadt und verfügte über kunstvoll ausgestattete Zunftkapellen. Die Zünfte bauten sich eigens besondere Häuser zur Pflege der Geselligkeit, für Bälle, Feste und Bankette. Zur gängigen Feierabend- und Feiertagsbeschäftigung gehörten allerlei Volksbelustigungen: Vogel- und Scheibenschießen, sportähnliche Wettkämpfe, Jahrmarktsveranstaltungen, Kirchweihfeste und vieles mehr. Dazu kamen im städtischen Leben noch die großen allgemeinen Anlässe, bei denen die Zünfte für sich oder das ganze Handwerk geschlossen auftraten, gewöhnlich bei repräsentativen Aufzügen, kirchlichen Anlässen wie dem Fronleichnamsfest in katholischen Städten oder Aufmärschen der gesamten Bürgerschaft. Fahnentänze, Feuerwerk, Stechwettkämpfe auf dem Wasser oder Laufrennen gehörten zum Repertoire zünftischer Unterhaltung und boten der Stadtbevölkerung häufig ein willkommenes Schauspiel.

Städtisches Leben

Das Handwerk erreichte im 16. Jahrhundert in Bezug auf Erfindungsreichtum wie auf Herstellungsfertigkeit einen hohen Stand. Schlösser, Uhren, Waagen und Messgeräte waren von einer technisch hochwertigen Qualität. Manche Anregungen aus Italien, Burgund und den Niederlanden fanden Eingang in die Arbeit der deutschen Künstler. Die meisten Handwerker, die mit Schmuck, Dekorationen und dem Bauwesen zu tun hatten – die Goldschmiede, Zinngießer, Maler, Schnitzer, Steinmetze und Baumeister –, waren nach unseren heutigen Begriffen Künstler und fühlten sich auch als solche. Manche wuchsen darüber hinaus und wurden wie Hans Holbein der Jüngere (1497–1543) Hofmaler. Dennoch stammten sie alle dem Ausbildungsgang wie dem sozialen Milieu nach aus dem städtischen Gewerbe.

Handwerk

Die Kommunen selbst traten als Auftraggeber und Stifter in Erscheinung. Doch neben den großen kirchlichen Aufträgen zum Bau von Kirchen und Kapellen, Altären, Glasfenstern, Skulpturen und Reliquienschreinen spielten die städtischen Profanbauten eine wichtige Rolle. Die Korn- und Kaufhäuser, Bürgerhäuser, Brücken, Tore und Mauern mussten gebaut und instandgehalten werden; oft waren sie kunstvoll mit Zierrat verkleidet und ausgeschmückt. Daneben gab es immer einen privaten Markt für Kunsthandwerk und Baumeister durch Stiftungen einzelner wohlhabender Stadtbürger, die den Kirchen Altäre, Messgewänder, Sakramentshäuschen, Kruzifixe und vieles mehr zukommen ließen. So gewannen viele Kirchen einen gewaltigen Schatz an Kultgegenständen und Devotionalien, die zum ungeheuren Reichtum der Kirchen im Reformationszeitalter beitrugen. Mit dem Buchdruck erweiterte sich das Aufgabenfeld der städtischen Künstler erneut, die prachtvolle Ausgaben für den Buchmarkt und die Bibliotheken schufen, die allmählich aufgebaut wurden.

Auftraggeber und Stifter

Inter arma silent musae (Im Krieg ruhen die Künste) – dieses an Cicero angelehnte, geflügelte Wort gilt nur bedingt. Zwar gab es durch den Krieg bedingte Zerstörungen und Verwüstungen großartiger Bauwerke und Kunstgegenstände in Prag, Magdeburg und Heidelberg; ebenso Verluste durch die im Krieg verschleppten und dann verloren gegangenen Kunstwerke. Dennoch kam die Kunsttätigkeit nicht überall zum Erliegen, ja erlebte zum Teil einen großen Aufschwung. In den großen Städten kam es mitten im Krieg zu einer wirtschaftlichen und kulturellen Blüte. Hier sind neben Nürnberg, Straßburg und Hamburg vor allem die Metropolen im alten deutschen Sprachraum des Ostens zu nennen – Breslau, in dem ansonsten vom Krieg und seinen Folgen hart mitgenommenen Schlesien, sowie Danzig und Königsberg, die außerhalb der Kriegsgebiete lagen. Hier konnten Kaufleute und Handwerker weitgehend unbehindert ihren Geschäften nachgehen und von den Erfordernissen der Kriegswirtschaft profitieren. Doch selbst in einer hart betroffenen Kriegszone wie dem Elsass kam die Kultur nicht zum Erliegen.

In die Zeit des Krieges fallen auch die Anfänge der Bemühungen um die deutsche Volkssprache. Um systematische Diskussionen führen zu können, wurden von Adligen und Gelehrten Gesellschaften gegründet, die seit dem 19. Jahrhundert Sprachgesellschaften genannt werden. In Italien hatte sich in Florenz schon seit 1582 die *Accademia della Crusca* mit der Pflege der italienischen Sprache befasst. Die von Jesajas Rumpler 1633 in Straßburg gestiftete *Aufrichtige Tannengesellschaft* vertrat das Streben nach Reinheit der Muttersprache, überhaupt das Interesse an deutscher Sprache. Sie lehnte sich an das Muster der berühmten Fruchtbringenden Gesellschaft an, die 1617 von Fürst Ludwig von Anhalt-Köthen gegründet worden war. Aus ihren Reihen bemühte sich Georg Schottel (1612–76) um die Grammatik und wollte in einer ausführlichen Arbeit die Urtümlichkeit der deutschen Sprache beweisen. Diese Bemühungen sind Ausdruck eines deutschen Patriotismus, der sich gegen die fremden Sprachen und Kultureinflüsse in der Zeit des Dreißigjährigen Krieges wandte. Ein ähnliches Anliegen vertrat der *Löbliche Hirten- und Blumenorden an der Pegnitz*, der 1642 in der Reichsstadt Nürnberg gegründet worden war. Sie alle bildeten die Vorläufer für die zahlreichen Akademiegründungen, die dann in der Mitte des 17. Jahrhunderts einsetzten.

Trotz der Glaubensspaltung blieben die Festtage der bäuerlichen Bevölkerungskreise noch überwiegend in einen klar strukturierten religiösen Bezugsrahmen eingebunden. Der straffe Rhythmus des Kirchenjahres gab die Zeit der Arbeit ebenso vor wie die festlich begangenen Zeiten der Nichtarbeit. Wallfahrten und Pilgerreisen waren darüber hinaus oftmals die einzige Möglichkeit, den strengen Arbeitsverhältnissen zumindest eine gewisse Zeit lang zu entkommen. Ihre Abschaffung sowie der Verlust zahlreicher Marien- und Heiligenfeste führten in evangelischen Regionen zu einer deutlich höheren Arbeitsbelastung für die Untertanen. Eine spiegelbildliche Form des adeligen Festes stellte das Volksfest dar, in dem sich die spezifischen kollektiven Bedürfnisse nach Gemeinschaft und Teilhabe am öffentlichen Leben artikulierten. In fest umgrenzten Ritualen kam es zur vorübergehenden Aufhebung oder zur Umkehrung der sozialen Ordnung. Feste wie der Karneval wurden zwar von der staatlichen Obrigkeit und der Kirche bisweilen scharf kritisiert, erlaubten jedoch die Bestätigung der geltenden Normen durch ihre rituelle Verletzung.

Lange Zeit wurde die Frage kontrovers diskutiert, ob es eine „Volkskultur" in Abgrenzung zur „Elitenkultur" gegeben habe. Eine strikte Trennung beider Bereiche wird heute überwiegend abgelehnt. Stattdessen ist deutlich geworden, dass selbst die unterbäuerlichen Schichten und gesellschaftlichen Randgruppen an der kirchlich geprägten Kultur der Ständegesellschaft partizipierten, wenngleich in einem unterschiedlichen Ausmaß, der vom Grad ihrer Bildung abhing. Die Lesefähigkeit war hier das entscheidende Abgrenzungsmerkmal. Trotz aller Unterschiede ist es aber nicht zur Ausbildung einer Opposition oder gar Konkurrenz zwischen beiden Schichten gekommen. Erst im Zeitalter der Aufklärung wurden die religiösen Lebensformen der Unterschichten von den Eliten als nicht mehr zeitgemäß, abschätzig als „Volkskultur", diskreditiert. Doch hielten diese breiten Bevölkerungsschichten an ihren Anschauungen, Gewohnheiten, Denk- und Verhaltensweisen fest und verteidigten sie ebenso wie ein reichhaltiges Brauchtum vehement gegen alle Kritik (→ ASB MEYER, KAPITEL 9.3). Religion und Sitte blieben deshalb in ihren älteren Schichten auf dem Lande präsent und prägten das Leben der bäuerlichen Bevölkerung nachhaltig. Gerade in der Bewahrung der traditionalen Vorstellungswelten, nicht in der Abgrenzung zur Elitenkultur, liegt deshalb das Spezifikum einer Volkskultur in der Frühen Neuzeit (von Friedeburg 2000, S. 24).

Volkskultur

Fragen und Anregungen

- Nennen Sie herausragende Leistungen auf dem Gebiet der Kunst und Kultur im 16. Jahrhundert.
- Stellen Sie dar, welche Rolle die Konfessionen für die Herausbildung des europäischen Kulturraumes spielten.
- Worin lagen die Vorrechte des Adels?
- Erläutern Sie, warum Feste und Feiern öffentlich inszeniert wurden.
- Kann man in der Frühen Neuzeit von einer Volkskultur sprechen?

Lektüreempfehlungen

Forschung

- Richard van Dülmen: Kultur und Alltag in der Frühen Neuzeit, 3 Bände, München 1990–94. *Standardwerk zum Thema mit Lexikoncharakter.*
- Robert von Friedeburg: Lebenswelt und Kultur der unterständischen Schichten in der Frühen Neuzeit, München 2000. *Beschäftigt sich ausführlich mit dem Alltag der gesellschaftlichen Randgruppen.*
- Achim Landwehr / Stefanie Stockhorst: Einführung in die europäische Kulturgeschichte, Paderborn u. a. 2004. *Zum Einstieg in die wissenschaftliche Beschäftigung geeignetes Buch, weil es Theorie und Darstellung verbindet.*
- Roy Strong: Feste der Renaissance 1450–1650. Kunst als Instrument der Macht, Freiburg i. Br. 1991. *Umfangreiche Darstellung zahlreicher Lustbarkeiten und Festivitäten an der Wende zur Neuzeit. Stark erzählender Charakter.*
- Ernst Walter Zeeden: Deutsche Kultur in der frühen Neuzeit, Frankfurt a. M. 1968. *Ältere, aber nützliche Darstellung mit vielen Beispielen.*

15 Serviceteil

15.1 Einführungen, Quellenkunde, Bibliografien

Einführungen

- Winfried Schulze: Einführung in die Neuere Geschichte, 4. Auflage Stuttgart 2002. *Übersichtliche Einführung in das Studium der Neueren Geschichte, in der die These von der breiten Epochenschwelle erläutert wird.* — Allgemein
- Luise Schorn-Schütte: Geschichte Europas in der Frühen Neuzeit. Studienhandbuch 1500–1789, Paderborn u. a. 2009. *Neben den sozialen Strukturen und den kulturellen und politischen Entwicklungen in Europa wird ein Überblick zu den Kolonialreichen in Übersee gegeben.*
- Stefan Ehrenpreis / Ute Lotz-Heumann: Reformation und konfessionelles Zeitalter, Darmstadt 2002. *Bietet einen Überblick über neueste Forschungskontroversen, auch über Periodisierungsfragen.* — Forschungskontroversen
- Hans-Jürgen Goertz (Hg.): Geschichte. Ein Grundkurs, Reinbek bei Hamburg 1998. *Bietet nicht nur eine Einführung in das Geschichtsstudium, sondern erörtert in mehreren Beiträgen Fragen der Einteilung und Periodisierung.* — Methodik
- Birgit Emich: Geschichte der Frühen Neuzeit studieren, Konstanz 2006. *Die Einführung zu Methodik und Forschungsgeschichte der Geschichtswissenschaft wird durch die Behandlung studienpraktischer Fragen und eine Hinführung zum wissenschaftlichen Arbeiten ergänzt.*
- Volker Sellin: Einführung in die Geschichtswissenschaft, 3. Auflage Göttingen 2005. *Einführung in Geschichtstheorie, methodische Grundfragen und Teildisziplinen der Geschichtswissenschaft.*

Archivalische Quellen und Hilfswissenschaften

- Friedrich Beck / Eckart Henning (Hg.): Die archivalischen Quellen. Mit einer Einführung in die Historischen Hilfswissenschaften, 4. Auflage Köln u. a. 2004. *Liefert eine Systematisierung der archivalischen Quellen und stellt die historischen Hilfswissenschaften vor.* — Hilfswissenschaften

SERVICETEIL

Aktenkunde
- Michael Hochedlinger: Aktenkunde. Urkunden- und Aktenlehre der Neuzeit, Köln 2009. *Neben einer wissenschaftsgeschichtlichen Einleitung werden Archivalientypen und Überlieferungsformen vorgestellt, aber auch anhand einer beiliegenden CD-ROM zahlreiche Übungsbeispiele angeboten.*

- Hans Wilhelm Eckardt / Gabriele Stüber / Thomas Trumpp: Paläographie, archivalische Textsorten, Aktenkunde. „Thund kund und zu wissen jedermänniglich", Neustadt an der Aisch 2005. *Bietet ebenfalls einen Einstieg in die Aktenkunde, ist allerdings in erster Linie ein Übungsbuch mit paläografischem Schwerpunkt.*

Bildquellen
- Peter Burke: Augenzeugenschaft. Bilder als historische Quellen, Berlin 2003. *Vor allem anhand von europäischen Kunstwerken der Neuzeit werden die Grundzüge der historischen Bildforschung herausgearbeitet.*

Atlanten
- Friedrich Wilhelm Putzger: Historischer Weltatlas, 103. Auflage Berlin 2002. *Ursprünglich als historischer Schulatlas konzipiert, ist das in zahlreichen Auflagen und Nachdrucken erschienene Werk die erste Informationsquelle bei Fragen zur historisch-politischen Geografie.*

- Josef Engel / Ernst Walter Zeeden (Hg.): Großer Historischer Weltatlas,
  - Band 3: Neuzeit, 4. Auflage München 1981;
  - Ergänzungsband: Ernst Walter Zeeden (Hg.): Großer Historischer Weltatlas, Band 3: Neuzeit. Erläuterungen, München 1984.

  Gemeinsam mit dem gut belegten Erläuterungsband ist dieser Atlas ein unverzichtbares Hilfsmittel der Politikgeschichte.

- Hubert Jedin u. a. (Hg.): Atlas zur Kirchengeschichte. Die christlichen Kirchen in Geschichte und Gegenwart, 3. Auflage Freiburg i. Br. u. a. 1988. *Ökumenisch angelegtes, kommentiertes Kartenwerk zur gesamten Kirchengeschichte, das durch Tabellen zur Verwaltungsgliederung und Schemata zu Kirchenverfassungen ergänzt wird.*

- Erwin Gatz (Hg.): Atlas zur Kirche in Geschichte und Gegenwart. Heiliges Römisches Reich, Deutschsprachige Länder, Regensburg 2009. *Ausführlich kommentierte Karten der Bistümer, Hochstifte und Bischofsstädte des Alten Reiches.*

Fachbibliografien für das Studium der Neueren Geschichte

Fachbibliografien sind in der Praxis des Geschichtsstudiums ein wichtiges Hilfsmittel bei der Literatur- und Quellensuche. Diese Nachschlagewerke sind nach fachspezifischen Gesichtspunkten aufgebaut und umfassen Veröffentlichungen aller Art. Register erleichtern die Suche. Bearbeiter und Herausgeber sind meistens Bibliotheken, Fachverbände oder Wissenschaftsinstitutionen.

- **Winfried Baumgart: Bücherverzeichnis zur deutschen Geschichte. Hilfsmittel, Handbücher, Quellen, 15. Auflage München 2003.** *Umfassendes bibliografisches Nachschlagewerk zur deutschen Geschichte, das die wichtigen Bibliografien, Lexika, Biografien, Handbücher, Quellenkunden und Quellenveröffentlichungen enthält.* — Bücherverzeichnis

- **Winfried Baumgart (Hg.): Quellenkunde zur deutschen Geschichte der Neuzeit von 1500 bis zur Gegenwart, 6 Bände, Darmstadt 1977ff.** *Umfassendes Überblickswerk zu den Quellen der deutschen und europäischen Geschichte, den internationalen Beziehungen, der Sozial- und Wirtschaftsgeschichte, zum politischen und gelehrten Denken, zur katholischen, lutherischen und reformierten Kirchengeschichte und zu persönlichen Lebenszeugnissen von Kaisern, Königen, Fürsten, Beamten, Offizieren, Geistlichen, Chronisten, Gelehrten, Künstlern und Tagebuchautoren. Zum konfessionellen Zeitalter:* — Quellenkunde
  - Band 1: Winfried Dotzauer (Bearb.): Das Zeitalter der Glaubensspaltung (1500–1618), Darmstadt 1987;
  - Band 2: Winfried Becker (Bearb.): Dreißigjähriger Krieg und Zeitalter Ludwigs XIV. (1618–1715), Darmstadt 1995.

  Eine überarbeitete Fassung dieser Quellenkunde ist auf CD-ROM sowie online über einen lizenzierten Zugang der jeweiligen Universität möglich.

- **Herbert Geuss / Hermann Heimpel (Hg.): Dahlmann-Waitz. Quellenkunde der deutschen Geschichte. Bibliographie der Quellen und Literatur zur deutschen Geschichte, 12 Bände, 10. Auflage Stuttgart 1969–99.** *Bände 1–4: allgemeiner Teil mit „Geschichte als Wissenschaft", „Quellenkunde", „Einzelgebiete geschichtlichen Lebens", „Allgemeine und politische Geschichte"; Bände 5–8: Abschnitte nach Epochen gegliedert; Bände 9–11: Register; Band 12: Wegweiser und Hilfen zur Benutzung.*

SERVICETEIL

Bibliografien
- **Historische Bibliographie,** hg. von der Arbeitsgemeinschaft Historischer Forschungseinrichtungen in der Bundesrepublik Deutschland, München 1987ff. **Historische Bibliographie Online,** Web-Adresse: www.oldenbourg.de/verlag/ahf. *Die Historische Bibliographie ist eine Beilage zur „Historischen Zeitschrift" mit einem allgemeinen Teil (Geschichte als Wissenschaft; Sammelwerke, Festschriften, Gedenkschriften; Quellenkunde; Allgemeines) und einem chronologisch-systematischen Teil (zum Beispiel „Europäische Welt" oder zur Neuzeit „Reformation und Gegenreformation" und „Absolutismus und Aufklärung").*
- **Jahresberichte für Deutsche Geschichte [JDG],** hg. von der Berlin-Brandenburgischen Akademie der Wissenschaften, Berlin 1925ff., Web-Adresse: http://jdg.bbaw.de/cgi-bin/jdg. *Empfehlenswert, da mehrfach übersichtlich untergliedert, sowohl epochal als auch thematisch.*

Bibliografien der Bibliografien

- Helmut Allischewski: Bibliographienkunde. Ein Lehrbuch mit Beschreibungen von mehr als 300 Druckschriftenverzeichnissen und allgemeinen Nachschlagewerken, 2. Auflage Wiesbaden 1986. *Gibt einen Einblick in die vorhandenen Bibliografien und Hinweise für ihre Benutzung.*
- Theodore Besterman: A World Bibliography of Bibliographies and Bibliographical Catalogues, Calendars, Abstracts, Digests, Indexes and the like, 5 Bände, 4. Auflage Lausanne 1965/66, Nachdruck München 1971. *Umfassendes internationales Bibliografienverzeichnis mit etwa 60000 Titeleinträgen und alphabetischem Registerband.*

Deutsche Nationalbibliografien

Nationalbibliografien sind meist Auswahlbibliografien, die alle Sachgebiete beinhalten und die gesamte Literatur eines Landes oder Sprachgebietes umfassen. Bearbeitet und veröffentlicht werden diese Nachschlagewerke von einer Nationalbibliothek oder einer vergleichbaren Institution, die das in den meisten Ländern gesetzlich vorgeschriebene Pflichtexemplar jeder Neuerscheinung erhalten. In Deutschland setzt sich das sogenannte nationalbibliografische System aus verschiedenen bibliografischen Nachschlagewerken zusammen: Die bedeutendsten und umfangreichsten sind das *Gesamtverzeichnis des deutschsprachigen Schrifttums 1700–1910* bzw. *1911–1965*, die *Deutsche Nationalbibliographie*, das *Deutsche Bücherverzeichnis* und die *Deutsche Bibliographie*. Vergleichbare Nationalbibliografien liegen auch für viele andere Länder vor.

- Verzeichnis der im deutschen Sprachbereich erschienenen Drucke des 16. Jahrhunderts [VD 16], Web-Adresse: www.vd16.de. *Rückblickend erstellte Nationalbibliografie, die online laufend ergänzt wird.*   _{Online}

- Verzeichnis der im deutschen Sprachraum erschienenen Drucke des 17. Jahrhunderts [VD 17], Web-Adresse: www.vd17.de. *Fortsetzung des VD 16. Eine Fortführung für das 18. Jahrhundert wird derzeit vorgenommen.*

- Gesamtverzeichnis des deutschsprachigen Schrifttums 1700–1910 [GV], 161 Bände, München 1979–87. *Zusammengetragen aus 178 bibliografischen Quellen.*   _{Gesamtverzeichnisse}

- Gesamtverzeichnis des deutschsprachigen Schrifttums 1911–1965 [GV]. *Versuch einer Erfassung aller Veröffentlichungen des deutschsprachigen Schrifttums in diesem Zeitraum mit etwa zwei Millionen Einträgen, die nach Titeln und Verfassern geordnet sind.*

- Deutsche Nationalbibliographie und Bibliographie des im Ausland erschienenen Schrifttums, Reihe A–C ohne Bandzählung, Leipzig 1946–91. *Erfassung aller deutschsprachigen Veröffentlichungen durch die Deutsche Bücherei in der DDR.*

- Deutsches Bücherverzeichnis [DBV]. *Eine Zusammenstellung der im deutschen Buchhandel erschienenen Bücher, Zeitschriften und Landkarten*, 22 Bände, Leipzig 1916–42. *Fünfjahresverzeichnisse der deutschsprachigen Veröffentlichungen.*   _{Deutsche Bücherverzeichnisse}

- Deutsches Bücherverzeichnis [DBV]. *Verzeichnis der in Deutschland, Österreich, der Schweiz und im übrigen Ausland herausgegebenen deutschsprachigen Verlagsschriften*, Bände 23–90, Leipzig 1963–90. *Fortsetzung des Deutschen Bücherverzeichnisses.*

- Deutsche Bibliographie, 1947ff. *Mehrere Reihen nach Veröffentlichungsarten und Verzeichnisstufen (Wöchentliches Verzeichnis, Halbjahresverzeichnis seit 1951, Fünfjahresverzeichnis seit 1953), Nationalbibliografie für BRD/DDR, in den Mehrjahreszusammenfassungen auch für Österreich und die deutschsprachige Schweiz.*

SERVICETEIL

Zeitschriftenbibliografien

Zeitschriften
- Historical Abstracts. Web-Adresse: http://ebscohost.com. *Internationale Bibliografie zu Monografien sowie Artikeln aus Zeitschriften und Sammelbänden zu historischen Themen ab 1450. Ein lizenzierter Zugang ist in vielen Universitätsnetzen über das Datenbank-Informationssystem „DBIS" (Web-Adresse: www.bibliothek.uni-regensburg.de/dbinfo) möglich.*

- Internationale Bibliographie der Zeitschriftenliteratur [IBZ], Osnabrück 1948ff., Web-Adresse: http://gso.gbv.de. *Auf internationaler Ebene wichtigste Zeitschriftenbibliografie, für die mehr als 10 000 Zeitschriftentitel ausgewertet werden.*

Rezensionen
- Internationale Bibliographie der Rezensionen wissenschaftlicher Literatur [IBR], Osnabrück 1971ff. *Interdisziplinäre Bibliografie aller Rezensionen über Monografien und Serienveröffentlichungen aus der Zeitschriftenliteratur.*

15.2 Lexika

Lexika dienen bei der wissenschaftlichen Arbeit einem ersten Überblick und dem Gesamtzusammenhang des zu bearbeitenden Themas. Lexika lassen sich in Nachschlagewerke mit umfangreichen Darstellungen und Nachschlagewerke mit kurzen Begriffserklärungen einteilen. Sachwörterbücher mit ausführlichen Darstellungen zu einzelnen Begriffen übertreffen oftmals den Informationswert von Handbüchern, sind aber nicht chronologisch, sondern alphabetisch bzw. systematisch aufgebaut. Außer den speziellen Lexika zur Geschichte sind oft auch Nachschlagewerke aus anderen Wissenschaften von großer Bedeutung für das Geschichtsstudium, um z. B. Informationen über juristische, theologische oder philosophische Fachausdrücke zu erhalten.

Allgemeine Lexika zur Geschichte

Grundbegriffe
- Otto Brunner / Werner Conze / Reinhart Koselleck (Hg.): Geschichtliche Grundbegriffe. Historisches Lexikon zur politisch-sozialen Sprache in Deutschland, 8 Bände, Stuttgart 1972–97. *Zentrales Nachschlagewerk zur Ideengeschichte, Terminologie und Semantik.*

LEXIKA

- Friedrich Jäger (Hg.): **Enzyklopädie der Neuzeit**, 11 Bände, Stuttgart 2005ff. *Versuch, ein umfassendes Lexikon zur Geschichte zwischen 1450 und 1850 zu begründen, das dem Lexikon des Mittelalters ebenbürtig sein soll. Bislang sind elf Bände mit Artikeln namhafter Historiker erschienen, die relativ breite Themenbereiche abdecken. Das Lexikon ist auf 16 Bände angelegt, zwei Bände sollen weiterhin pro Jahr erscheinen.* — Enzyklopädie

- Gerhard Köbler: **Historisches Lexikon der deutschen Länder. Die deutschen Territorien und reichsunmittelbaren Geschlechter vom Mittelalter bis zur Gegenwart**, 6. Auflage München 1999. *Kurzer Abriss der Geschichte der einzelnen deutschen Territorien.* — Territorien

Sachthematische Lexika

- Walter Kasper u. a. (Hg.): **Lexikon für Theologie und Kirche** [LThK], 11 Bände, 3. Auflage Freiburg i. Br. u. a. 1993–2001. *Von katholischer Seite herausgegebenes Nachschlagewerk; eher systematisch-theologisch als kirchengeschichtlich angelegt.* — Theologie

- Albert Hauck (Hg.): **Realencyklopädie für protestantische Theologie und Kirche** [RE], 24 Bände, 3. Auflage Leipzig 1893–1913, Nachdruck Graz 1969–71. *Klassisches, aber nicht mehr aktuelles Nachschlagewerk zu Begriffen und Themen der protestantischen Theologie und Kirchengeschichte.*

- Gerhard Müller (Hg.): **Theologische Realenzyklopädie** [TRE], 36 Bände, Berlin/New York 1976–2007. *Aktuelles Lexikon zur protestantischen Theologie und Kirchengeschichte. Ökumenisch und kirchengeschichtlich angelegt.*

- Hans D. Betz u. a. (Hg.): **Die Religion in Geschichte und Gegenwart** [RGG]. Handwörterbuch für Theologie und Religionswissenschaft, 8 Bände, 4. Auflage Tübingen 1998–2005. *Befasst sich mit den wichtigsten Begriffen zu den Weltreligionen.*

- Joachim Ritter (Hg.): **Historisches Wörterbuch der Philosophie**, 12 Bände, Basel 1971–2004. *Zentrales Nachschlagewerk für alle philosophischen Begriffe.* — Philosophie

- Gert Ueding (Hg.): **Historisches Wörterbuch der Rhetorik**, 9 Bände, Tübingen 1992ff. *Die beiden letzten Bände dieses auf elf Bände angelegten Werks, sowie ein Ergänzungs- und ein Registerband sollen 2011 erscheinen.* — Rhetorik

Staat, Wirtschaft, Gesellschaft
- Staatslexikon. Recht – Wirtschaft – Gesellschaft, 5 Bände, 7. Auflage Freiburg i. Br. 1985–89. *Zentrales Nachschlagewerk von Autoren der katholischen Görresgesellschaft.*
- Roman Herzog (Hg.): Evangelisches Staatslexikon, 2 Bände, 3. Auflage Stuttgart 1987. *Zentrales Nachschlagewerk zu den Bereichen Recht, Wirtschaft und Gesellschaft aus evangelischer Perspektive.*

Rechtsgeschichte
- Adalbert Erler / Ekkehard Kaufmann (Hg.): Handwörterbuch der deutschen Rechtsgeschichte [HRG], 5 Bände, Berlin 1971–98. *Rechtsgeschichtliches Nachschlagewerk von zentraler Bedeutung für viele Bereiche des Geschichtsstudiums. Seit 2008 Neubearbeitung, die auf sechs Bände ausgelegt ist, wobei bislang nur der erste Band erschienen ist.*

Biografische Nachschlagewerke

Deutschland
- Allgemeine Deutsche Biographie [ADB], 56 Bände, Leipzig 1875–1910, Nachdruck Berlin 1981. *Beiträge zu Personen, die vor dem Jahr 1900 verstorben sind; die einzelnen Artikel sind von unterschiedlicher Qualität und teilweise überholt.*
- Neue Deutsche Biographie [NDB], Berlin 1953ff. *Neubearbeitung der Allgemeinen Deutschen Biografie. Bisher sind 21 Bände erschienen. ADB und NDB sind online verfügbar unter der Web-Adresse: www.deutsche-biographie.de/index.html.*
- Udo Sautter: Biographisches Lexikon zur deutschen Geschichte, München 2002. *Sehr gut lesbare Kurzbiografien deutscher Persönlichkeiten.*

International
- World Biographical Information System (WBIS) Online, Web-Adresse: http://db.saur.de/WBIS/welcome.jsf. *Die zunächst auf Mikrofiches erschienene Sammlung von Kurzbiografien erschließt systematisch den Inhalt Hunderter biografischer Lexika.*
- Hans Herzfeld (Hg.): Biographisches Lexikon zur Weltgeschichte, Frankfurt a. M. 1969. *Sehr subjektive Auswahl von Einzelpersönlichkeiten, die für den Gang der Weltgeschichte von Bedeutung waren.*

Historiker
- Rüdiger vom Bruch / Rainer A. Müller (Hg.): Historikerlexikon. Von der Antike bis zum 20. Jahrhundert, 2. Auflage München 2002. *Enthält Kurzbiografien zahlreicher wichtiger Historiker.*

Kleinere Sachwörterbücher zur Geschichte

- Haberkern, Eugen / Joseph F. Wallach: Hilfswörterbuch für Historiker. Mittelalter und Neuzeit, 2 Bände, 8. Auflage Tübingen / Basel 1995.
- Konrad Fuchs / Heribert Raab: Wörterbuch Geschichte, 10. Auflage München 1996.

Diese Sachwörterbücher sind zwar handlich und geläufig, können aber nur selten umfassend Auskunft geben.

15.3 Handbücher

Wie Lexika eignen sich Handbücher und Gesamtdarstellungen zur Erstinformation bei wissenschaftlichen Arbeiten. Sie sind geeignet, um sich einen Überblick zu einem Thema zu verschaffen und es in den Gesamtzusammenhang einzuordnen. In Handbüchern werden historische Ereignisse und Entwicklungen in größeren zeitlichen Zusammenhängen dargestellt, sie sind daher meist chronologisch aufgebaut. Außerdem präsentieren sie in kompakter Form die wichtigsten Forschungsergebnisse und Interpretationsweisen. In umfangreichen Anmerkungen oder Bibliografien sind gleichzeitig die bedeutendsten Quellen und die wichtigste Literatur zu bestimmten Themen aufgeführt. Da Handbücher und Gesamtdarstellungen Überblickswerke sind, werden in der Darstellung der Themen Schwerpunkte gesetzt. Zu Spezialthemen finden sich deshalb häufig nur spärliche Informationen.

Handbücher zur Welt- und Universalgeschichte

- Der Große Ploetz. Auszug aus der Geschichte, 33. Auflage Freiburg i. Br. 2003. *Enthält die wichtigsten Daten und Ereignisse der Weltgeschichte in einem systematischen Aufbau.* — Daten kompakt

- Golo Mann / Alfred Heuß / August Nitschke (Hg.): Propyläen-Weltgeschichte. Eine Universalgeschichte, 10 Bände, Berlin u. a. 1963 ff. *Gut verständlich geschriebenes Handbuch der Weltgeschichte. Vor allem Ideen-, Kultur- und Mentalitätsgeschichte.* — Allgemein
  - Band 6: Weltkulturen. Renaissance in Europa, Frankfurt a. M. / Berlin 1964;
  - Band 7: Von der Reformation zur Revolution, Frankfurt a. M. / Berlin 1964.

Globalisierung
- Walter Demel (Hg.): Entdeckungen und neue Ordnungen 1200 bis 1800, Darmstadt 2010. *Herausarbeitung einer Geschichte der Globalisierung auf den Feldern Technik, Wirtschaft, Politik und Religion.*

Christentum
- Jean-Marie Mayeur u. a. (Hg.): Die Geschichte des Christentums. Religion – Politik – Kultur, Deutsche Ausgabe hg. von Norbert Brox u. a., 14 Bände, Freiburg i. Br. u. a. 1992–2004. *Beschreibt Kirchengeschichte in einer weltgeschichtlichen Perspektive. Das konfessionelle Zeitalter findet dabei umfassende Berücksichtigung, wird aber in die internationalen und außereuropäischen Zusammenhänge eingeordnet. Zentral:*
  - Band 8: Marc Venard (Hg.): Die Zeit der Konfessionen (1530–1620 / 30), Deutsche Ausgabe hg. von Heribert Smolinsky, Freiburg i. Br. u. a. 1992.

Handbücher zur europäischen Geschichte

Allgemein
- Theodor Schieder (Hg.): Handbuch der europäischen Geschichte, 7 Bände, Stuttgart 1968–87. *Klassisches Handbuch zur europäischen Geschichte. Für das konfessionelle Zeitalter:*
  - Band 3: Josef Engel (Hg.): Die Entstehung des neuzeitlichen Europa, Stuttgart 1971.

- Propyläen Geschichte Europas, 6 Bände, Berlin 1975–81. *Analog zur Propyläen-Weltgeschichte. Für das konfessionelle Zeitalter:*
  - Band 1: Helmut Diwald: Anspruch auf Mündigkeit (1400–1555), Frankfurt a. M. u. a. 1975;
  - Band 2: Ernst Walter Zeeden: Hegemonialkriege und Glaubenskämpfe (1556–1648), Frankfurt a. M. u. a. 1977.

- Jochen Bleicken u. a. (Hg.): Oldenbourg Grundriss der Geschichte [OGG], München 1980ff. *Für Studierende konzipiertes Handbuch in einer europäischen Perspektive. Klassische Dreiteilung in Darstellung, Forschungsüberblick und Literaturverzeichnis. Der maßgebliche Band:*

- Heinrich Lutz: Reformation und Gegenreformation, 4. Auflage, durchgesehen und ergänzt von Alfred Kohler, München 1997.

HANDBÜCHER

- Günter Vogler: Europas Aufbruch in die Neuzeit. 1500–1650, Stuttgart 2003. *Neben geschichtlichen Abrissen zu den Einzelstaaten werden thematisch gegliedert gesamteuropäische Charakteristika herausgearbeitet.*

- Heinz Duchhardt / Franz Knipping: Handbuch der Geschichte der internationalen Beziehungen, 9 Bände, Paderborn u. a. 1997ff. *Will die Gesamtheit der internationalen Beziehungen der Neuzeit zwischen 1450 und 1990 durchleuchten. Für das konfessionelle Zeitalter:*
  Internationale Beziehungen
  - Band 1: Alfred Kohler: Expansion und Hegemonie. Internationale Beziehungen 1450–1559, Paderborn u. a. 2008;
  - Band 2: Heinz Schilling: Konfessionalisierung und Staatsinteressen. Internationale Beziehungen 1559–1660, Paderborn 2007.

- Hubert Jedin (Hg.): Handbuch der Kirchengeschichte, 7 Bände, 1.–3. Auflage Freiburg i. Br. 1962–85. *Bietet eine europäische Geschichte der Kirche in katholischer Sicht. Standardwerk für die Geschichte der Konfessionen:*
  Kirche
  - Band 4: Erwin Iserloh / Josef Glazik / Hubert Jedin (Hg.): Reformation, Katholische Reform und Gegenreformation, 3. Auflage Freiburg i. Br. 1979.

Handbücher zur deutschen Geschichte

- Werner Conze / Volker Hentschel (Hg.): Ploetz. Deutsche Geschichte. Epochen und Daten, 6. Auflage Würzburg 1996. *Überblickswerk, das sich auf die wichtigsten Daten und Ereignisse zur deutschen Geschichte beschränkt.*
  Daten kompakt

- Lothar Gall u. a. (Hg.): Enzyklopädie deutscher Geschichte [EdG], München 1988ff. *Enthält zahlreiche Bände zur Frühen Neuzeit mit den Themenschwerpunkten Gesellschaft, Wirtschaft, Kultur, Alltag, Mentalitäten, Religion und Kirche, Politik, Staat und Verfassung sowie Staatensystem und internationale Beziehungen, wobei die Bände jeweils gegliedert sind in: 1. Enzyklopädischer Überblick, 2. Grundprobleme und Tendenzen der Forschung, 3. Quellen und Literatur.*
  Allgemein

- Dieter Groh (Hg.): Propyläen Geschichte Deutschlands, 9 Bände, Berlin 1983–95. *Analog zur Propyläen Welt- und Europageschichte. Für das konfessionelle Zeitalter zentral:*
  - Band 4: Heinrich Lutz: Das Ringen um deutsche Einheit und kirchliche Erneuerung. Von Maximilian I. bis zum Westfälischen Frieden 1490 bis 1648, Berlin 1983.

- Herbert Grundmann (Hg.): Bruno Gebhardt. Handbuch der deutschen Geschichte, 4 Bände, 9. Auflage Stuttgart 1970. *Darstellungen der politischen Geschichte als Ereignisgeschichte, zur Verfassungsgeschichte, Wirtschaftsgeschichte, Gesellschaftsgeschichte und zur Geschichte der verschiedenen Territorien sowie eine Bibliografie mit der Gliederung „Einführungen", „Bibliographien", „Zeitschriften", „Quellensammlungen", „Handbücher" und „Darstellungen",* Neubearbeitung (10. Auflage) auf 24 Bände. *Für das konfessionelle Zeitalter*
  - Band 9: Wolfgang Reinhard: Probleme deutscher Geschichte 1495–1806, Reichsreform und Reformation 1495–1555, Stuttgart 2001;
  - Band 10: Maximilian Lanzinner: Konfessionelles Zeitalter 1555–1618, Gerhard Schormann: Dreißigjähriger Krieg 1618–1648, Stuttgart 2001.

- Joachim Leuschner (Hg.): Deutsche Geschichte, 10 Bände, Göttingen 1974–84. [= Kleine Vandenhoeck-Reihe]. *Knappe Grundrisse in Taschenbuchformat und als solche konzise und wissenschaftlich zuverlässig, teilweise Neuauflagen.*
  - Band 4: Bernd Moeller: Deutschland im Zeitalter der Reformation, Göttingen 1977;
  - Band 5: Martin Heckel: Deutschland im konfessionellen Zeitalter, Göttingen 1983.

- Peter Moraw / Volker Press / Wolfgang Schieder (Hg.): Neue Deutsche Geschichte [NDG], 6 Bände, München 1984ff. *Klassische Darstellung der deutschen Geschichte der Neuzeit. Beachtenswert sind die zeitlichen und thematischen Schnitte der Bände als Akzentuierung für die Frühe Neuzeit:*
  - Band 4: Horst Rabe: Reich und Glaubensspaltung. Deutschland 1500–1600, München 1989;
  - Band 5: Volker Press: Kriege und Krisen. Deutschland 1600–1715, München 1991.

- Christa Berg (Hg.): Handbuch der deutschen Bildungsgeschichte, 6 Bände, München 1987–2005. *Klassisches Handbuch zur Bildungsgeschichte mit Beiträgen zu Universitäten, Gymnasien und Schulen.*
  - Band 1: Notker Hammerstein (Hg.): 15. bis 17. Jahrhundert. **Von der Renaissance und der Reformation bis zum Ende der Glaubenskämpfe,** München 1996.

Bildung

15.4 Fachzeitschriften

Fachzeitschriften berichten über aktuelle Forschungen zu unterschiedlichen Themengebieten. Dazu werden in den Zeitschriften Aufsätze und Rezensionen (Buchbesprechungen) über neuere Veröffentlichungen publiziert. Diese Rezensionen werden oft auch in Forschungsberichten zusammengefasst, die die neuere Literatur zu einzelnen Themen im Überblick darstellen. Die kontinuierliche Lektüre der wichtigsten Fachzeitschriften und Periodika ermöglicht einen Überblick über die aktuellen Fachdiskussionen und neuesten Veröffentlichungen.

- **Historische Zeitschrift [HZ],** München 1859ff. *Zentrales Fachorgan für die Geschichtswissenschaft. Aufsätze zu unterschiedlichen Epochen und Themen, neue historische Literatur mit Rezensionen zu den Rubriken „Allgemeines", „Altertum", „Mittelalter", „16.–18. Jahrhundert", „19. und 20. Jahrhundert"; seit 1987 mit der Beilage „Historische Bibliographie".*

Allgemein

- **Historisches Jahrbuch [HJb],** München 1880ff. *Publikationsorgan der Görresgesellschaft mit einem Schwerpunkt auf kirchengeschichtlichen Fragestellungen. Hat einen chronologischen Schwerpunkt in der Geschichte der Frühen Neuzeit.*

- **Zeitschrift für Geschichtswissenschaft [ZfG],** Berlin 1953ff. *Erschien bis 1990 in Ost-Berlin. Stellt einen Überblick über die Forschungsentwicklung in der DDR dar.*

- **Zeitschrift für Historische Forschung. Halbjahresschrift zur Erforschung des Spätmittelalters und der frühen Neuzeit [ZHF],** Berlin 1974ff. *Das zentrale Fachorgan für die Erforschung der Frühen Neuzeit; Gliederung in Abhandlungen und Aufsätze, Berichte und Kritik sowie Buchbesprechungen, die oft sehr ausführlich sind.*

SERVICETEIL

Sozialgeschichte
- Archiv für Sozialgeschichte [AfS], Web-Adresse: www.iaslonline.de/, Hannover 1961ff. *Zumeist Aufsätze unter einem Rahmenthema, mit englisch- und französischsprachigen Kurzzusammenfassungen und sehr ausführlichen Forschungsberichten und Rezensionen mit den Schwerpunkten „Publikationen zur Geschichte der Arbeiterschaft und Arbeiterbewegung" sowie „Allgemeine Veröffentlichungen zur Sozialgeschichte".*

- Geschichte und Gesellschaft. Zeitschrift für Historische Sozialforschung [GG], Göttingen 1975ff. *Deutlicher Schwerpunkt auf Themen zur neuesten Sozialgeschichte, wobei das konfessionelle Zeitalter immer wieder Berücksichtigung findet.*

- Vierteljahrsschrift für Sozial- und Wirtschaftsgeschichte [VSWG], Stuttgart 1903ff. *Behandelt fast ausschließlich sozial- und wirtschaftsgeschichtliche Themen und Fragestellungen. Erscheint trotz des Titels nur zweimal im Jahr.*

Landesgeschichte
- Blätter für deutsche Landesgeschichte, Koblenz 1853ff. *Zeitschrift mit einer territorialgeschichtlichen Ausrichtung. Enthält oftmals grundlegende Aufsätze und Miszellen (kleinere Abhandlungen) auch für Theorie und Konzeption der Landesgeschichte.*

Schule und Didaktik
- Geschichte in Wissenschaft und Unterricht. Zeitschrift des Verbandes der Geschichtslehrer Deutschlands [GWU], Stuttgart 1950ff. *Gesammelte Beiträge, häufig zu einem Rahmenthema, Stichworte zur Geschichtsdidaktik, Besprechungen, Literaturberichte und Neuigkeiten.*

Kirche
- Zeitschrift für Kirchengeschichte [ZKG], Stuttgart/Berlin/Köln 1887ff. *Beiträge zu Themen der katholischen und evangelischen Kirchengeschichte; zugleich Zeitschrift der Sektion „Kirchengeschichte" im Verband der Historiker Deutschlands.*

- Archiv für Reformationsgeschichte. Internationale Zeitschrift zur Erforschung der Reformation und ihrer Weltwirkungen [ARG], Gütersloh 1903ff. *Zentrale sachthematische Zeitschrift für alle Bereiche der deutschen und europäischen Reformationsgeschichte.*

Wichtige internationale Fachzeitschriften

USA
- American Historical Review [AHR], Chicago 1895ff. *Diese thematisch und methodisch bewusst breitgefächerte Zeitschrift wird von der „American Historical Association" herausgegeben. Sie gehört*

zu den einflussreichsten US-amerikanischen Periodika der Geschichtswissenschaft.

- **English Historical Review [EHR]**, Oxford 1866ff. *Der Themenkreis ist nicht auf die englische und britische Geschichte beschränkt, sondern umfasst auch die europäische Geschichte und die Weltgeschichte.* — Großbritannien

- **Revue Historique [RH]**, Paris 1876ff. *Eine der wichtigsten französischsprachigen Fachzeitschriften mit englischen Artikelzusammenfassungen. Umfasst Themen ab der Antike.* — Frankreich

- **Annales**, Paris 1929ff. *An den Themenschwerpunkten und den wechselnden Untertiteln dieses Jahrbuchs lassen sich die grundlegenden Wendepunkte der französischsprachigen Historiografie, etwa die Öffnung hin zur Wirtschafts-, Sozial- und Mentalitätengeschichte, ablesen.*

15.5 Geschichtsstudium und Internet

Einführungen

- Stuart Jenks / Stephanie Marra (Hg.): **Internet-Handbuch Geschichte**, Köln u. a. 2001. *Im Gegensatz zu den Linksammlungen haben die grundlegenden Erörterungen zu digitalen Editionstechniken und der Verlässlichkeit von Informationen aus dem Internet nichts an Aktualität eingebüßt.*

- Stuart Jenks / Paul Tiedemann: **Internet für Historiker. Eine praxisorientierte Einführung**, 2. Auflage Darmstadt 2000. *Hilfreich sind hier die Hinweise zu Zitationsregeln von Onlinequellen und die Verwertbarkeit von Internetressourcen.*

Weitere Hilfen zur Literaturrecherche

- **Karlsruher Virtueller Katalog [KVK]**, Web-Adresse: www.ubka.uni-karlsruhe.de/kvk.html. *Ausgangsbasis zu einer ausführlichen Literaturrecherche; Kataloge von zahlreichen nationalen und internationalen Bibliotheken.* — Bibliothekskataloge

- Hochschulbibliothekszentrum des Landes Nordrhein-Westfalen, Web-Adresse: http://rhea.hbz-nrw.de. Die Digitale Bibliothek: *Metasuchmaschine über Bibliothekskataloge und Literaturdatenbanken.*

- Universitätsbibliothek Regensburg, Web-Adresse: http://rzblx1.uni-regensburg.de/ezeit/. *Elektronische Zeitschriftenbibliothek.*

Aufsatzdatenbank

- ITHAKA, Web-Adresse: http://jstor.org. *Umfangreiche Datenbank wissenschaftlicher Zeitschriften, Aufsätze zum Download.*

Themenportale zur Geschichtswissenschaft

Solche Portale dienen nicht direkt dem Erstellen einer wissenschaftlichen Arbeit, sondern bieten allgemeine Informationen zu Neuem aus der Wissenschaft: Rezensionen zu Neuerscheinungen, Forscherporträts, Ausstellungen, Arbeitsgruppen etc.

- Historicum Net. Geschichtswissenschaften im Internet, Web-Adresse: www.historicum.net. *Hervorgegangen aus dem Server „Frühe Neuzeit" der Ludwig-Maximilians-Universität München. Gliederung nach aktuellen Forschungsschwerpunkten, z. B. Jüdische Geschichte, Reformation, Risorgimento etc.*

- H-Soz-u-Kult – Humanities Sozial- und Kulturgeschichte, Web-Adresse: http://hsozkult.geschichte.hu-berlin.de. *Aktuelles: Tagungen, Rezensionen, Projekte; Berufschancen: Stellen, Stipendien, Preise usw.*

- Clio online. Fachportal für Geschichtswissenschaften, Web-Adresse: www.clio-online.de. *Bündelung wichtiger Internetressourcen.*

Sammlungen historischer Karten und sonstiger Abbildungen

- Gallica – Bibliothèque Numérique, Web-Adresse: http://gallica.bnf.fr. *Digitalisierungsprojekt der Französischen Nationalbibliothek.*

- IEG-MAPS am Institut für Europäische Geschichte, Mainz, Web-Adresse: www.ieg-maps.uni-mainz.de. Server für *digitale historische Karten.*

16 Anhang

→ ASB
Akademie Studienbücher, auf die der vorliegende Band verweist

ASB BUDDE / FREIST / GÜNTHER-ARNDT Gunilla Budde / Dagmar Freist / Hilke Günther-Arndt (Hg.): Geschichte. Studium – Wissenschaft – Beruf, Berlin 2008.

ASB KELLER Andreas Keller: Frühe Neuzeit. Das rhetorische Zeitalter, Berlin 2008.

ASB MEYER Annette Meyer: Die Epoche der Aufklärung, Berlin 2010.

ASB GOSCHLER / GRAF Constantin Goschler / Rüdiger Graf: Europäische Zeitgeschichte seit 1945, Berlin 2010.

ASB MÜLLER Harald Müller: Mittelalter, Berlin 2008.

16.1 Zitierte Literatur

Ammerer 2006 Gerhard Ammerer: „… dem müssigen Vaganten Leben zugethann" – Betrachtungen zur nichtsesshaften Bevölkerung, in: Stephan Wendehorst / Siegrid Westphal (Hg.), Lesebuch Altes Reich, München 2006, S. 168–175.

Asche / Schindling 2002 Matthias Asche / Anton Schindling (Hg.): Das Strafgericht Gottes. Kriegserfahrungen und Religion im Heiligen Römischen Reich Deutscher Nation im Zeitalter des Dreißigjährigen Krieges, 2. Auflage Münster 2002.

Barudio 1985 Günter Barudio: Der Teutsche Krieg 1618–1648, Frankfurt a. M. 1985.

Blickle 1973 Peter Blickle: Landschaften im Alten Reich. Die staatliche Funktion des gemeinen Mannes in Oberdeutschland, München 1973.

Blickle 1982 Peter Blickle: Der Kommunalismus als Gestaltungsprinzip zwischen Mittelalter und Moderne, in: Nicolai Bernard / Quirinus Reichen (Hg.), Gesellschaft und Gesellschaften. Festschrift für Ulrich Im Hof, Bern 1982, S. 95–113.

Blickle 1987 Peter Blickle: Gemeindereformation. Die Menschen des 16. Jahrhunderts auf dem Weg zum Heil, München 1987.

Blickle 2006 Peter Blickle: Der Bauernkrieg. Die Revolution des gemeinen Mannes, 3. Auflage München 2006.

Brendle 1998 Franz Brendle: Dynastie, Reich und Reformation. Die württembergischen Herzöge Ulrich und Christoph, die Habsburger und Frankreich, Stuttgart 1998.

Brendle 2001 Franz Brendle: Martin Crusius. Humanistische Bildung, schwäbisches Luthertum und Griechenlandbegeisterung, in: Franz Brendle u. a. (Hg.), Deutsche Landesgeschichtsschreibung im Zeichen des Humanismus, Stuttgart 2001, S. 145–163.

Brendle 2002a Franz Brendle: Karl V. und die reichsständische Opposition, in: Alfred Kohler u. a. (Hg.), Karl V. 1500–1558. Neue Perspektiven seiner Herrschaft in Europa und Übersee, Wien 2002, S. 691–705.

Brendle 2002b Franz Brendle: Reformation und konfessionelles Zeitalter, in: Michael Erbe (Hg.), Das Elsass. Historische Landschaft im Wandel der Zeiten, Stuttgart 2002, S. 61–84.

Brendle 2009   Franz Brendle: Geistliches Amt und kriegerische Gewalt – zur Einführung, in: Franz Brendle/Anton Schindling (Hg.), Geistliche im Krieg, Münster 2009, S. 13–18.

Brendle 2010a   Franz Brendle: Der Erzkanzler im Religionskrieg. Kurfürst Anselm Casimir von Mainz, die geistlichen Fürsten und das Reich 1629 bis 1647, Münster 2010.

Brendle 2010b   Franz Brendle: Um Erhalt und Ausbreitung des Evangeliums: Die Reformationskriege der deutschen Protestanten, in: Franz Brendle/Anton Schindling (Hg.), Religionskriege im Alten Reich und in Alteuropa, 2. Auflage Münster 2010, S. 71–92.

Brendle/Schindling 2010   Franz Brendle/Anton Schindling: Religionskriege in der Frühen Neuzeit. Begriff, Wahrnehmung, Wirkmächtigkeit, in: Franz Brendle/Anton Schindling (Hg.), Religionskriege im Alten Reich und in Alteuropa, 2. Auflage Münster 2010, S. 15–52.

Burckhardt 2009   Jacob Burckhardt: Die Kultur der Renaissance in Italien. Ein Versuch, 12. Auflage Stuttgart 2009.

Burke 2005   Peter Burke: Was ist Kulturgeschichte?, Frankfurt a. M. 2005.

Burkhardt 1998   Johannes Burkhardt: Der Dreißigjährige Krieg, 4. Auflage Frankfurt a. M. 1998.

Burkhardt 2002   Johannes Burkhardt: Das Reformationsjahrhundert. Deutsche Geschichte zwischen Medienrevolution und Institutionenbildung 1517–1617, Stuttgart 2002.

Burschel 1994   Peter Burschel: Söldner im Nordwestdeutschland des 16. und 17. Jahrhunderts. Sozialgeschichtliche Studien, Göttingen 1994.

Chumicheva 2004   Olga Chumicheva: Ivan der Schreckliche und Jan Rokyta. Der Zusammenstoß zweier Kulturen, in: Historisches Jahrbuch 124, 2004, S. 77–96.

Clark 1985   Peter Clark: The European Crisis of the 1590s. Essays in Comparative History, London 1985.

Corvisier 1964   André Corvisier: L'armée française de la fin du XVIIe siècle au Ministère de Choiseul. Le soldat, 2 Bände, Paris 1964.

Daniel 2001   Ute Daniel: Kompendium Kulturgeschichte. Theorien, Praxis, Schlüsselwörter, Frankfurt a. M. 2001.

Dickens 1974   Arthur G. Dickens: The German Nation and Martin Luther, London 1974.

Elliott 1992   John H. Elliott: A Europe of Composite Monarchies, in: Past and Present 137, 1992, S. 48–71.

Elton 1974   Geoffrey R Elton: England under the Tudors 1485–1603, 2. Auflage London 1974.

Fata 2000   Márta Fata: Ungarn, das Reich der Stephanskrone, im Zeitalter der Reformation und Konfessionalisierung Multiethnizität, Land und Konfession 1500 bis 1700, hg. von Franz Brendle und Anton Schindling, Münster 2000.

Franz 1979   Günther Franz: Der Dreißigjährige Krieg und das deutsche Volk. Untersuchungen zur Bevölkerungs- und Agrargeschichte, 4. Auflage Stuttgart 1979.

Gantet 1998   Claire Gantet: Friedensfeste aus Anlass des Westfälischen Friedens in den süddeutschen Städten und die Erinnerung an den Dreißigjährigen Krieg (1648–1871), in: Klaus Bußmann/Heinz Schilling (Hg.), 1648 – Krieg und Frieden in Europa, Textband 2, Münster/Osnabrück 1998, S. 649–656.

Gerhard 1962   Dietrich Gerhard: Alte und neue Welt in vergleichender Geschichtsschreibung, Göttingen 1962.

Göckenjahn 2000   Gerd Göckenjahn: Das Alter würdigen. Altersbilder und Bedeutungswandel des Alters, Frankfurt a. M. 2000.

Gotthard 2002   Axel Gotthard: Der deutsche Konfessionskrieg seit 1619. Ein Resultat gestörter politischer Kommunikation, in: Historisches Jahrbuch 122, 2002, S. 141–172.

ZITIERTE LITERATUR

Haan 1981 Heiner Haan: Prosperität und Dreißigjähriger Krieg, in: Geschichte und Gesellschaft 7, 1981, S. 91–118.

Hassinger 1951 Erich Hassinger: Die weltgeschichtliche Stellung des 16. Jahrhunderts, in: Geschichte in Wissenschaft und Unterricht 2, 1951, S. 705–718.

Haug-Moritz 2002 Gabriele Haug-Moritz: Der Schmalkaldische Bund (1530–1541/42). Eine Studie zu den genossenschaftlichen Strukturelementen der politischen Ordnung des Heiligen Römischen Reiches Deutscher Nation, Leinfelden-Echterdingen 2002.

Heckel 2001 Martin Heckel: Deutschland im konfessionellen Zeitalter, 2. Auflage Göttingen 2001.

Hinrichs 1996 Ernst Hinrichs: Abschied vom Absolutismus? Eine Antwort an Nicholas Henshall, in: Ronald G. Asch/Heinz Duchhardt (Hg.), Der Absolutismus – ein Mythos? Strukturwandel monarchischer Herrschaft in West- und Mitteleuropa (ca. 1550–1700), Köln 1996, S. 353–371.

Iserloh 1968 Erwin Iserloh: Luther zwischen Reform und Reformation. Der Thesenanschlag fand nicht statt, 3. Auflage Münster 1968.

Jedin 1967 Hubert Jedin: Die historischen Begriffe, in: Erwin Iserloh/Hubert Jedin (Hg.), Handbuch der Kirchengeschichte, Band 4, Freiburg i. Br. u. a. 1967, S. 449–450.

Kaiser 2001 Michael Kaiser: Der Prager Frieden von 1635. Anmerkungen zu einer Aktenedition, in: Zeitschrift für historische Forschung 28, 2001, S. 277–297.

Kampmann 2008 Christoph Kampmann: Europa und das Reich im Dreißigjährigen Krieg. Geschichte eines europäischen Konflikts, Stuttgart 2008.

Kleinehagenbrock 2003 Frank Kleinehagenbrock: Die Grafschaft Hohenlohe im Dreißigjährigen Krieg. Eine erfahrungsgeschichtliche Untersuchung zu Herrschaft und Untertanen, Stuttgart 2003.

Klötzer 1992 Ralf Klötzer: Die Täuferherrschaft von Münster. Stadtreformation und Erneuerung, Münster 1992.

Kohnle 2001 Armin Kohnle: Reichstag und Reformation. Kaiserliche und ständische Religionspolitik von den Anfängen der Causa Lutheri bis zum Nürnberger Religionsfrieden, Gütersloh 2001.

Kristeller 1974 Paul O. Kristeller: Humanismus und Renaissance, Band 1, München 1974.

Kroener 1982 Bernhard R. Kroener: Soldat oder Soldateska? Programmatischer Aufriss einer Sozialgeschichte militärischer Unterschichten in der ersten Hälfte des 17. Jahrhunderts, in: Manfred Messerschmidt u. a. (Hg.), Militärgeschichte. Probleme – Thesen – Wege, Stuttgart 1982, S. 101–123.

Kroener 1992 Bernhard R. Kroener: „Kriegsgurgeln, Freibeuter und Marodebrüder". Der Soldat des Dreißigjährigen Krieges. Täter und Opfer, in: Wolfram Wette (Hg.), Der Krieg des kleinen Mannes, München 1992, S. 51–67.

Lehmann 1999 Hartmut Lehmann: Die Krisen des 17. Jahrhunderts als Problem der Forschung, in: Manfred Jakubowski-Tiessen (Hg.), Krisen des 17. Jahrhunderts. Interdisziplinäre Perspektiven, Göttingen 1999, S. 13–24.

Lutz 1964 Heinrich Lutz: Christianitas Afflicta. Europa, das Reich und die päpstliche Politik im Niedergang der Hegemonie Kaiser Karls V. (1552–1556), Göttingen 1964.

Lynch 1992 John Lynch: Spain 1516–1598. From Nation State to World Empire, Oxford 1992.

Mann 1971 Golo Mann: Wallenstein, Frankfurt a. M. 1971.

Menk 1981 Gerhard Menk: Die Hohe Schule Herborn in ihrer Frühzeit (1584–1660). Ein Beitrag zum Hochschulwesen des deutschen Calvinismus im Zeitalter der Gegenreformation, Wiesbaden 1981.

Meyer 1990 Jean Meyer: Frankreich im Zeitalter des Absolutismus 1515–1789, Stuttgart 1990.

Moeller 1962 Bernd Moeller: Reichsstadt und Reformation, Gütersloh 1962, bearbeitete Neuausgabe Berlin 1987.

Möller 1976 Hans-Michael Möller: Das Regiment der Landsknechte. Untersuchungen zu Verfassung, Recht und Selbstverständnis in deutschen Söldnerheeren des 16. Jahrhunderts, Wiesbaden 1976.

Neuhaus 1997 Helmut Neuhaus: Die Römische Königswahl vivente imperatore in der Neuzeit. Zum Problem der Kontinuität in einer frühneuzeitlichen Wahlmonarchie, in: Johannes Kunisch (Hg.), Neue Studien zur frühneuzeitlichen Reichsgeschichte, Berlin 1997, S. 1–54.

Oestreich 1969 Gerhard Oestreich: Geist und Gestalt des frühmodernen Staates, Berlin 1969.

Parker/Smith 1978 Geoffrey Parker/L. M. Smith (Hg.): The General Crisis of the Seventeenth Century, London 1978.

Petritsch 2002 Ernst D. Petritsch: Zur Problematik der kontinentalen Osmanenabwehr, in: Alfred Kohler u. a. (Hg.), Karl V. 1500–1558. Neue Perspektiven seiner Herrschaft in Europa und Übersee, Wien 2002, S. 667–683.

Press 1980 Volker Press: Karl V. König Ferdinand und die Entstehung der Reichsritterschaft, 2. Auflage Wiesbaden 1980.

Press 1991 Volker Press: Kriege und Krisen. Deutschland 1600–1715, München 1991.

Press 2000a Volker Press: Die kaiserliche Stellung im Reich zwischen 1648 und 1740 – Versuch einer Neubewertung, in: ders., Das Alte Reich. Ausgewählte Aufsätze, hg. von Johannes Kunisch, 2. Auflage Berlin 2000, S. 189–222.

Press 2000b Volker Press: Das römisch-deutsche Reich – ein politisches System in verfassungs- und sozialgeschichtlicher Fragestellung, in: ders., Das Alte Reich. Ausgewählte Aufsätze, hg. von Johannes Kunisch, 2. Auflage Berlin 2000, S. 18–41.

Pufendorf 1667 Samuel Pufendorf: Die Verfassung des deutschen Reiches (1667), übersetzt und mit Anmerkungen und einem Nachwort versehen von Horst Denzer, Stuttgart 1976.

Radkau 2000 Joachim Radkau: Natur und Macht. Eine Weltgeschichte der Umwelt, München 2000.

Reinhard 2004 Wolfgang Reinhard: Lebensformen Europas. Eine historische Kulturanthropologie, München 2004.

Rhode 1980 Gotthold Rhode: Geschichte Polens. Ein Überblick, 3. Auflage Darmstadt 1980.

Roberts 1968 Michael Roberts: The early Vasas. A history of Sweden 1523–1611, Cambridge 1968.

Schilling 1988a Heinz Schilling: Die Konfessionalisierung im Reich. Religiöser und gesellschaftlicher Wandel in Deutschland zwischen 1555 und 1620, in: Historische Zeitschrift 246, 1988, S. 1–45.

Schilling 1988b Heinz Schilling: Gab es im späten Mittelalter und zu Beginn der Neuzeit in Deutschland einen städtischen ‚Republikanismus'? in: Helmut G. Koenigsberger (Hg.), Republiken und Republikanismus im Europa der Frühen Neuzeit, München 1988, S. 101–143.

Schilling 2006 Heinz Schilling: Das Reich als Verteidigungs- und Friedensorganisation, in: ders. u. a. (Hg.), Heiliges Römisches Reich Deutscher Nation 962 bis 1806. Altes Reich und Neue Staaten 1495 bis 1806, Band 2: Essays, Dresden 2006, S. 119–133.

Schilling 2007 Heinz Schilling: Konfessionalisierung und Staatsinteressen. Internationale Beziehungen 1559–1660, Paderborn u. a. 2007.

Schindling 1977 Anton Schindling: Humanistische Hochschule und freie Reichsstadt – Gymnasium und Akademie in Straßburg 1538 bis 1621, Wiesbaden 1977.

Schindling 1991 Anton Schindling: Die Anfänge des Immerwährenden Reichstags zu Regensburg. Ständevertretung und Staatskunst nach dem Westfälischen Frieden, Mainz 1991.

Schindling 1997 Anton Schindling: Konfessionalisierung und Grenzen der Konfessionalisierbarkeit, in: Anton Schindling/Walter Ziegler (Hg.), Die Territorien des Reichs im Zeitalter der Reformation und Konfessionalisierung. Land und Konfession 1500–1650, Band 7: Bilanz – Forschungsperspektiven – Register, Münster 1997, S. 9–44.

ZITIERTE LITERATUR

Schindling 2004   Anton Schindling: War ‚1648' eine katholische Niederlage? in: Horst Carl u. a. (Hg.), Kriegsniederlagen. Erfahrungen und Erinnerungen, Berlin 2004, S. 257–277.

Schmidt 1999   Georg Schmidt: Geschichte des Alten Reiches. Staat und Nation in der Frühen Neuzeit 1495–1806, München 1999.

Schmidt 2003   Georg Schmidt: Der Dreißigjährige Krieg, 6. Auflage München 2003.

Schnettger 2006   Matthias Schnettger: „Principe sovrano" oder „Civitas imperialis"? Die Republik Genua und das Alte Reich in der Frühen Neuzeit (1556–1797), Mainz 2006.

Schormann 1985   Gerhard Schormann: Der Dreißigjährige Krieg, Göttingen 1985.

Schorn-Schütte 1999   Luise Schorn-Schütte: Konfessionalisierung als wissenschaftliches Paradigma?, in: Joachim Bahlcke/Arno Strohmeyer (Hg.), Konfessionalisierung in Ostmitteleuropa. Wirkungen des religiösen Wandels im 16. und 17. Jahrhundert in Staat, Gesellschaft und Kultur, Stuttgart 1999, S. 63–77.

Schreiner 2006   Klaus Schreiner: Maria. Jungfrau, Mutter, Herrscherin, Köln 2006.

Schulze 1978   Winfried Schulze: Reich und Türkengefahr im späten 16. Jahrhundert. Studien zu den politischen und gesellschaftlichen Auswirkungen einer äußeren Bedrohung, München 1978.

Schulze 1996   Winfried Schulze (Hg.): Ego-Dokumente. Annäherung an den Menschen in der Geschichte, Berlin 1996.

Schulze 2002   Winfried Schulze: Einführung in die Neuere Geschichte, 4. Auflage Stuttgart 2002.

Stollberg-Rilinger 2008   Barbara Stollberg-Rilinger: Des Kaisers alte Kleider. Verfassungsgeschichte und Symbolsprache des Alten Reiches, München 2008.

Töpfer 2009   Thomas Töpfer: Bildungsgeschichte, Raumbegriff und kultureller Austausch in der Frühen Neuzeit. „Bildungslandschaften" zwischen regionaler Verdichtung und europäischer Ausstrahlung, in: Michael North (Hg.), Kultureller Austausch. Bilanz und Perspektiven der Frühneuzeitforschung, Köln u. a. 2009, S. 115–139.

von Friedeburg 2000   Robert von Friedeburg: Lebenswelt und Kultur der unterständischen Schichten in der Frühen Neuzeit, München 2000.

von Hippel 1978   Wolfgang von Hippel: Bevölkerung und Wirtschaft im Zeitalter des Dreißigjährigen Krieges. Das Beispiel Württemberg, in: Zeitschrift für historische Forschung 5, 1978, S. 413–448.

Wiesner 1998   Merry E. Wiesner: Gender, Church and State in Early Modern Germany, London/New York 1998.

Wolfgang 1989   Otto Wolfgang: Juan de Valdés und die Reformation in Spanien im 16. Jahrhundert, Frankfurt a. M. u. a. 1989.

Ziegler 1999   Walter Ziegler: Kritisches zur Konfessionalisierungsthese, in: Peer Frieß/Rolf Kießling (Hg.), Konfessionalisierung und Region, Konstanz 1999, S. 41–53.

16.2 Abbildungsverzeichnis

Abbildung 1: Nikolaus Kopernikus: *De revolutionibus orbium coelestium (Über die Bewegungen der Himmelskörper)*, Buch Eins, Kapitel 10: *Die Ordnung der himmlischen Sphären* (1543).

Abbildung 2: Pieter de Jode (nach Abraham Diepenbeker): Allegorie auf den europäischen Frieden, in: Anselm van Hulle, Pacificatores orbis Cristiani […], Rotterdam (1697). Felix-Nussbaum-Haus/Kulturgeschichtliches Museum Osnabrück, A 5084.

Abbildung 3: Allegorie auf das Reich unter Kaiser Karl V. (16. Jahrhundert).

Abbildung 4: Reichstagssitzung in Regensburg 1653. Nürnberg, GNM, Graphische Sammlung.

Abbildung 5: Amalie Prätorius: *Überreichung der Augsburger Konfession*, nach Georg Balthasar von Sand (1839). Kunstsammlungen der Veste Coburg.

Abbildung 6: François Dubois: *Le Massacre de la St-Barthelémy, (Die Bartholomäusnacht)* (1572–84). Musée cantonal des Beaux-Arts, Lausanne.

Abbildung 7: Thomas Borup: *Die Buchdrucker* (1766). Kopenhagen, Sammlung V. E. Clausen.

Abbildung 8: *Ein erschröckliche Geschicht, so zu Derneburg in der Grafschaft Reynstein am Harz gelegen von dreien Zauberinnen […] des Monats Oktober 1555 ergangen*, Zeitgenössisches Flugblatt mit Holzschnitt (Ausschnitt) (1555). Nürnberg (Jörg Merckel). akg-images 2010.

Abbildung 9: Hans Burgkmair der Ältere: *Konrad Celtis Epitaph* (1507).

Abbildung 10: Jacob Gerritsz Loef: *Das Schiff der Kirche* (um 1645). Öl auf Leinwand, 90 × 105 cm, Utrecht, Museum Catharijneconvent. Inv. Nr. BMH s00400

Abbildung 11: Georg Köhler: Flugblatt anläßlich der Landung Gustav Adolfs von Schweden. Nürnberg (1632).

Abbildung 12: Melchior Küssel: Der Galgenbaum. Radierung aus einer zwölfteiligen Folge nach Jacques Callot Les Misères et les Malheurs de la Guerre *(Das Elend und Unglück des Krieges)* (nach 1650).

Abbildung 13: Flugblatt Westfälischer Frieden 1648, anonym (1648).

Abbildung 14: *Musikgesellschaft* (zwischen 1700 und 1750), Polen Öl auf Leinwand, 62,5 × 63 cm. Deutsches Historisches Museum, Berlin.

Der Verlag hat sich um die Einholung der Abbildungsrechte bemüht. Da in einigen Fällen die Inhaber der Rechte nicht zu ermitteln waren, werden rechtmäßige Ansprüche nach Geltendmachung ausgeglichen.

16.3 Personenverzeichnis

Alba, Herzog von → Fernando Álvarez de Toledo
Albrecht V., Kurfürst von Bayern 154
Albrecht von Brandenburg, Erzbischof von Mainz 74
Alexander VI., Papst 73
Amalie Elisabeth, Landgräfin von Hessen-Kassel 199
Andreae, Jakob, Theologe 99, 149
Anselm Casimir Wambold von Umstadt, Erzbischof von Mainz 171, 178
Apoll, griechische Gottheit 134
Aquaviva, Claudius, Ordensgeneral der Jesuiten 142
Aquin, Thomas von, Kirchenlehrer 34, 42
Aristoteles, Philosoph 34, 144
Arius, frühchristlicher „Häretiker" 148
Arnd, Johann, Dichter 214
Augustinus, Aurelius, Kirchenlehrer 34, 42
Aventin, Johannes, Geschichtsschreiber 136
Avila, Teresa von, Mystikerin 214

Basta, Giorgio, kaiserlicher General 49
Bayer, Christian, kursächsischer Kanzler 72
Bernini, Gian Lorenzo, Künstler 212f.
Biondo, Flavio, Geschichtsschreiber 136
Bloch, Marc, Historiker 121f.
Bocskay, Stephan, Fürst von Siebenbürgen 49f., 98
Bodin, Jean, Staatstheoretiker 35f.
Borup, Thomas, Holzschneider 104
Brahe, Tycho, Astronom 128, 167, 211
Brecht, Bertolt, Schriftsteller 167, 202
Bucer, Martin, Reformator 89
Bugenhagen, Johannes, Reformator 94
Bullinger, Heinrich, Reformator 92, 152
Burckhardt, Jacob, Geschichtsschreiber 20, 175
Burgkmair, Hans, Holzschneider 134
Burschel, Peter, Historiker 188

Cajetan, Thomas de Vio, päpstlicher Legat 75
Calderon de la Barca, Pedro, Dichter 214
Callot, Jacques, Künstler 180
Calvin, Johannes, Reformator 37, 89f., 102, 148f., 151, 184
Campeggio, Lorenzo, Kardinal 72
Capito, Wolfgang, Theologe 89
Cellarius, Christoph, Geschichtsschreiber 11
Celtis, Konrad, Humanist 134, 136
Cervantes, Miguel de, Dichter 214
Chemnitz, Martin, Theologe 149
Christian IV., König von Dänemark 170
Christian I., Fürst von Anhalt 166, 168

Christian, Herzog von Braunschweig-Wolfenbüttel 169
Christoph, Herzog von Württemberg 91, 216
Chytraeus, David, Theologe 149
Cicero, Marcus Tullius, römischer Politiker 144, 220
Clemens VII., Papst 211
Coligny, Gaspard de, Hugenottenführer 88
Comenius, Johann Amos, Theologe 143
Corvinus, Matthias, König von Ungarn 21
Corvisier, André, Historiker 188
Cranach der Ältere, Lucas, Künstler 212
Crusius, Martin, Geschichtsschreiber 99, 136

Dalmatin, Georg, slowenischer Übersetzer 97
Daniel, alttestamentlicher Prophet 12
Despota, Heraklides, Fürst der Moldau 100
Don Juan d'Austria, illegitimer Sohn Karls V. 49
Dubois, François, Maler 88
Dürer, Albrecht, Maler 21, 218
Dyck, Anthonis van, Maler 212

Eberhard, Herzog von Württemberg 216
Echter von Mespelbrunn, Julius, Fürstbischof von Würzburg 154
Eck, Johannes, Theologe 75
Egmont, Graf von → Lamoral, Graf von Egmond
El Greco → Theotokopoulos, Dominikos
Elisabeth I., Königin von England 93
Erasmus von Rotterdam, Humanist 22, 26, 36, 73, 101, 114, 135, 137, 218
Erich I., Herzog von Braunschweig-Lüneburg 82
Ernst von Bayern, Erzbischof von Köln 158
Ernst I., Herzog von Braunschweig-Lüneburg 78

Fabricius, Philipp, Sekretär 168
Fama, römische Gottheit 194
Febvre, Lucien, Historiker 121f.
Ferdinand I., Kaiser 44, 47, 50, 61, 65, 72, 78, 83–85, 154, 156, 211, 216
Ferdinand II., Kaiser 167–176
Ferdinand III., Kaiser 56, 171, 176f., 195
Ferdinand (der Katholische), König von Aragon 44
Ferdinand III., König von Neapel → Ferdinand (der Katholische)
Fernando Álvarez de Toledo, Herzog von Alba 52
Fettmilch, Vinzenz, Lebkuchenbäcker 115
Franck, Sebastian, Spiritualist 216

Franz I., König von Frankreich 40, 44–46, 211
Franz von Sickingen, Reichsritter 80
Franz von Vitoria, Dominikaner 42
Friedrich III. (der Fromme), Kurfürst von der Pfalz 157
Friedrich III. (der Weise), Kurfürst von Sachsen 75
Friedrich V. (der Winterkönig), Kurfürst von der Pfalz 168f.

Galilei, Galileo, Gelehrter 10, 119
Gantet, Claire, Historikerin 202
Gattinara, Mercurino, Staatskanzler 29, 40, 53
Georg der Fromme, Fürst von Brandenburg-Ansbach 78
Georg (der Bärtige), Herzog von Sachsen 216
Georg Friedrich, Markgraf von Baden-Durlach 169
Gerhardt, Paul, Liederdichter 212
Goethe, Johann Wolfgang von, Dichter 183
Grass, Günter, Schriftsteller 202
Gregor XIII., Papst 119
Grillparzer, Franz, Schriftsteller 167
Grimm, Jacob, Sprachforscher 130
Grimmelshausen, Hans Jakob Christoffel von, Dichter 214
Gryphius, Andreas, Dichter 214
Guericke, Otto von, Konstrukteur 119
Gustav II. Adolf, König von Schweden 164, 171–174, 177f., 183
Gutenberg, Johannes, Erfinder des Buchdrucks 22

Häberle, Hans, Schneidergeselle 187
Heinrich II., Herzog von Braunschweig-Wolffenbüttel 82
Heinrich II., König von Frankreich 46
Heinrich IV. von Navarra, König von Frankreich 88, 95
Heinrich VIII., König von England 93
Hermes, griechische Gottheit 194
Hieronymus, Eusebius, Kirchenvater 92
Hippokrates von Kos, Arzt in der Antike 126
Holbein der Jüngere, Hans, Hofmaler 219
Hulle, Anselm von, Maler 26
Hunyadi, Matthias → Corvinus, Matthias
Hus, Johannes, Reformator 18, 75f., 148
Hutten, Ulrich von, Humanist 80, 136f.

Ignatius von Loyola, Ordensgründer der Jesuiten 152
Institoris, Heinrich, Dominikaner 129
Isabella I., Königin von Kastilien 44
Iserloh, Erwin, Historiker 75
Iwan (der Schreckliche), Zar von Russland 100

Johannes vom Kreuz, Karmeliter 214
Jedin, Hubert, Historiker 14
Jeremias II., Patriarch von Konstantinopel 99
Jesus Christus, Religionsgründer 76, 79, 113f., 148
Jode, Pieter de, Kupferstecher 26
Johann Friedrich I., Kurfürst von Sachsen 40, 78
Johann Georg I., Kurfürst von Sachsen 168
Johann t'Serclaes, Graf von Tilly, Heerführer 169, 171, 173
Johann von Manderscheid, Fürstbischof von Straßburg 158
Johann von Österreich → Don Juan d'Austria
Josel von Rosheim, Rabbiner 114

Karl (der Große), Kaiser 56
Karl V., Kaiser 28f., 37f., 40, 43–46, 49f., 53f., 58f., 61, 72, 77–80, 82–84, 91, 107–109, 128, 170, 211, 216
Karl VII., Kaiser 59
Karl VIII., König von Frankreich 16, 34, 449
Karl von Liechtenstein, kaiserlicher Statthalter 181
Karl von Lothringen, Bischof von Straßburg 158
Karl, Herzog von Nevers 172
Kepler, Johannes, Astronom 10, 119, 128, 145, 167, 211
Klesl, Melchior, Kardinal 167
Knox, John, Reformator 92, 152
Kopernikus, Nikolaus, Astronom 10
Kolumbus, Christoph, Entdecker Amerikas 15
Kroener, Bernhard R., Historiker 188

Lamoral, Graf von Egmond 52
Leo X., Papst 73
Leonardo da Vinci, Künstler 126
Leopold I., Kaiser 206f.
Lodron, Graf Paris von, Erzbischof von Salzburg 155
Logau, Friedrich von, Dichter 214
Louise von Savoyen, Mutter König Franz I. 45
Löw, Rabbi Jehuda, Rabbiner 114
Ludwig II., König von Ungarn 44, 47
Ludwig XIV., König von Frankreich 57, 95f., 205f.
Ludwig, Fürst von Anhalt-Köthen 220
Luther, Martin, Reformator 12, 18, 37, 53, 62, 72–77, 79–81, 86, 89f., 97, 112, 114, 123, 137, 142, 148–150, 184

Machiavelli, Niccolò, Staatstheoretiker 26, 35f., 38
Magus, Simon, frühchristlicher „Häretiker" 148

PERSONENVERZEICHNIS

Mansfeld, Ernst von, Heerführer 169
Margarethe von Österreich, Statthalterin der Niederlande 45
Margarethe, Herzogin von Valois 88
Maria I., Königin von England 51
Maria, Königin von Ungarn 216
Maria, Herzogin von Burgund 43
Maria, Mutter Jesu Christi 204
Mars, römische Gottheit 194
Martinitz, Jaroslaw, kaiserlicher Statthalter 168
Matthias I., Kaiser 167f.
Maximilian I., Kaiser 43f., 59f., 134–136, 234
Maximilian I., Kurfürst von Bayern 158, 166, 168f., 177f.
Maximilian II., Kaiser 96, 154, 156, 211
Medici, Katharina von, Witwe König Heinrichs II. 88
Meisl, Mordechai, jüdischer Finanzier 114
Melanchthon, Philipp, Reformator 72, 75, 78, 141f., 149
Merian, Matthäus, Verleger 194
Merkur, römische Gottheit 26, 134
Michelangelo, Buonarotti, Künstler 211
Michelet, Jules, Historiker 130
Moritz, Kurfürst von Sachsen 82f.
Möller, Hans-Michael, Historiker 188
Morus, Thomas, Lordkanzler von England 36
Mutian, Konrad, Humanist 137

Oestreich, Gerhard, Historiker 159
Ottheinrich, Kurfürst von der Pfalz 82
Otto (der Große), Kaiser 56
Oxenstjerna, Axel, schwedischer Reichskanzler 174

Pareus, David, Theologe 151
Paul III., Papst 211
Pax, römische Friedensgottheit 26, 194
Petrarca, Francesco, Geschichtsschreiber 145
Petri, Olaus, Reformator 94
Philipp (der Großmütige), Landgraf von Hessen 40, 78f., 82
Philipp II., König von Spanien 49–52
Philippe II. de Montmorency-Nivelle, Graf von Hoorn 52
Piombo, Sebastiano del, Maler 211
Platon, Philosoph 34
Pole, Reginald, Kardinal 94
Ptolemäus, Claudius, Astronom in der Antike 10

Raffael da Urbino, Künstler 211
Rembrandt, Harmenszoon van Rijn, Maler 212
Reuchlin, Johannes, Humanist 114

Rhenanus, Beatus, Humanist 136
Richelieu, Armand-Jean I. du Plessis de, Kardinal 172f., 175–177, 198
Rokyta, Jan, Theologe 100
Rubeanus, Crotus, Humanist 137
Rubens, Peter Paul, Maler 212f.
Rudolf II., Kaiser 49f., 99, 128, 154, 156, 158, 167f., 211
Rumpler, Jesajas, Dichter 220

Sales, Franz von, Mystiker 214
Sand, Georg Balthasar von, Maler 72
Schiller, Friedrich, Dichter 202
Schindling, Anton, Historiker 160
Schmidt, Georg, Historiker 57
Schönborn, Johann Philipp von, Erzbischof von Mainz 155, 204
Schottel, Georg, Sprachgelehrter 220
Schütz, Heinrich, Komponist 212
Scultetus, Abraham, Theologe 151
Selnecker, Nikolaus, Theologe 149
Shakespeare, William, Dichter 214
Silesius, Angelus, Dichter 214
Slawata, Wilhelm von, kaiserlicher Statthalter 168
Spee, Friedrich von, Jesuit 130, 214
Staiger, Klara, Ordensoberin 187, 192
Stapulensis, Faber, Theologe 22
Stephani, Joachim, Professor 84
Sturm, Johannes, Schulrektor 141f., 151
Suárez, Franz, Jesuit 42
Suleiman II., Sultan 40, 46f.

Tetzel, Johann, Ablassprediger 74
Theotokopoulos, Dominikos (El Greco), Künstler 213
Thomas von Aquin → Aquin, Thomas von
Tilly, Graf von → Johann t'Serclaes
Tizian, Maler 211
Trauttmansdorff, Maximilian Graf von 198
Trubar, Primoz, Reformator 97

Ulrich von Hutten → Hutten, Ulrich von
Ulrich, Herzog von Württemberg 83
Ungnad, Hans, Buchdrucker 97, 100

Velazquez, Diego, Künstler 212
Vries, Adriaen de, Bildhauer 212

Waldburg, Gebhard Truchsess von, Erzbischof von Köln 158
Waldburg, Otto Truchsess von, Fürstbischof von Augsburg 217

Wallenstein, Albrecht, kaiserlicher General 128, 169–174, 183, 190, 202
Wilhelm V., Herzog von Jülich-Kleve-Berg 40
Wilhelm von Nassau-Oranien, Statthalter der Niederlande 52
Wolfgang von Anhalt, Fürst von Anhalt 78

Zapolya, Johann, Fürst von Siebenbürgen 47
Zeeden, Ernst Walter, Historiker 159
Ziegler, Walter, Historiker 160
Zwingli, Huldrych, Reformator 72, 78, 89f.

16.4 Ortsverzeichnis

Aachen 28
Alcalá 22, 135
Altdorf 139
Amsterdam 51, 109, 114
Anhausen 166
Antwerpen 15, 51, 109
Arnsberg 213
Aschaffenburg 213
Augsburg 13, 58, 60, 62, 64, 66, 72, 75, 78f., 83–86, 90f., 98, 100, 149, 156–158, 162, 166, 170f., 199f., 203, 207f., 212, 218

Bamberg 139, 155, 164, 213
Bärwalde 173
Bebenhausen 142
Berchtesgaden 68
Biberach 200
Blaubeuren 142
Bologna 59, 140
Bonn 68, 201, 213
Bopfingen am Ipf 65
Braunau 168
Breitenfeld 173, 186
Bremen 173, 183, 198
Breslau 220
Buda 47f.
Byzanz → Istanbul, Konstantinopel 12, 29

Cádis 109
Cambrai 45
Cherasco 172
Cognac 45
Corvey 68, 154
Crépy 45, 82

Danzig 109, 220
Debrecen 139
Derneburg 118
Dillingen 68, 139, 155
Dinkelsbühl 200
Donauwörth 158f.
Dordrecht 92, 152

Eger 174
Eichstätt 187, 192, 204, 213
Ellwangen 68
Erfurt 154

Florenz 33–35, 38, 45, 211, 215, 220
Fontainebleau 96
Frankfurt am Main 28, 44, 59, 66, 79, 115, 194
Freiburg im Breisgau 139
Fulda 68, 154

Genf 37, 89f., 102, 139
Genua 109
Gießen 139
Glogau 200
Gochsheim 66
Gotha 214
Graz 140
Grimma 142, 151

Halberstadt 74, 199
Halle 68
Hamburg 109, 182, 220
Heidelberg 134, 139, 151, 211, 220
Heilbronn 174
Helmstedt 139
Herborn 139
Hersfeld 199
Hildesheim 154
Hirsau 142

Ingolstadt 134, 139, 168
Innsbruck 211
Istanbul → Byzanz, Konstantinopel 49f.

Jankau 177
Jauer 200
Jena 139

Kalmar 31, 51
Kappel 96, 100
Kempten 68, 130
Klostergrab 168
Koblenz 213
Köln 65, 68f., 134, 139, 158
Königsberg 139, 220
Konstantinopel → Byzanz, Istanbul 12, 17, 20, 46, 99
Konstanz 72, 75
Kopenhagen 104, 206
Krakau 21

Laibach 97
Leiden 139, 145
Leipzig 75
Lepanto 49
Lindau 72
Lissabon 15
Lodi 33
London 15, 144
Lübeck 109, 170
Lublin 20
Lutter am Barenberge 170
Lützen 173, 186

Madrid 45, 51, 196
Magdeburg 13, 37, 157, 173, 199, 220
Mailand 33, 44f., 50, 114
Mainz 22, 155, 164, 204, 238
Mantua 172
Marburg 79, 139
Mariastein 187, 192
Marignano 44
Marseille 109
Maulbronn 142
Mecklenburg 170, 181, 202
Meißen 142, 151
Memmingen 72, 112
Merseburg 11
Messina 142
Metz 46, 198
Minden 199
Mohács 20, 47f., 97
Molsheim 155, 183
Moskau 12, 100
Mühlhausen 64
München 166, 171, 204, 213
Münster 26, 53, 81, 139, 155, 177, 194–197, 202f., 205

Nantes 95
Neapel 33, 50, 114
Neuhaus 213
Nördlingen 174
Nürnberg 10, 64, 79, 89, 139, 184, 202, 218, 220

Oliva 206
Olmütz 139, 155
Osnabrück 26, 154f., 170, 177, 195–197, 199–201, 203, 205

Paderborn 139, 155, 213
Padua 140
Paris 88, 140, 144, 196, 203
Papa 139
Passau 84
Pavia 45, 217
Pforta 142, 151
Prag 167–169, 175f., 178, 211f., 220
Pressburg 98
Ravenna 33
Ravensburg 200
Regensburg 66, 68, 82, 114, 159, 171, 176
Reinstein 118
Rinteln 139
Rom 12, 17f., 27, 29, 33, 45, 74–76, 93f., 99, 115, 137, 153, 211f.

Rothenburg ob der Tauber 114
Rotterdam 51
Rottweil 33

Salamanca 42
Salzburg 68, 140, 155, 182, 213
Sarospatak 139
Saumur 139
Schlettstadt 136, 183
Schmalkalden 80, 82f., 91, 107f., 149
Schweidnitz 200
Schweinfurt 66
Sedan 139, 141
Senlis 43
Sennfeld 66
Sevilla 94f., 109
Soden 66
Speyer 64, 77
Stockholm 196
Stralsund 171
Straßburg 64, 68f., 72, 139, 141, 146, 151, 158, 220
Stuhlweißenburg 47
Sulzbach 66

Thessaloniki 114
Thorenburg/Torda 100
Toul 46, 198
Trient 69, 88–92, 94, 101f., 140, 152, 154, 213
Trier 155
Tübingen 149
Turin 141

Ulm 64, 187
Urach 97
Utrecht 52

Valladolid 94f.
Venedig 17, 27, 33f., 45, 48f., 109, 206, 215
Verden 170, 198
Verdun 46, 198
Viterbo 94

Warschau 98
Wesserling 183
Wien 40, 47, 96, 98, 134, 136, 196, 203, 211, 213, 215
Wismar 198
Wittenberg 75f., 89, 94, 97, 100
Worms 18, 60, 65, 77, 79, 84, 86
Würzburg 139, 154f., 164, 204, 213

Zabern 68
Zeitz 11
Zsitvatorok 50
Zürich 78

16.5 Glossar

Alteuropa Alternativer Epochenbegriff, der entgegen dem traditionellen Periodisierungsschema die Kontinuitäten von Mittelalter und Früher Neuzeit betont, damit eine Einheit vom 12. bis zum 18. Jahrhundert vor allem in sozialer und wirtschaftlicher Hinsicht postuliert und erst um 1800 die Epochenschwelle zur Neuzeit ansetzt, als die Gesellschaft mit der Abschaffung des Feudalsystems, der → Säkularisierung und der beginnenden Industrialisierung den Weg in die Moderne antritt. → KAPITEL 1.2

Augsburger Religionsfrieden Erster auf unbegrenzte Zeit abgeschlossener Religionsfrieden im Reich zwischen den altkirchlichen und den protestantischen Ständen, der im Jahre 1555 mit der reichsrechtlichen Anerkennung des Luthertums den Weg zur Mehrkonfessionalität ebnete. → KAPITEL 5.4

Causa Lutheri Bezeichnung für die Angelegenheit, welche die Person und Lehre des Reformators Martin Luther betraf und zu zahlreichen Verhandlungen auf den Reichstagen des 16. Jahrhunderts führte. → KAPITEL 4.2, 5.2

Christianitas Vormoderner Begriff für die europäische Staatenwelt, der auf die christliche Prägung des Abendlandes verweist. → KAPITEL 1.2, 2.1

Domkapitel Klerikergemeinschaft an der Bischofskirche, die mit besonderen Vorrechten und Aufgaben, insbesondere der Bischofswahl, ausgestattet ist. → KAPITEL 4.3

Dynastie (Hoch-)Adlige Familie, die eine erbliche Herrschaft über eines oder über mehrere Territorien besitzt. → KAPITEL 2.1, 4.1

Ganzes Haus Gemeinschaft aller Familien- und Haushaltsangehörigen, die unter der Aufsicht des Hausvaters standen und ihm zum Gehorsam verpflichtet waren. Neben Kindern und alten Leuten zählten dazu auch die Dienstboten. → KAPITEL 8.2

Gottesgnadentum Vorstellung, dass sich das Herrscheramt des Monarchen oder Fürsten auf eine göttliche Verleihung zurückführen und damit legitimieren lässt. Der Inhaber des Amtes wird damit in eine quasi-sakrale Sphäre gerückt. → KAPITEL 2.1

Gregorianischer Kalender Neuer Kalender, der von Papst Gregor XIII. 1582 eingeführt wurde und durch das Weglassen von zehn Tagen den alten Julianischen Kalender an die astronomische Wirklichkeit anpasste. Erst um 1700 aus konfessionellen Gründen von den meisten Protestanten anerkannt. → KAPITEL 8.1

Grundherrschaft Agrarordnung der vormodernen europäischen Gesellschaft, bei der ein Herr gegen die Leistung von Diensten und Abgaben Land an rechtlich abhängige Bauern verlieh. → KAPITEL 7.3

Hexenglauben Weitverbreitete, magische Vorstellung, dass Menschen mit dem Teufel im Bunde stünden und deswegen in der Lage seien, ihrer Umwelt Schaden zuzufügen. Führt zu Verfolgungswellen und Massenhinrichtungen in weiten Teilen Europas. → KAPITEL 8.4

Hochstift Reichsunmittelbares, weltliches Herrschaftsgebiet eines Fürstbischofs im Gegensatz zur Diözese, die seinen geistlichen Sprengel bezeichnet. → KAPITEL 4.3

Humanismus Kulturelle Bewegung, die von Italien im 14. Jahrhundert ausgehend im 16. Jahrhundert große Teile Europas erfasste, die Erforschung der Antike zum Ziel hatte und die freie Entfaltung der Persönlichkeit zum Ideal erhob. Sorgte für zahlreiche Impulse in der Bildungslandschaft des frühneuzeitlichen Europa. → KAPITEL 1.3, 9.1

Interim Von Kaiser Karl V. nach dem Schmalkaldischen Krieg 1547 zwangsverordnete Zwischenlösung in der strittigen Glaubensfrage, die bis zur Entscheidung des Konzils unter dem Zugeständnis des Laienkelchs und der Priesterehe die Rückkehr der Protestanten zur Alten Kirche vorschrieb. Ließ sich nur begrenzt und unter militärischem Zwang durchsetzen. → KAPITEL 5.4

Ius publicum Sammelbegriff für das säkulare Reichs-Staatsrecht, das sich aus zahlreichen geschriebenen und ungeschriebenen Rechtsgrundsätzen, Rechtsgewohnheiten und Verträgen zusammensetzte, die im Laufe der Jahrhunderte gesammelt worden waren. → KAPITEL 9.4, 13.4

Ius reformandi Recht von Obrigkeiten, in ihrem Territorium die Konfession zu bestimmen und die Kirche in ihrem Sinne zu gestalten. → KAPITEL 5.4

Kleine Eiszeit Bezeichnet eine allgemeine Klimaverschlechterung in der gesamten nördlichen Hemisphäre zwischen 1560 und 1630, bei der die Durchschnittstemperatur um 2 bis 3 Grad sank, die landwirtschaftlichen Anbaumöglichkeiten dadurch eingeschränkt und Missernten und Hungerkrisen hervorgerufen wurden. → KAPITEL 8.1

Kommunalismus Frühneuzeitliche Herrschaftsordnung, die tendenziell gegen fürstliche Herrschaft und adlige Gewalt gerichtet war und die Eigenverantwortlichkeit von Bürgern und Bauern einerseits und der Gemeinde mit staatlichen Funktionen andererseits betonte. Nur in der Schweiz und in deutschen Reichsstädten mehr oder weniger ausgebildet. → KAPITEL 2.3, 7.3

Knappheitsgesellschaft Ausdruck dafür, dass in den Gesellschaften der Frühen Neuzeit die Ressourcen begrenzt waren und nur eine bestimmte Menge an Lebensmitteln produziert werden konnte. Dieses Phänomen führte bis in die Mitte des 18. Jahrhunderts zu einer Bevölkerungsstagnation. → KAPITEL 8.1

Kurfürsten Ranghöchste Repräsentanten der → Reichsstände, deren Zahl (sieben) und Privilegien (Recht der Königswahl) seit der Goldenen Bulle von 1356 festgelegt waren. → KAPITEL 4.2

Libertät Zeitgenössisches Schlagwort und publizistischer Kampfbegriff, der auf die Freiheit und die Rechte der deutschen → Reichsstände gegenüber dem Kaiser abzielte. → KAPITEL 3.2, 5.4, 11.2

Naturrecht Vorstellung eines von Gott oder der Natur vorgegebenen Rechts, das allen Individuen zu eigen ist und dem von Menschen gesetzten, positiven Recht übergeordnet ist. Gewinnt seit dem 17. Jahrhundert in der Naturrechtslehre verstärkt Bedeutung. → KAPITEL 3.1

Monarchia universalis Hierarchisches Herrschaftskonzept für das frühneuzeitliche Europa, das von einer Überordnung des Kaisertums als weltliches Oberhaupt der Christenheit ausgeht und ihm einen Rang über die anderen Monarchen Europas verleiht. Seit dem 16. Jahrhundert wird diese Vorrangstellung des römisch-deutschen Kaisers jedoch immer stärker infrage gestellt. → KAPITEL 1.2, 2.1

Monarchomachen Vertreter der Widerstandslehre gegen ungerechte Herrscher, die sich im konfessionellen Zeitalter vor allem gegen Herrschaftsmissbrauch aufgrund konfessioneller Unterdrückung wandten und bis zum Tyrannenmord gehen konnten. → KAPITEL 2.4

Parität Im Westfälischen Frieden festgeschriebenes Prinzip des Reichsreligionsrechts, das die Gleichberechtigung der reichsrechtlich anerkannten Konfessionen beinhaltete. → KAPITEL 13.2

Reichsacht Ausschluss aus dem Rechtsverband des Reiches und damit der Verlust aller Ehren und Rechte, womit der Geächtete für vogelfrei erklärt wurde. → KAPITEL 5.2

Reichskirche Gesamtheit aller reichsunmittelbaren Bischöfe, Prälaten und Äbte, die MIT Sitz und Stimme auf dem deutschen → Reichstag vertreten waren. → KAPITEL 4.3, 5.1

Reichsreform Bezeichnung für die Verfassungsentwicklung an der Wende zum 16. Jahrhundert, die mit der Herausbildung von Ewigem Landfrieden, Reichstag, Reichsgerichten und Reichskreisen zu einer institutionellen Verdichtung des Reiches führte. → KAPITEL 4.1

Reichsstände Gesamtzahl aller reichsunmittelbaren Personen und Korporationen, die allein dem Kaiser unterstanden und als Kurfürsten, Reichsfürsten, Reichsgrafen, Reichsprälaten und Reichsstädte mit Sitz und Stimme auf dem → Reichstag vertreten waren. → KAPITEL 4

Reichstag Versammlung aller → Reichsstände und damit zentrales politisches Organ des Alten Reiches, das zunächst unregelmäßig, seit 1663 dann ständig in Regensburg tagte. → KAPITEL 4.2, 5.2, 13.2

Renaissance Bezeichnung für eine kulturelle Bewegung und Epoche, die zwischen 1400 und 1600 an die Kultur der Antike anknüpfte, die als Vorbild vom vorangegangenen Mittelalter abgehoben wurde. Begriff wird oftmals im Zusammenhang mit dem → Humanismus verwendet. → KAPITEL 1.3

Republik Alternative Staatsform in der Frühen Neuzeit, die sich im Gegensatz zu den Trägern fürstlicher Gewalt nicht als von Gott eingesetzt legitimierte, sondern ihren ausdauernden Kampf gegen Unterdrückung und Tyrannei betonte. Die allen Bürgern zustehenden Freiheitsrechte gehörten ebenso wie eine gerechte Verteilung der Lasten und Pflichten sowie die Mitverantwortlichkeit eines jeden Einzelnen für das Funktionieren des Staatswesens zu den konstitutiven Elementen einer republikanischen Herrschaftsordnung. → KAPITEL 2.3

Säkularisation Aufhebung geistlicher Herrschaften und Einziehung ihres Besitzes zugunsten weltlicher Gewalten. → KAPITEL 5.3, 9.3

Säkularisierung Gesellschaftlicher Prozess der Verweltlichung, der in der Frühen Neuzeit zur Zurückdrängung der Religion aus vielen Lebensbereichen führt. → KAPITEL 1

Septem artes liberales Lernstoff und Fächerkanon des philosophischen Grundstudiums mit den Fächern Rhetorik, Grammatik und Dialektik sowie darauf aufbauend der Geometrie, Arithmetik, Musik und Astronomie. Dieses Studium musste vor dem Besuch einer der drei hohen Fakultäten der Theologie, Jurisprudenz oder Medizin absolviert werden. → KAPITEL 9.2

Souveränität Unbestrittene und unumschränkte Ausübung der staatlichen Hoheitsrechte nach innen und außen durch eine Person oder Korporation. → KAPITEL 2.4, 4.3, 13.2

Staatsräson Im 16. Jahrhundert aufkommende politische Vorstellung, dass die Staatsinteressen autonom und damit allen anderen Interessen übergeordnet seien. → KAPITEL 2.4

Ständestaat Herrschaftsordnung, die auf der Mitwirkung gesellschaftlicher Gruppen bzw. Institutionen in der Politik basiert und bei der die Repräsentanten dieser Gruppen eine starke Stellung gegenüber der Zentralgewalt einnehmen. Vor allem im Reich und in Ostmitteleuropa der Fall. → KAPITEL 2.2

Tridentinum Kurzbezeichnung für das Konzil von Trient (1546–63) und seine Beschlüsse. → KAPITEL 6.1, 10.2

Verlag Frühkapitalistisches Wirtschaftssystem vor allem in der Textilindustrie, bei dem ein Verleger die Rohstoffe an Heimhandwerker weiterleitet und die gefertigten Produkte dann wiederum verkauft. → KAPITEL 7.2

Vierreichelehre Eine auf den Propheten Daniel zurückgehende Vorstellung, dass Gott für eine bestimmte Zeit jeweils einem bestimmten Volk die Weltherrschaft zugedacht habe, wobei das Römische Reich das letzte dieser Reiche darstellt. → KAPITEL 1.1

Wahlkapitulation Eine Abmachung zwischen Wählern und Kandidaten, die Bedingungen und Forderungen für die Wahl festlegt. Seit dem Mittelalter in geistlichen Staaten zwischen Bischof und → Domkapitel, seit 1519 bei deutschen Königswahlen zwischen Kurfürsten und König üblich. → KAPITEL 4

Westfälischer Frieden Friedensverträge von Münster und Osnabrück, die 1648 den Dreißigjährigen Krieg beendeten und als Reichsgrundgesetz die Verfassungsverhältnisse in Deutschland bis zum Ende des Alten Reiches bestimmten. → KAPITEL 1.3

Widerstandsrecht Rechtlich fundierte Auflehnung gegen die bestehende Herrschaftsgewalt, die sich auf ein übergeordnetes Recht oder auf rechtliche Traditionen berief und besonders in den konfessionellen Auseinandersetzungen in Anspruch genommen wurde. → KAPITEL 2.4

Wormser Edikt Verhängung der → Reichsacht gegen Martin Luther und Verbot seiner Schriften durch den Wormser Reichstag von 1521. Ließ sich allerdings nicht durchsetzen. → KAPITEL 5.2

Danksagung

Zum Gelingen dieses Buches haben viele mit Rat und Unterstützung beigetragen. Herrn Prof. Dr. Matthias Schnettger (Mainz) danke ich für die kritische Lektüre des Manuskripts und für zahlreiche Anregungen. Frau Julia Köhler und Herrn Fabian Fechner, M. A., (beide Tübingen) haben von Beginn an das Projekt begleitet und in vielfacher Weise Hilfestellungen bei der Korrektur und der Erstellung von Serviceteil und Register gegeben. Dafür sei ihnen herzlich gedankt. Frau Dr. Katja Leuchtenberger vom Akademie Verlag danke ich für ihre „immerwährende" Geduld und Unterstützung bei der Abfassung und Herstellung des Buches, Frau Dr. Angela Borgwardt (Berlin) für die redaktionelle Überarbeitung des Bandes. Besonderer Dank gilt meiner Frau für die stete Ermunterung und nicht zuletzt die vielen durchwachten Nächte bei der Abfassung des Manuskripts.

Tübingen, im September 2010

www.ingramcontent.com/pod-product-compliance
Lightning Source LLC
Chambersburg PA
CBHW032109220426
43664CB00008B/1194